Recht im Rettungsdienst

Grundlagen, Strafrecht, Zivilrecht, Arbeitsrecht

Anmerkungen des Verlags

Der Autor und der Verlag haben höchste Sorgfalt hinsichtlich der Angaben von Richtlinien, Verordnungen und Empfehlungen aufgewendet. Für versehentliche falsche Angaben übernehmen sie keine Haftung. Da die gesetzlichen Bestimmungen und wissenschaftlich begründeten Empfehlungen einer ständigen Veränderung unterworfen sind, ist der Benutzer aufgefordert, die aktuell gültigen Richtlinien anhand der Literatur und der Fachinformationen zu überprüfen und sich entsprechend zu verhalten.

Die Angaben von Handelsnamen, Warenbezeichnungen etc. ohne die besondere Kennzeichnung ®/™/© bedeuten keinesfalls, dass diese im Sinne des Gesetzgebers als frei anzusehen wären und entsprechend benutzt werden könnten.

Der Text und/oder das Literaturverzeichnis enthalten Links zu externen Webseiten Dritter, auf deren Inhalt der Verlag keinen Einfluss hat. Deshalb kann er für diese fremden Inhalte auch keine Gewähr übernehmen. Für die Inhalte der verlinkten Seiten ist stets der jeweilige Anbieter oder Betreiber der Seite verantwortlich.

Aus Gründen der Lesbarkeit ist in diesem Buch teilweise nur die männliche Sprachform gewählt worden. Im Gegenzug ist in anderen Teilen absichtlich die weibliche Form gesetzt worden. Alle personenbezogenen Aussagen gelten jedoch stets für Personen beliebigen Geschlechts gleichermaßen.

Bibliografische Information der Deutschen Nationalbibliothek
Die Deutsche Nationalbibliothek verzeichnet diese Publikation in der Deutschen Nationalbibliografie; detaillierte bibliografische Daten sind im Internet über http://dnb.dnb.de abrufbar.

Recht im Rettungsdienst
Alessandro Bellardita
ISBN 978-3-96461-041-6

Satz: Bürger Verlag GmbH & Co. KG, Edewecht
Umschlagbild: Frank Lemkemeyer, Oldenburg
Druck: mediaprint solutions GmbH, 33100 Paderborn

Recht im Rettungsdienst

Grundlagen, Strafrecht, Zivilrecht, Arbeitsrecht

Alessandro Bellardita

S+K

Verlagsgesellschaft Stumpf + Kossendey mbH, Edewecht 2021

Meinem Sohn, meinem Vater
Salvatore
(der Retter)

Inhaltsverzeichnis

Abkürzungsverzeichnis

a.A.	anderer Ansicht
a.a.O.	am angegebenen Ort
Abs.	Absatz
Abschn.	Abschnitt
a.F.	alte Fassung
AG	Amtsgericht
AGB	Allgemeine Geschäftsbedingungen
AGG	Allgemeines Gleichbehandlungsgesetz
ALG I, II	Arbeitslosengeld I, II
ÄLRD	Ärztlicher Leiter Rettungsdienst
Alt.	Alternative
a.M.	anderer Meinung
AMG	Arzneimittelgesetz
ArbG	Arbeitsgericht
ArbGG	Arbeitsgerichtsgesetz
Art.	Artikel
ArztR	Arztrecht (Zeitschrift)
ASB	Arbeiter-Samariter-Bund
Aufl.	Auflage
Az.	Aktenzeichen
BAG	Bundesarbeitsgericht
BAnz.	Bundesanzeiger
BÄO	Bundesärzteordnung
BayObLG	Bayerisches Oberstes Landesgericht
BayRDG	Bayerisches Rettungsdienstgesetz
BBiG	Berufsbildungsgesetz
Bd.	Band
BeckOK	Beck'scher Online-Kommentar
BeckRS	Beck'sche Rechtsprechung
BEEG	Bundeselterngeld- und Elternzeitgesetz
BestG	Bestattungsgesetz
BetrVG	Betriebsverfassungsgesetz
BFH	Bundesfinanzhof
BGB	Bürgerliches Gesetzbuch
BGBl.	Bundesgesetzblatt
BGH	Bundesgerichtshof
BGHSt	Entscheidungen des Bundesgerichtshofes in Strafsachen (Band, Seite)
BGHZ	Entscheidungen des Bundesgerichtshofs in Zivilsachen (Band, Seite)
Bl.	Blatt
BPersVG	Bundespersonalvertretungsgesetz

BR-Drucks.	Bundesrat-Drucksache
BReg.	Bundesregierung
BSG	Bundessozialgericht
BT-Druck.	Bundestag-Drucksache
BtM	Betäubungsmittel
BtMG	Betäubungsmittelgesetz
BUrlG	Bundesurlaubsgesetz
BVerfG	Bundesverfassungsgericht
BVerfGE	Entscheidungen des Bundesverfassungsgerichts (Band, Seite)
BVerwG	Bundesverwaltungsgericht
BVerwGE	Entscheidungen des Bundesverwaltungsgerichts (Band, Seite)
BvR	Registerzeichen des Bundesverfassungsgerichts für Verfahren über Verfassungsbeschwerden
BW	Baden-Württemberg
bzgl.	bezüglich
bzw.	beziehungsweise
CT	Computertomografie
DDR	Deutsche Demokratische Republik
d.h.	das heißt
DÖV	Die Öffentliche Verwaltung (Zeitschrift)
DRK	Deutsches Rotes Kreuz
DVBl.	Deutsches Verwaltungsblatt (Zeitschrift)
EFZG	Entgeltfortzahlungsgesetz
EKG	Elektrokardiogramm
EMRK	Europäische Menschenrechtskonvention
EU	Europäische Union
EuGH	Gerichtshof der Europäischen Union (vor dem 1. Dezember 2009: Gerichtshof der Europäischen Gemeinschaften)
EUR	Euro
evtl.	eventuell
f., ff.	folgende, fortfolgende
FamFG	Gesetz über das Verfahren in Familiensachen und in den Angelegenheiten der freiwilligen Gerichtsbarkeit
FamRZ	Zeitschrift für das gesamte Familienrecht (Zeitschrift)
Fn.	Fußnote
gem.	gemäß
GewO	Gewerbeordnung
GG	Grundgesetz
ggf.	gegebenenfalls
ggü.	gegenüber
GKV	Gesetzliche Krankenversicherung
GmbHG	Gesetz betreffend die Gesellschaften mit beschränkter Haftung
GOÄ	Gebührenordnung für Ärzte

GuP	Gesundheit und Pflege (Zeitschrift)
GVG	Gerichtsverfassungsgesetz
HeilprG	Heilpraktikergesetz
h.L.	herrschende Lehre
h.M.	herrschende Meinung
Hs.	Halbsatz
i.d.R.	in der Regel
i.E.	im Ergebnis
i.e.S.	im engeren Sinne
IfSG	Infektionsschutzgesetz
i.H.v.	in Höhe von
insb.	insbesondere
i.S.d.	im Sinne des/der
i.Ü.	im Übrigen
i.V.m.	in Verbindung mit
i.w.S.	im weiteren Sinne
JArbSchG	Jugendarbeitsschutzgesetz
Jg.	Jahrgang
JR	Juristische Rundschau (Zeitschrift)
JUH	Johanniter-Unfall-Hilfe
JURA	Juristische Ausbildung (Zeitschrift)
jurisPK	juris Praxiskommentar
JZ	Juristenzeitung (Zeitschrift)
Kap.	Kapitel
KÄV	Kassenärztliche Vereinigung
KBV	Kassenärztliche Bundesvereinigung
Kfz	Kraftfahrzeug
kg	Kilogramm
KG	Kammergericht; Kommanditgesellschaft
KH	Krankenhaus
KHGG	Krankenhausgestaltungsgesetz
km/h	Kilometerstunden
KrPflG	Krankenpflegegesetz
KSchG	Kündigungsschutzgesetz
KUG	Kunsturheberrechtsgesetz
KZ	Konzentrationslager
LAG	Landesarbeitsgericht
LAGE	Entscheidungen der Landesarbeitsgerichte
LG	Landgericht
LHKG	Landeskrankenhausgesetz
LKG	Landeskrankenhausgesetz
LSG	Landessozialgericht
m.E.	meines Erachtens

MedR	Medizinrecht (Zeitschrift)
MPBetreibV	Medizinprodukte-Betreiberverordnung
MPG	Gesetz über Medizinprodukte (Medizinproduktegesetz)
MRSA	Methicillin-resistenter Staphylococcus aureus
MTA	Medizinisch-technische/r Assistent/in
MüKo	Münchener Kommentar
MuSchG	Mutterschutzgesetz
M-V	Mecklenburg-Vorpommern
m.w.N.	mit weiteren Nachweisen
m.W.v.	mit Wirkung von
NATO	North Atlantic Treaty Organization (Organisation des Nordatlantikvertrags)
n. F.	neue Fassung
NJW	Neue Juristische Wochenschrift (Zeitschrift)
NJW-RR	NJW-Rechtsprechungsreport (Zeitschrift)
NotSan-APrV	Ausbildungs- und Prüfungsverordnung für Notfallsanitäterinnen und Notfallsanitäter
NotSanG	Gesetz über den Beruf der Notfallsanitäterin und des Notfallsanitäters
Nr.	Nummer(n)
NRW	Nordrhein-Westfalen
NStZ-RR	Neue Zeitschrift für Strafrecht – Rechtsprechungsreport (Zeitschrift)
NuR	Natur und Recht (Zeitschrift)
NZA	Neue Zeitschrift für Arbeitsrecht (Zeitschrift)
NZA-RR	Neue Zeitschrift für Arbeitsrecht – Rechtsprechungsreport (Zeitschrift)
NZV	Neue Zeitschrift für Verkehrsrecht (Zeitschrift)
o.Ä.	oder Ähnliches
OLG	Oberlandesgericht
OVG	Oberverwaltungsgericht
OWiG	Ordnungswidrigkeitengesetz
PflVG	Pflichtversicherungsgesetz
PKH	Prozesskostenhilfe
PKV	Private Krankenversicherung
PsychKG	Psychisch-Kranken-Gesetz(e)
RdA	Recht der Arbeit (Zeitschrift)
RDG	Rettungsdienstgesetz
RegE	Regierungsentwurf
RelKErzG	Gesetz über die religiöse Kindererziehung
RettAssG	Rettungsassistentengesetz
RG	Reichsgericht
RGSt	Entscheidungen des Reichsgerichts in Strafsachen
RGZ	Entscheidungen des Reichsgerichts in Zivilsachen
RKI	Robert-Koch-Institut
RL	Richtlinie

Rn.	Randnummer(n)
RP	Rheinland-Pfalz
Rspr.	Rechtsprechung
RuS	recht und schaden – Unabhängige Zeitschrift für Versicherungsrecht und Schadenersatz (Zeitschrift)
S.	Satz/Seite
s.	siehe
s. a.	siehe auch
Schufa	Schutzgemeinschaft für Absatzfinanzierung (heute: Schufa Holding AG, Wirtschaftsauskunftei)
SG	Sozialgericht
SGB	Sozialgesetzbuch
SGB II	Sozialgesetzbuch Zweites Buch
SGB V	Sozialgesetzbuch Fünftes Buch
SGB VII	Sozialgesetzbuch Siebtes Buch
SGB IX	Sozialgesetzbuch Neuntes Buch
SGB XII	Sozialgesetzbuch Zwölftes Buch
SGG	Sozialgerichtsgesetz
sog.	sogenannt
SOP	Standard Operating Procedure(s) (= Standardarbeitsanweisung)
StPO	Strafprozessordnung
str.	streitig/strittig
StVG	Straßenverkehrsgesetz
StVO	Straßenverkehrs-Ordnung
StVZO	Straßenverkehrs-Zulassungs-Ordnung
s. u.	siehe unten
SVR	Zeitschrift für die Praxis des Verkehrsjuristen
TPG	Transplantationsgesetz
TVG	Tarifvertragsgesetz
TVöD	Tarifvertrag für den öffentlichen Dienst
TzBfG	Teilzeit- und Befristungsgesetz
u. a.	unter anderem; und anderen
umstr.	umstritten
Urt.	Urteil
usw.	und so weiter
u. U.	unter Umständen
v.	von/vom
Var.	Variante
VersR	Versicherungsrecht (Zeitschrift)
VG	Verwaltungsgericht
VGH	Verwaltungsgerichtshof; Verfassungsgerichtshof
vgl.	vergleiche
VO	Verordnung

VuR	Verbraucher und Recht (Zeitschrift)
VVG	Versicherungsvertragsgesetz
VwGO	Verwaltungsgerichtsordnung
VwVfG	Verwaltungsverfahrensgesetz
z. B.	zum Beispiel
Ziff.	Ziffer
ZPO	Zivilprozessordnung
ZStW	Zeitschrift für die gesamte Strafrechtswissenschaft (Zeitschrift)
zzgl.	zuzüglich

Vorwort

Seit Frühjahr 2014 wirke ich nunmehr an der Ausbildung zur Notfallsanitäterin bzw. zum Notfallsanitäter mit. Vorwiegend, aber nicht ausschließlich, unterrichte ich für die Landesschule des Deutschen Roten Kreuzes in Pfalzgrafenweiler – und in anderen Standorten in Baden-Württemberg – Recht für angehende Notfallsanitäterinnen und Notfallsanitäter sowie Praxisanleitende.

Mir ist bewusst, dass ich mit dieser Aufgabe eine gewisse Verantwortung für das künftige Rechtsempfinden vieler Notfallsanitäterinnen und Notfallsanitäter trage. Nicht nur, weil im Rahmen der Gefahrenabwehr und der Gesundheitsvorsorge der Rettungsdienst ein wesentlicher Bestandteil der staatlichen und privaten Daseinsvorsorge darstellt, sondern vor allem, weil jeder in Deutschland einen Anspruch auf eine qualifizierte notfallmedizinische Hilfe hat. Und eine qualifizierte Hilfe setzt voraus, dass die Rettungskraft sich nicht nur in notfallmedizinischer, sondern auch in medizinrechtlicher Sicht sicher fühlt.

Durch Schaffung des NotSanG im Jahr 2014 wollte der Gesetzgeber den demografischen und epidemiologischen Veränderungen sowie den Weiterentwicklungen auf dem Gebiet der Notfallmedizin und weiterer Bezugswissenschaften durch erweiterte Fachkompetenzen des Rettungsdienstpersonals im Bereich der Notfallrettung und des qualifizierten Krankentransports Rechnung tragen. Doch ist das dem Gesetzgeber auch tatsächlich gelungen?

Das NotSanG ist – trotz anfänglicher Anpassungsschwierigkeiten – in der Praxis zwar gut angenommen worden. Dennoch bleibt aufseiten der Rettungsdienstleister eine – wie immer auch geartete, doch recht spürbare – Rechtsunsicherheit, insbesondere wenn es um die praktische Anwendung erlernter invasiver Maßnahmen oder um den Umgang mit dem Selbstbestimmungsrecht der Patientinnen und Patienten (z. B. im Rahmen der Patientenverfügung oder der Transportverweigerung) geht.

Mein Ziel ist es, den Schülerinnen und Schülern, den Notfallsanitäterinnen und Notfallsanitätern, den Rettungssanitäterinnen und Rettungssanitätern sowie den Praxisanleitenden die (unbegründete) Angst vor strafrechtlicher Verfolgung sowie zivilrechtlicher Haftung zu nehmen.

Menschen das Leben zu retten, ist ethisch (und daher erst recht juristisch) betrachtet eine hehre Aufgabe. Vor diesem Hintergrund ist es wichtig, dass diese außerordentliche Aufgabe ohne unnötige Sorgen vor rechtlichen Konsequenzen erfüllt wird. Denn nur dann macht der eigene Beruf Spaß!

Dieses Lehrbuch ist sozusagen aus der Not entstanden: Es gibt zwar einige – auch wirklich gute – Werke, die sich mit rechtlichen Problemen der präklinischen Notfallmedizin beschäftigen. Die meisten berücksichtigen allerdings lediglich den Inhalt des Modulplanes und gehen auf rechtliche Themen ein, ohne die Grundlagen des Rechts und unserer Rechtsordnung zu erläutern. Vor diesem Hintergrund versuche ich – ohne Anspruch auf Vollständigkeit –, medizinrechtliche Schwerpunkte ausgehend von allgemeinen Rechtsprinzipien zu erläutern. Damit verbunden ist die Hoffnung, dass die Leserinnen und Leser mit diesem Werk in die Lage versetzt werden, hochkomplexe Sachverhalte zumindest im Ansatz rechtlich zutreffend einzuschätzen.

Für Anregungen und Kritik wäre ich dankbar; kontaktieren Sie mich bitte über den Verlag unter der E-Mail-Adresse: service@skverlag.de.

Ein besonderer Dank gilt denjenigen, die mich in den letzten Jahren immer wieder dazu animiert haben, ein entsprechendes Lehrbuch zu schreiben, oder durch Gespräche mich hierzu indirekt inspiriert haben, insbesondere Armin Hess, Bernd Moser, Michael Ruf, Rebecca Baumann, Alexandra Gross, Dominik Wichmann und Fabian Caspari und vielen anderen Dozentinnen und Dozenten sowie Praxisanleitenden, die ich in diesen Jahren als engagierte Fachkräfte kennenlernen durfte.

Karlsruhe, Juni 2021
Dr. Alessandro Bellardita

1 Grundsätze des Rechts

„Der Staat ist um des Menschen willen da, nicht der Mensch um des Staates willen."[1]

Das **Recht** zu definieren, ist kein leichtes Unterfangen. Was ist denn das „Recht"? Was wir wissen ist, dass das geltende Recht jedenfalls zum Teil kodifiziert ist, d.h. als Ergebnis eines demokratischen, also mehrheitsgeprägten Entscheidungsverfahrens schriftlich von den jeweiligen Gesetzgebern festgehalten wurde (**Demokratieprinzip**). Was wir auch wissen, ist, dass das Recht für und gegen die Bürger gilt: Ein Recht auf der einen Seite bedingt stets eine Pflicht auf der anderen Seite. Wichtig ist dabei, dass wir diese Gesetzgeber (z.B. den Bundestag, die Landesparlamente, das Europäische Parlament) – frei – wählen: Auch das ist prägend für eine demokratische Grundordnung.[2]

Mit anderen Worten: Wir wählen diejenigen, die dann durch Gesetze dem Staat unter anderem die Möglichkeit eröffnen, unsere Freiheiten einzuschränken, wenn es hierfür einen sachlichen Grund gibt.

BEISPIEL

Die Landesregierung des Landes Hessen erlässt zur Bekämpfung des Corona-Virus am 13. März 2020 auf der Grundlage des § 32 S. 1 und 2 des Infektionsschutzgesetzes (IfSG)[3] eine Verordnung[4], wonach „Personen, die auf dem Land-, See- oder Luftweg aus dem Ausland in das Land Hessen einreisen und sich zu einem beliebigen Zeitpunkt innerhalb von 14 Tagen vor Einreise in einem Risikogebiet [...] aufgehalten haben", verpflichtet sind, „sich unverzüglich nach der Einreise auf direktem Weg in die eigene Häuslichkeit oder eine andere geeignete Unterkunft zu begeben und sich für einen Zeitraum von 14 Tagen nach ihrer Einreise ständig dort abzusondern" (sog. **Quarantäne**).

Die Quarantäne stellt eine erhebliche Einschränkung unserer Grundfreiheiten (Art. 2 Abs. 1 GG – allgemeine Handlungsfreiheit – sowie Art. 11 GG – Recht auf Freizügigkeit) dar. Keine Frage. Deshalb bedarf es für deren Anordnung eines Gesetzes bzw. einer Verordnung und – zusätzlich – eines **sachlichen Grundes**. Die gesetzliche Ermächtigungsgrundlage hierfür finden wir bundesweit im IfSG. Das IfSG regelt, welche Krankheiten bei Verdacht, Erkrankung oder Tod und welche labordiagnostischen Nachweise von Erregern meldepflichtig sind. Weiterhin legt das Gesetz fest, welche Angaben von den Meldepflichtigen gemacht werden und welche dieser Angaben vom Gesundheitsamt weiter übermittelt werden. Zusätzlich werden die Meldewege dargestellt. Doch das IfSG regelt nicht alles: In Verbindung mit den jeweiligen Verordnungen der Landesregierungen – in § 32 IfSG werden diese ausdrücklich hierzu ermächtigt – können die Länder „Gebote und Verbote zur Bekämpfung übertragbarer Krankheiten" erlassen.

1 Erster Entwurf von Art. 1 GG im Verfassungskonvent von Herrenchiemsee im August 1948.

2 Wobei der Kern einer Demokratie gerade darin besteht, Minderheiten zu schützen. Eine Demokratie, die die Minderheiten nicht schützt, ist keine Demokratie, sondern eine Herrschaft der Mehrheit, eine „Demokratur".

3 Infektionsschutzgesetz vom 20. Juli 2000 (BGBl. I, S. 1045).

4 Sogenannte Verordnung zur Bekämpfung des Corona-Virus des Landes Hessen. https://www.hessen.de/sites/default/files/media/1vo_corona_stand_1909.pdf (Abruf: 11. Dezember 2020).

Das bedeutet: Zunächst hat sich der Bundesgesetzgeber im Jahr 2000 (Bundestag und Bundesrat) mit dem Erlass des IfSG befasst. Zusätzlich müssen sich dann die Landesregierungen mit den jeweiligen Verordnungen befassen. Der sachliche Grund für die Einführung der Quarantäne besteht in der Eindämmung der Verbreitung des Corona-Virus: Diese ist hierfür geeignet und stellt das sicherste und zugleich effektivste Mittel zur Bekämpfung einer ansteckenden Krankheit dar. Da die Quarantäne zeitlich limitiert ist, ist sie noch verhältnismäßig.[5]

Was wir nicht vernachlässigen sollten, ist der Grundsatz einer jeden **freiheitlichen Staatsordnung**, wonach wir alle frei sind, d.h. Bürgerrechte genießen, in welche die staatliche Gewalt, also das, was wir „Staat" oder „Autorität" nennen, nur auf der Grundlage eben jener Gesetze eingreifen kann (**Rechtsstaat**).

Der Begriff „Freiheit" ist daher nur dann verständlich und erfassbar, wenn man weiß, wann und unter welchen Bedingungen der Staat diese einschränken darf. Handelt der Staat ohne Rechtsgrundlage, liegt ein rechtswidriger Eingriff in bürgerliche Rechte vor.

5 So das BVerfG, Beschluss vom 7. April 2020 - Az. 1 BvR 755/20 bezüglich einer Bayerischen Corona-Verordnung.

1.1 Einordung des Rettungsdienstes in das deutsche Rechtssystem

Bezogen auf den Rettungsdienst hat das Recht mehrere Zielrichtungen. Der Staat will die rettungsdienstliche Tätigkeit im weitesten Sinne ...

- **organisieren** (also die Frage regeln: „Wie sieht der Rettungsdienst aus und wer hat Anspruch auf rettungsdienstliche Leistungen?" – siehe die Landesrettungsdienstgesetze),
- **inhaltlich ausgestalten**, d.h. materiell-rechtlich gestalten und die Folgen fehlerhaften Handelns bestimmen (also die Frage regeln: „Was darf ich als Rettungsdienstleister?" – siehe die Strafgesetze und zivilrechtlichen Haftungsnormen), sowie
- die **Qualität der Rettungskräfte** festlegen (also die Frage regeln: „Wer darf rettungsdienstliche Tätigkeiten ausüben?" – siehe die Ausbildungsvorschriften, insbesondere das Notfallsanitätergesetz).

Mit all diesen Fragen werden wir uns in diesem Lehrbuch beschäftigen.

Doch können wir schon an dieser Stelle festhalten, dass das **Rettungsdienstrecht** stets eine öffentliche-rechtliche Komponente hat, und zwar unabhängig von seiner konkreten Ausgestaltung (s. u. Kap. 1.3).

Denn zum einen ist die Sicherstellung der rettungsdienstlichen Versorgung als Bestandteil der Gesundheitsvorsorge und Gefahrenabwehr – unabhängig von ihrer konkreten Ausgestaltung – stets eine öffentlich-rechtliche Aufgabe.[6] Und zum anderen ist der Rettungsdienst in Deutschland ein wichtiger Bereich des Gesundheitswesens und damit des **Sozialstaates**:

Nach Art. 20 Abs. 1 GG („sozialer Bundesstaat") hat die Bundesrepublik Deutschland nicht nur dafür zu sorgen, dass ein Existenzminimum – eine soziale Grundsicherung – des Bürgers gewährleistet wird (nach den besonderen Regelungen des Sozialgesetzbuches II, z.B. durch Regelung von Arbeitslosengeld I und II), sondern darüber hinaus auch sicherzustellen, dass grundsätzlich **jeder Bürger im Notfall medizinisch versorgt** wird:[7]

Rettungskräfte müssen sich also vor einem präklinischen Einsatz niemals die Frage stellen, wer die Kosten der Behandlung trägt.

---

6 Ehmann (2004) a. a. O., S. 2945.

7 Vgl. Baer (2014) Das Soziale und die Grundrechte, NZS 1, S. 1-5, hier S. 3. Es ist insbesondere durch das Bundesverfassungsgericht (BVerfG) anerkannt, dass sich aus dem Grundrecht auf Leben und körperliche Unversehrtheit (Art. 2 Abs. 2 S. 1 GG) in Verbindung mit dem Sozialstaatsprinzip die Pflicht des Staates ergibt, ein *tragfähiges Gesundheits- und Krankenversicherungssystem* zu schaffen (so z. B. BVerfG, Beschluss vom 6. Dezember 2005 - Az. 1 BvR 347/98).

BEISPIEL

Der wohnungslose Bruno erleidet mitten in der Mannheimer Innenstadt einen Herzinfarkt. Besorgte Passanten alarmieren die Leitstelle, die sofort einen Rettungs- und einen Notarztwagen entsendet. Die Rettungskräfte behandeln Bruno notfallmedizinisch und transportieren ihn zwecks Weiterbehandlung an die nächstgelegene Klinik. Bruno kann gerettet werden.

In solchen Fällen streiten sich zwar die Krankenhäuser und die Sozialhilfeträger nicht selten über die Kostenübernahme.[8] Keiner der Beteiligten zweifelt allerdings daran, dass Bruno – „koste es, was es wolle" – überhaupt behandelt werden muss und dass am Ende die Sozialhilfeträger die Kosten tragen müssen (vgl. § 25 SGB XII). Dies steht außer Frage und ist eine Errungenschaft unseres Sozialstaates.

Dass nach dem deutschen Rechtssystem jede hilflose Person einen Anspruch auf Behandlung hat, zeigt der nächste Fall, der im Strafrecht angesiedelt ist:

BEISPIEL

Beispiel nach OLG Köln, Urteil vom 19. Juli 1957:[9]
Zur Pforte eines Krankenhauses wurde gegen 02:00 Uhr durch einen Rettungswagen ein Motorradfahrer gebracht, der einige Kilometer entfernt verunglückt war. Die Schwester an der Pforte wusste, dass kein Bett frei war. Sie rief den Arzt Boris an, der im Krankenhaus den ärztlichen Nachtdienst versah, und erbat seine Entscheidung, ob der Verunglückte dennoch aufgenommen werden solle. Boris fragte nach der Art der Verletzungen und erhielt zur Antwort, der Verletzte habe sich bei einem Verkehrsunfall „ein Bein gebrochen und sei bewusstlos". Boris entschied sodann, der Verunglückte müsse zu einem anderen Krankenhaus gebracht werden. Die Pfortenschwester ermittelte telefonisch ein Krankenhaus, das zur Aufnahme bereit war. Dazu brauchte sie fast eine Stunde. Während dieser Zeit blieb der Verletzte unversorgt im Rettungswagen. Gegen 03:00 Uhr wurde er endlich in dem anderen Krankenhaus ärztlich behandelt. Er starb am Abend des gleichen Tages, da er von vornherein nicht zu retten gewesen war. Es konnte nicht festgestellt werden, dass die Verzögerung seiner Behandlung zu einer Verschlimmerung seines Zustandes geführt oder dass er während der Warte- und Transportzeit Schmerzen empfunden hat.

Das OLG Köln hat den Arzt hier wegen § 323c StGB – unterlassene Hilfeleistung – schuldig gesprochen. Dazu sprach das Gericht aus:

„Wird ein Schwerverletzter zum nächsten Krankenhaus gebracht, so erfordert die **Hilfspflicht**, dass der diensthabende Arzt ihn dahin untersucht, ob er sofortiger Hilfe

8 Diese Streitigkeiten beschäftigen die Sozialgerichte: so SG Mainz, Urteil vom 4. Mai 2015 – Az. S 3 KR 618/13; LSG Bayern, Beschluss vom 22. August 2006 – Az. L 11 B 629/06; LSG Baden-Württemberg, Urteil vom 12. Juli 2017 – Az. L 5 KR 2817/15.

9 Az. Ss 532/56, NJW 1957, 1609.

bedarf und transportfähig ist, bevor er die Aufnahme verweigert. Dies gilt auch, wenn ein Bett nicht verfügbar ist."[10]

Dieser Fall zeigt, dass § 323c StGB eine Vorschrift ist, die die Allgemeinheit betrifft. In einer Gesellschaft ist nämlich zu erwarten, dass einem Hilfsbedürftigen geholfen wird – und zwar auch in Fällen, in denen die Hilfeleistung aufgrund der konkreten Umstände vielleicht etwas erschwert ist. Auch diese Norm ist in diesem Kontext ein Ausdruck der sozialstaatlichen Aufgabe des Gesundheitswesens und damit auch des Rettungsdienstes.

Aus der Einbindung in ein **öffentlich-rechtliches Planungs- und Finanzierungssystem** folgt für das einzelne Krankenhaus im Rahmen seiner planerischen Aufgabenstellung und Leistungsfähigkeit eine allgemeine Aufnahme- und Behandlungspflicht, sofern bei einem Patienten Krankenhausbehandlungsbedürftigkeit besteht.[11] Durch landesgesetzliche Regelungen wird diese allgemeine Rechtspflicht präzisiert (s. Kap. 1.4.2). In **Unglücks- und Notfällen** ist, wenn aus medizinischen Gründen eine umgehende Behandlung des Patienten geboten ist, jedes für die Erstversorgung geeignete Krankenhaus zur Aufnahme und Behandlung verpflichtet. Die Krankenhäuser haben in unserem Gesundheitssystem eine Auffangfunktion.[12]

Auch dem **Rettungsdienst** kommt im Gesundheitssystem eine ähnliche Funktion zu, und zwar unabhängig von seiner konkreten Ausgestaltung:

Sowohl der Leitstellendisponent als auch die Rettungskräfte im Einsatz sind grundsätzlich dazu verpflichtet, Hilfe zu leisten und – unter Anwendung der in der Ausbildung erlangten Fachkenntnisse – den (Not-)Patienten zu behandeln.[13]

10 Hätte das Gericht hingegen festgestellt, dass der Motorradfahrer noch zu retten gewesen wäre, hätte dies für Boris eine schwerwiegende Konsequenz mit sich gebracht: Dann wäre eine Bestrafung wegen fahrlässiger Tötung durch Unterlassen in Betracht gekommen (bei Annahme einer Garantenstellung, vgl. § 13 StGB).

11 Stollmann/Wollschläger, in: Laufs/Kern/Rehborn (2019) Handbuch des Arztrechts, 5. Aufl., § 79 Rn. 40.

12 Ebd., § 79 Rn. 44.

13 Knauer/Brose, in: Spickhoff (2018) Medizinrecht, 3. Aufl., StGB §§ 211, 212 Rn. 7.

1.2 Die juristische Fachsprache

Jede Berufsgruppe verwendet eine eigene Sprache. Das gilt für Angehörige medizinischer Berufe genauso wie für Angehörige juristischer Berufe: Wenn Sie einem anderen Kollegen „RTW“ oder „Kammerflimmern“ sagen, dann weiß er sofort, was Sie damit meinen. Ein unbeteiligter Dritter denkt sich vielleicht, dass es sich um medizinische Fachbegriffe handelt, weiß aber nicht, was Sie damit konkret sagen wollen.

Das Recht hat ebenso eine eigene (Fach-)Sprache. Man muss sogar einen Schritt weiter gehen: Die Sprache ist im Bereich des Rechts eines der wissenschaftlichen Kern- und Untersuchungselemente. Die Auslegung juristischer Begriffe (wie etwa „Notstand“, „Eigentum“ oder „Zuverlässigkeit“) stellt die Uraufgabe eines Juristen dar. Die Grundlage des Rechts – eine Verfassung, ein wichtiges Gesetz – kann sich jederzeit ändern; die Rechtssprache und nur wenige Rechtsprinzipien hingegen bleiben stets erhalten. Wer also Jura studiert, erlernt in erster Linie eine neue Sprache. Sätze, die ein Studienanfänger in einem juristischen Lehrbuch oder in einem Kommentar zu einem Gesetz im ersten Semester noch nicht versteht, verwendet er ohne Weiteres, sobald er mit seinem Studium fertig ist.

Vor diesem Hintergrund ist es umso wichtiger, sich mit den Grundbegriffen und Grundsätzen des Rechts auseinanderzusetzen, bevor man in die Tiefen des Rettungsdienstrechts einsteigt. Deshalb soll im nächsten Abschnitt zunächst die außerordentlich wichtige Abgrenzung unserer Rechtsordnung in einen öffentlich-rechtlichen und einen privaten Rechtsbereich erläutert werden, um dann anschließend die relevantesten Grundrechte unserer Verfassung zu behandeln. Diese Herangehensweise soll – aus didaktischen Gründen – eine deduktive Wissensvermittlung ermöglichen, um die Leser nicht gleich „ins kalte Wasser“ springen zu lassen, sondern allmählich an die Probleme des Rettungsdienstrechts heranzuführen.

In diesem Rechtsbuch werden zudem die wichtigsten Rechtsbegriffe themenbezogen erläutert. Da jedoch die Darstellung der gesamten Rechtssprache den Umfang dieses Lehrbuches sprengen würde, ist – wenn Sie Zweifel zur Bedeutung eines Rechtsbegriffes haben – eine punktuelle Recherche anhand von Rechtswörterbüchern zu empfehlen.[14]

14 Zum Beispiel: Creifelds (2019) Rechtswörterbuch, 23. Aufl., C.H. Beck Verlag, oder das Deutsche Rechtswörterbuch (online) über https://drw-www.adw.uni-heidelberg.de/drw-cgi/zeige.

1.3 Abgrenzung – öffentliches oder privates Recht?

Beginnen wir mit der Einteilung unserer Rechtsordnung: Man unterscheidet – sehr grob – zwischen dem **öffentlichen** und dem **privaten Recht**:

Diese Unterscheidung prägt dem Grunde nach unser Alltag – egal, ob wir beruflich oder privat unterwegs sind. Bauen Sie ein Haus – dazu gehört nun wahrlich viel Mut! –, haben Sie es mit Handwerkern und Bauleitern sowie mit Behörden zu tun. Befinden Sie sich im Baumarkt und bestellen Fliesen, so schließen Sie mit der Baustofffirma einen Kaufvertrag ab. Unterschreiben Sie im Architekturbüro einen Planungsvertrag mit Ihrer Architektin, so ist das ebenfalls Ihre (private) Sache. Ohne Baugenehmigung jedoch, dürfen Sie nicht bauen! Wieso? Weil der Staat, der Ihnen nach Art. 14 Abs. 1 GG das Privateigentum am Grundstück garantiert, ein erhebliches Interesse daran hat, dass Sie in einem Wohngebiet mit Einfamilienhäusern kein Hochhaus mit 24 Mietwohnungen errichten. Ihr Eigentum wird durch Interessen der Allgemeinheit – die eben der Staat vertritt – eingeschränkt.

Von der Unterscheidung zwischen privatem und öffentlichem Recht hängt es zum Beispiel ab, welche **Rechtsgrundlage** im Einzelfall Anwendung findet, d.h. nach welchen Spielregeln ein Sachverhalt beurteilt wird. Möchte ich etwa an einer öffentlichen Verhandlung eines Landgerichts teilnehmen, weil ich den dort verhandelten Mordfall spannend finde, und werde ohne Grund durch einen Justizwachtmeister des Sitzungssaales verwiesen (obwohl ich nach § 169 Abs. 1 GVG einen öffentlich-rechtlichen Anspruch darauf habe!), so ist das eine öffentlich-rechtliche Sache.[15] Lässt mich dagegen ein Sicherheitsmann in einen Club nicht rein, weil ihm angeblich mein Outfit nicht passt, so ist das eine andere – eben private – Sache (ich habe keinen grundsätzlichen Anspruch auf Eintritt in private Räumlichkeiten).[16]

Außerdem kann von der Unterscheidung zwischen privatem und öffentlichem Recht abhängen, **wer** in welcher Konstellation tatsächlich für ein Fehlverhalten **haftet (Haftungsnorm).** Schließlich ist diese Unterscheidung auch für die Bestimmung des **zuständigen Gerichts** wichtig:

Eine öffentlich-rechtliche Streitigkeit wird nämlich in der Regel vor einem *Verwaltungsgericht* oder einem sonstigen *Fachgericht* (z.B. ein Sozialgericht) verhandelt. Eine privatrechtliche Angelegenheit hingegen wird von einem *ordentlichen Gericht* entschieden (z.B. ein Amts- oder Landgericht).

Doch an dieser Stelle kommt eine Besonderheit vor: Immer, wenn der Staat einen Bürger sanktioniert, zum Beispiel in Form eines Bußgeldbescheids (etwa, weil man wegen Überschreitung der höchstzulässigen Geschwindigkeit geblitzt wurde – sog. Ordnungswid-

15 Die durch die Öffentlichkeit erzielte Transparenz der gerichtlichen Entscheidungsfindung soll der Allgemeinheit die Kontrolle über die Gerichte ermöglichen und ihr Vertrauen in die Rechtsprechung stärken, vgl. Valerius, in: Graf (2019) BeckOK StPO, 35. Aufl., EMRK Art. 6 Rn. 18.

16 Wird hingegen einer Person der Besuch einer Diskothek allein wegen ihrer Hautfarbe oder ihres Geschlechts verweigert, kann dies nach dem Allgemeinen Gleichbehandlungsgesetz (AGG) einen Anspruch auf Zahlung einer angemessenen Entschädigung begründen: Siehe das Urteil des OLG Stuttgart vom 12. Dezember 2011 - Az. 10 U 106/11, NJW 2012, 1085.

rigkeit), einer Geld- oder gar Freiheitsstrafe (weil man eine Straftat begangen hat), sind die ordentlichen Gerichte (also erstinstanzlich die Amts- oder Landgerichte) zuständig, obwohl das **Ordnungswidrigkeiten- und Strafrecht** stets **öffentlich-rechtlich** ist.[17]

1.3.1 Abgrenzungsbeispiele

Eine für alle Zweifelsfälle tragfähige Abgrenzungsformel ist bisher der Rechtsprechung[18] noch nicht gelungen und wegen der Vielgestaltigkeit sowie des steten Wandels der Rechtsordnung auch schwer zu ermitteln. In dem Bemühen um allgemeingültige Abgrenzungsformeln wurden – auch in der Rechtslehre[19] – verschiedene Abgrenzungstheorien entwickelt:

Die sogenannte **Subordinationstheorie** stellt zur Abgrenzung zwischen öffentlichem und privatem Recht auf das Vorliegen eines Über- bzw. Unterordnungsverhältnisses zwischen den am Rechtsstreit beteiligten Subjekten als maßgebliches Kriterium ab: Während privatrechtliche Rechtsbeziehungen demnach durch ein prinzipielles Verhältnis der **Gleichordnung** gekennzeichnet sind, liegt ein öffentlich-rechtliches Rechtsverhältnis dann vor, wenn sich die Rechtsbeziehung zwischen dem Hoheitsträger und dem Bürger als **Über- bzw. Unterordnungsverhältnis** darstellt.

Mit anderen Worten: Sobald der Staat gegenüber dem Bürger als Träger öffentlicher Gewalt handelt, liegt öffentliches Recht vor. Handeln dagegen zwei gleichrangige Rechtssubjekte, ist das Privatrecht anzuwenden.

Prägend für das öffentliche Recht ist somit die **Eingriffsverwaltung:** Sobald der Staat in subjektive, d.h. individuelle Rechte eines Bürgers eingreift, handelt er im Rahmen eines Subordinationsverhältnisses, also im öffentlich-rechtlichen Bereich.

Typische Beispiele hierfür sind Steuer- oder Bußgeldbescheide: Der Staat setzt die zu zahlende (oder einbehaltene) Steuer bzw. das Bußgeld einseitig fest. Doch auch wenn ein Bauherr – wie eingangs erwähnt – eine Baugenehmigung beantragt und die Baubehörde diese mit Auflagen erlässt, stellt die Entscheidung der Verwaltung ein Eingriff in subjektive Rechte dar, sodass sie öffentliches Recht anwendet: Die Behörde sagt dem Bürger sinngemäß: „Du darfst zwar bauen, musst aber die von uns für rechtmäßig gehaltenen Auflagen beachten!“

Und wie verhält es sich mit **Sozialleistungen?**

---

17 Das hat historische Gründe: Die Verwaltungsgerichte waren früher, noch vor Geltung des Grundgesetzes, nicht unabhängig. Daher sollte durch den Begriff „ordentliche Gerichte“ klargestellt werden, dass es sich um unabhängige Gerichte handelte. Heute ist das nicht mehr so: Selbstverständlich sind auch die Verwaltungsgerichte unabhängig.

18 Mit Rechtsprechung ist die Judikative und damit sämtliche Entscheidungen von Gerichten gemeint. Zwar sind die Richter unabhängig (Art. 97 GG), d. h. grundsätzlich nicht an die Entscheidungen höherer Gerichte gebunden. Dennoch legen die höheren Gerichte (insbesondere die Bundesgerichte) wesentliche Grundsätze des Rechts fest, die dem Grunde nach eine Art „Richtlinie“ für die Richter darstellen.

19 Mit *Rechtslehre* sind die von der Rechtswissenschaft (vor allem Universitätsprofessoren, wissenschaftliche Assistenten, Rechtsanwälte und wissenschaftlich tätige Juristen) aufgestellten Thesen gemeint, die sich im Laufe der Zeit als vorherrschend durchgesetzt haben (etwa durch fachwissenschaftliche Veröffentlichungen und sonstige Publikationen).

Beantragt ein Bürger bei einem Jobcenter Leistungen nach dem Sozialgesetzbuch II (SGB II) – umgangssprachlich „Hartz IV“ genannt[20] –, bewegt er sich ebenfalls im öffentlich-rechtlichen Bereich, denn die Sozialbehörde Jobcenter handelt hier als Hoheitsträger, auch wenn sie in erster Linie nicht in Rechte des Bürgers eingreift, sondern dem Bedürftigen sogar soziale Leistungen zur Verfügung stellt.

Dagegen ist für das **bürgerliche Recht** die Vertragssituation typisch: Wenn ein Bürger mit einem anderen Bürger (oder mit einer Verwaltungsbehörde) verhandelt und einen Vertrag abschließt, handeln die Vertragsbeteiligten grundsätzlich im **privatrechtlichen Bereich.** So gilt das Bürgerliche Gesetzbuch (BGB), wenn ein Notfallsanitäter in der Mittagspause beim Bäcker ein belegtes Brötchen kauft (§ 433 BGB) oder wenn er im Urlaub einen Kleinwagen mietet (§ 535 BGB). Ebenfalls eine privatrechtliche Angelegenheit stellt der Kauf eines Rettungswagens seitens einer Rettungswache oder einer Gemeinde dar – und zwar unabhängig davon, ob die Rettungswache öffentlich-rechtlich organisiert ist. Beachte:

Nicht allein deswegen ist öffentliches Recht gegeben, weil die öffentliche Verwaltung handelt! Die Verwaltung kann auch privatrechtlich agieren und muss (dann auch gegen sich) bürgerlich-rechtliche Normen beachten.[21]

1.3.2 Rettungsdienst: Öffentliches Recht oder Privatrecht?

Und wie sieht es im Bereich des Rettungsdienstes aus? Handelt ein Notfallsanitäter etwa als Hoheitsträger und daher öffentlich-rechtlich, wenn er im Einsatz ist? Wie sieht es mit der Leitstelle aus?

Der **Bundesgerichtshof (BGH)**[22] hat in einem grundlegenden Urteil vom 16. September 2004[23] entschieden, dass bei der Geltendmachung von Schadensersatzansprüchen seitens Patienten gegen Notärzte und Rettungsdienstpersonal zu beachten ist, wie der **Rettungsdienst** konkret in dem jeweiligen Bundesland **organisiert** ist.[24] Das Gericht hatte über folgenden Sachverhalt zu entscheiden:

Der Kläger – ein Patient – wurde im Dezember 1995 in München Opfer eines Verkehrsunfalls, bei dem er schwere Verletzungen erlitt. Der beklagte Notarzt behandelte den Kläger am Unfallort und während des Transports in das

20 „Hartz-Reform“ ist eine Bezeichnung für Vorschläge der Kommission für moderne Dienstleistungen am Arbeitsmarkt – kurz „Hartz-Kommission“ genannt –, die im Februar 2002 eingesetzt wurde und unter der Leitung von Peter Hartz (u.a. ehemaliger Vorstand der Volkswagen AG) tagte. Sie unterbreitete Vorschläge, wie die Arbeitsmarktpolitik in Deutschland effizienter gestaltet und die staatliche Arbeitsvermittlung reformiert werden sollte, die dann auch in entsprechenden Reformen umgesetzt wurden.

21 So z. B., wenn ein Jobcenter einen Dienstwagen least: Keiner würde auf die Idee kommen, in einem solchen Fall öffentliches Recht anzuwenden. Das Jobcenter schließt, so wie jeder Bürger auch, einen Leasingvertrag mit dem Autohaus ab.

22 Der BGH ist das höchste Bundesgericht, wenn es um die Klärung von Rechtsfragen im Bereich des Zivil- und Strafrechts geht. Es ist ein sog. Revisionsgericht, d. h., dass der BGH sich ausschließlich mit Rechtsfragen und nicht mit der Aufnahme von Beweisen (z. B. der Vernehmung von Zeugen oder der Anhörung von Sachverständigen) auseinandersetzt.

23 Az. III ZR 346/03.

24 Kritisch dazu: Ehmann (2004) Anwendung von Amtshaftungsgrundsätzen für die rettungsdienstliche Tätigkeit, NJW 57 (41), S. 2944-2945.

Krankenhaus. Im Zuge der Behandlung intubierte der Notarzt den Kläger. Bei der Notfallbehandlung im Krankenhaus wurde der Tubus in der Speise- statt in der Luftröhre des Klägers vorgefunden. Er erlitt als Folge einer Sauerstoffunterversorgung einen irreversiblen Hirnschaden und lag fortan im Wachkoma. Der Kläger hatte sowohl den Notarzt als auch das Krankenhaus, nicht aber den Rettungszweckverband als Körperschaft öffentlichen Rechts verklagt (Bayerisches Rotes Kreuz). Im Laufe des Prozesses stellte sich heraus, dass der Notarzt den Tubus falsch platziert oder es zumindest versäumt hatte, dessen Lage rechtzeitig und sorgfältig auf eine Dislokation hin zu überprüfen. Der Hirnschaden war hierauf zurückzuführen.

Der BGH hat die Klage gegen den Notarzt abgewiesen, weil er – sozusagen – der „falsche Beklagte" war:

In **Bayern** ist der Rettungsdienst nämlich **öffentlich-rechtlich** und nicht privatrechtlich organisiert, sodass der Notarzt nicht direkt haftet. Der Kläger hätte vielmehr gegen den **Freistaat Bayern** klagen müssen, weil auf diesen der Rettungsdienst als öffentliche Aufgabe übertragen worden war.

Diese Rechtslage gilt natürlich in allen Bundesländern, in denen der Rettungsdienst öffentlich-rechtlich organisiert ist: Derzeit ist das in allen Bundesländern – außer **Baden-Württemberg** – der Fall.[25]

Mit anderen Worten: Die persönliche Haftung des Notarztes scheidet aus, weil auch nach der zum Zeitpunkt der strittigen Behandlung geltenden Rechtslage in Bayern ärztliche Fehler im Rahmen eines Rettungsdiensteinsatzes nach Amtshaftungsgrundsätzen (s. § 839 Abs. 1 BGB) zu beurteilen sind. Schadensersatzansprüche des Geschädigten richten sich daher gemäß Art. 34 Satz 1 GG nicht gegen den behandelnden Arzt selbst, sondern gegen den Staat.

Die Bedeutung dieser Unterscheidung zeigt uns auch folgender Fall:

BEISPIEL

Der in Heidelberg beim Deutschen Roten Kreuz (DRK) tätige Rettungsassistent Rettig befindet sich mit „seinem" RTW in der Nähe des PHV (Patrick-Henry-Village) – einer Flüchtlingsunterkunft –, als er von der Leitstelle den Auftrag erhält, „so schnell wie möglich" zu einem Einsatz vor dem PHV zu fahren. Die Leitstelle hat lediglich die Information erhalten, dass es dort einen „blutenden Flüchtling nach einem Unfall" gibt.

25 So in Bayern (Art. 4 Bayerisches Rettungsdienstgesetz); Berlin (§ 5 Gesetz für den Rettungsdienst im Land Berlin); Brandenburg (§ 6 Gesetz über den Rettungsdienst des Landes Brandenburg); Bremen (§ 5 Gesetz über den Rettungsdienst im Lande Bremen); Hamburg (§ 1 Hamburgisches Rettungsdienstgesetz); Hessen (§ 5 Hessisches Rettungsdienstgesetz); Mecklenburg-Vorpommern (§ 7 Rettungsdienstgesetz M-V); Niedersachsen (§ 3 Niedersächsisches Rettungsdienstgesetz); Nordrhein-Westfalen (§ 6 Rettungsdienstgesetz Nordrhein-Westfalen); Rheinland-Pfalz (§ 3 Rettungsdienstgesetz Rheinland-Pfalz); Saarland (§ 5 Saarländisches Rettungsdienstgesetz); Sachsen (§ 3 Sächsisches Rettungsdienstgesetz); Sachsen-Anhalt (§ 4 Rettungsdienstgesetz LSA); Schleswig-Holstein (§ 3 Schleswig-Holsteinisches Rettungsdienstgesetz); Thüringen (§ 5 Rettungsdienstgesetz Thüringen).

Dort werden Rettig und sein Kollege Anton – ein pflichtbewusster Rettungssanitäter – Zeugen einer Schlägerei: Dabei wird ein 21-Jähriger aus Gambia von drei Skinheads zusammengeschlagen. Rettig hat „keinen Bock" auf Ärger und entschließt sich, den Einsatz abzubrechen, gegen den Willen des Kollegen Anton. Beide fahren unvermittelt weg, ohne die Leitstelle oder die Polizei zu informieren.

Währenddessen wird der junge Afrikaner durch mehrere Tritte im Kopfbereich schwer verletzt. Ein Gutachter stellt im Nachgang fest, dass der junge Gambier keine bleibenden Hirnschäden davongetragen hätte, wenn er unmittelbar nach dem Angriff behandelt worden wäre. Die Skinheads sind untergetaucht und sind daher noch unbekannt.

Rechtsanwalt Dr. Ratlos, Anwalt des jungen Gambiers, möchte nun wissen, gegen wen er Klage einreichen kann.

Rechtsanwalt Dr. Ratlos wird sich zunächst fragen, aus welcher Norm er im vorliegenden Fall Schadensersatz für seinen Mandanten verlangen kann. In Betracht kommt zum einen eine rein zivilrechtliche Haftung des DRK und der für die Rettungsorganisation handelnden Rettungsdienstleister (insbesondere aus §§ 823, 831 BGB) sowie eine (öffentlich-rechtlich geprägte) Amtshaftung des Landes Baden-Württemberg (§ 839 BGB).

Welche dieser Normen anwendbar ist, hängt davon ab, ob der **Rettungsdienst in Baden-Württemberg** privatrechtlich oder öffentlich-rechtlich organisiert ist. Die Abgrenzungsnorm findet man in § 13 GVG: Demnach gehören vor die ordentlichen Gerichte (hier: Zivilgerichte) unter anderem die „bürgerlichen Rechtsstreitigkeiten", für die nicht die Zuständigkeit von entweder Verwaltungsbehörden oder Verwaltungsgerichten begründet ist.

BEISPIEL

Im obigen Beispiel ist daher zu prüfen, wie der **Rettungsdienst** in **Baden-Württemberg** organisiert ist.

Gemäß § 2 Abs. 1 Rettungsdienstgesetz Baden-Württemberg schließt „das Innenministerium auf Landesebene mit dem Arbeiter-Samariter-Bund (ASB), dem Deutschen Roten Kreuz (DRK) und seiner Bergwacht Württemberg, der Johanniter-Unfall-Hilfe (JUH) und dem Malteser-Hilfsdienst, ferner mit der DRF Luftrettung, der Bergwacht Schwarzwald und der Deutschen Lebensrettungsgesellschaft sowie bei Bedarf mit anderen Stellen (Leistungsträger) **Vereinbarungen** über die bedarfsgerechte Versorgung der Bevölkerung mit leistungsfähigen Einrichtungen des Rettungsdienstes".[26]

Dies bedeutet, dass der Rettungsdienst in Baden-Württemberg, anders als in Bayern, **privatrechtlich** organisiert ist („Vereinbarungen" im Sinne dieser Vorschrift sind privatrechtliche Verträge).[27] Die Haftung eines Notarztes (oder sonstigen Rettungsdienstleistenden), welcher im Rettungsdienst in Baden-Württemberg tätig ist, ergibt

26 Rettungsdienstgesetz BW vom 8. Februar 2010 (GBl. 2010, 285).
27 OLG Stuttgart, Beschluss vom 2. Februar 2004 – Az. 1 W 47/03.

sich daher nicht wie in Bayern aus einem Amtspflichtverletzungsanspruch (§ 839 BGB) gegen den Dienstherrn, sondern aus dem Vertragsverhältnis und richtet sich direkt gegen den Notarzt. Während etwa in Bayern Dr. Ratlos ausschließlich den Freistaat Bayern verklagen müsste, ist er in Baden-Württemberg gehalten, gegen die jeweils verantwortlichen Handelnden zu prozessieren. In Betracht kommen hier die Mitglieder der Besatzung und der Träger (also die Rettungsdienstorganisation).

Für Rechtsanwalt Dr. Ratlos stellt sich nun aber die Frage, gegen wen er konkret gerichtlich vorgeht: Da der geltend gemachte Schadensersatzanspruch sicherlich im fünfstelligen Bereich liegen wird („bleibende Hirnschäden" bringen eine Verpflegung nach Pflegestufe III mit sich), wird er sich einen Beklagten aussuchen müssen, der im Falle einer Verurteilung auch das notwendige Geld für den Ersatz des entstandenen Schadens aufbringen kann. Das wird sicher der Rettungsdienstverband DRK sein. Den Rettungsassistenten Rettig wird er als Hauptverantwortlichen der unterlassenen Hilfeleistung ebenfalls verklagen (Rettig hätte zumindest die Leitstelle oder die Polizei fernmündlich verständigen können). Dagegen wird eine Klage gegen Anton erstmal nicht in Betracht kommen, da dieser den Abbruch der Rettungshandlung nicht unmittelbar zu verantworten hat und Dr. Ratlos ihn – ungeachtet dessen – als Zeugen gegen Rettig benötigt (als Beklagter könnte Anton hingegen nicht als Zeuge aussagen, weil er Partei im Verfahren wäre).

Gegen die Skinheads kann Dr. Ratlos derzeit noch nichts unternehmen, da diese ihm namentlich nicht bekannt sind. Er kann aber durch eine entsprechende Strafanzeige bei der Staatsanwaltschaft dafür sorgen, dass diese gegen „Unbekannt" ermittelt, um die Identität der eigentlichen Täter ausfindig zu machen (die Staatsanwaltschaft würde allerdings in einem solchen Fall wegen der besonderen Schwere der Straftat – je nach Sachlage könnte sogar ein versuchter Mord in Mittäterschaft nach den §§ 211, 25 Abs. 2 StGB vorliegen – auch ohne Zutun des Rechtsanwalts ermitteln).

Und wie verhält es sich mit der **Leitstelle**?

Durch ein Urteil vom 25. September 2007[28] erkannte der BGH, dass jedenfalls die Rettungsleitstelle bei der Lenkung der Einsätze des Rettungsdienstes in ihrem Dienstbereich **öffentlich-rechtlich** handelt.

Zur Begründung hat der BGH maßgeblich darauf abgestellt, dass die Rettungsleitstelle bei der Koordination und Steuerung der im Rettungsdienst tätigen Leistungsträger und Unternehmen in der Lage sein muss, die zur Abwehr drohender Gefahren für Leib und Leben notwendigen Anordnungen mit Verbindlichkeit zu treffen. Weiter hat der BGH darauf hingewiesen, dass nach § 6 Abs. 1 RDG BW die Leitstellen für den Rettungsdienst und die – eindeutig in den Rechtsformen des öffentlichen Rechts handelnde – Feuerwehr in der Regel im integrierten Betrieb (Integrierte Leitstellen) in gemeinsamer Trägerschaft einzurichten sind.[29]

28 Az. KZR 48/05.

29 Vgl. Schlick (2009) Die Rechtsprechung des BGH zu den öffentlich-rechtlichen Ersatzleistungen – Teil 2: Amtshaftung, NJW 62, S. 3487-3495.

Welche Konsequenzen ergeben sich nun aus dieser Unterscheidung für die handelnden Akteure? Auf den ersten Blick erscheint das Amtshaftungssystem aus Sicht der Rettungskräfte vorzugswürdig: Denn eine direkte persönliche Haftung kommt erst einmal nicht in Betracht. Allerdings kann das Land im Falle einer Amtshaftung die Diensthabenden in Regress nehmen, wenn diese grob fahrlässig oder vorsätzlich gehandelt haben. Würde also im obigen Beispielfall der Freistaat Bayern, der von Dr. Ratlos verklagt werden würde, den Prozess verlieren, könnte sich das Land, in einem Folgeverfahren vor allem bei Rettig (Anton eher nicht) schadlos halten (Regressverfahren).[30]

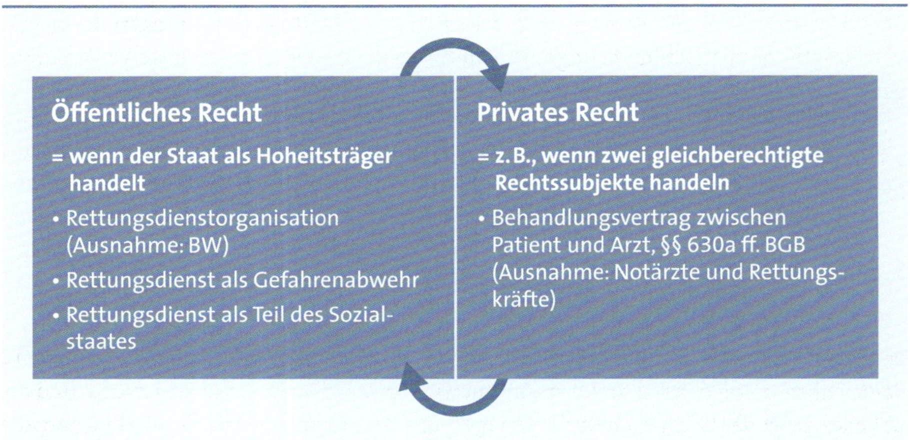

Abb. 1: Abgrenzung: öffentliches und privates Recht

30 Hier gelten allerdings zugunsten der Arbeitnehmer Haftungsprivilegierungen: siehe dazu Kap. 5.1.4.

1.4 Vertragsautonomie und Kontrahierungszwang

Das Privatrecht ist durch die sogenannte Vertragsfreiheit (auch Vertragsautonomie) geprägt. Was bedeutet das? Jeder Bürger (auch eine Behörde und damit der Staat) darf in Deutschland Verträge abschließen. Ich kann beim Bäcker Brötchen kaufen (Kaufvertrag), für den anstehenden Urlaub eine Reise buchen (Reisevertrag) oder eine Wohnung zur Miete nutzen (Mietvertrag).

Vertragsfreiheit heißt in diesem Zusammenhang, dass ich nicht nur frei in der Entscheidung bin, ob ich einen Vertrag abschließe **(Vertragsabschlussfreiheit)**, sondern darüber hinaus, wie ich den Vertrag im Einzelnen gestalte **(Vertragsgestaltungsfreiheit)**. Die Vertragsautonomie ist ein wichtiger Ausfluss der im Grundgesetz – unsere Verfassung – geregelten allgemeinen Handlungsfreiheit (Art. 2 Abs. 1 GG).

Doch die Vertragsabschlussfreiheit erfährt in einigen Bereichen wesentliche Einschränkungen, die durch allgemeine Interessen des Staates und der Gesellschaft gerechtfertigt sind:

1.4.1 Kontrahierungszwang außerhalb des medizinischen Bereichs

Beantragt eine obdachlose Person Sozialleistungen nach dem SGB II („Hartz IV"), so wird der Sachbearbeiter des zuständigen Jobcenters nicht nur eine postalische Adresse und die üblichen personenbezogenen Daten erfragen, sondern auch eine Bankverbindung, um die Leistungen im Falle einer Bewilligung überweisen zu können. Begibt sich nun die obdachlose Person zu einer privaten Bank, wird diese nur schwerlich ein Konto für unseren Antragsteller eröffnen. „Ohne Einkommen kein Konto!", wird die Bankmitarbeiterin antworten. Seit dem 19. Juni 2016 begründet jedoch § 31 des Zahlungskontengesetzes (ZKG), das die Zahlungskonten-Richtlinie der EU[31] umsetzt, für alle Verbraucher, die sich rechtmäßig in der Europäischen Union aufhalten – einschließlich Personen ohne festen Wohnsitz, Asylbewerber und Geduldete – einen Rechtsanspruch auf Führung eines sogenannten Basiskontos für die Ausführung von Zahlungsvorgängen auch bei Privat- sowie Volks- und Raiffeisenbanken. Durch das sogenannte Jedermann-Konto soll auch Menschen ein Girokonto garantiert werden, denen wegen Kontopfändungen, negativen Schufa-Einträgen oder aus anderen Gründen das bisherige Girokonto gekündigt wurde oder die Einrichtung eines neuen Girokontos verweigert wird. Darüber hinaus sind auch die öffentlich-rechtlichen Sparkassen in den meisten Bundesländern durch entsprechende landesrechtliche Sparkassengesetze und -verordnungen rechtlich verpflichtet, jedermann ein Konto auf Guthabenbasis zu eröffnen. Die Geldinstitute sind also rechtlich verpflichtet, eine vertragliche Geschäftsbeziehung, eine Kontrahierung, einzugehen.

Ein weiterer Bereich, in welchem ein Kontrahierungszwang gilt, betrifft den Straßenverkehr: Für jeden Kraftfahrzeughalter besteht in seiner Eigenschaft als potenzieller Risikoträger eine gesetzliche Versicherungspflicht. Denn jeder Halter trägt das Risiko für sein

31 RL 2014/92 der EU.

Fahrzeug (etwa, dass aufgrund eines technischen Fehlers des Kfz ein Mensch verletzt wird). Somit ist das ausgewählte Versicherungsunternehmen im Gegenzug dazu verpflichtet, Versicherungsanträge zum Schutz des Versicherungsinteressenten anzunehmen. Gemäß § 5 Pflichtversicherungsgesetz (PflVG) darf ein solcher Antrag nur in geregelten Ausnahmefällen mit einer Frist von zwei Wochen abgelehnt werden; andernfalls gilt der Antrag als angenommen.

1.4.2 Kontrahierungszwang im medizinischen Bereich

Jede Bürgerin und jeder Bürger hat in Deutschland ein Recht auf medizinische Grundversorgung. Um die Finanzierung zu gewährleisten und ein flächendeckendes Recht auf Versorgung zu gewährleisten, ist eine entsprechende **Krankenversicherungspflicht** gesetzlich vorgesehen, und zwar in § 5 Sozialgesetzbuch (SGB) V.

Folglich unterliegt die gesetzliche Krankenversicherung (GKV) im Gegenzug dem Kontrahierungszwang. Dies bedeutet, dass gesetzliche Krankenversicherer grundsätzlich jeden Interessenten annehmen müssen, unabhängig von dessen Alter, Einkommen, Geschlecht oder Gesundheitszustand.

Gemäß dem GKV-Wettbewerbsstärkungsgesetz (GKV-WSG), das 2009 in Kraft trat, unterliegen zudem auch private Versicherungsanbieter in bestimmten Ausnahmefällen einem eingeschränkten Abschlusszwang: Personen, die im Krankheitsfall über keinerlei Absicherung verfügen, müssen demnach zu einem Basistarif in ihre letzte private Krankenversicherung wieder aufgenommen werden.

Ebenso sind Neugeborene unabhängig von ihrem Gesundheitszustand unmittelbar nach der Geburt in die gesetzliche oder private Krankenversicherung ihrer Eltern aufzunehmen.

Gemäß der Apothekenbetriebsordnung (§ 17 Abs. 4) sind **Apothekenbetreiber** verpflichtet, vom Arzt verschriebene Medikamente innerhalb einer angemessenen Zeitspanne zur Verfügung zu stellen.

Für **Ärzte** gilt im Rahmen eines Behandlungsvertrages grundsätzlich die Vertragsautonomie: Der Patient hat die freie Arztwahl, die selbst für GKV-Versicherte durch § 76 Abs. 3 S. 1 SGB V allenfalls marginal eingeschränkt wird. Auch dem Arzt steht es – von **Notfällen** oder besonderen rechtlichen Verpflichtungen abgesehen – frei, eine Behandlung abzulehnen: Gründe, mit welchen die Behandlung abgelehnt werden darf, sind zum Beispiel die Überlastung des Arztes, der Wunsch einer Behandlung außerhalb des Fachgebietes des Arztes oder ein Fehlverhalten des Patienten.[32]

Für **Vertragsärzte**[33] gilt § 95 Abs. 3 S. 1 SGB V: Demnach bewirkt die Zulassung das Recht und die Pflicht, an der vertragsärztlichen Versorgung teilzunehmen. In Bezug auf GKV-

32 Laufs/Kern/Rehborn (2019) Handbuch des Arztrechts, 5. Aufl., § 44 Rn. 12 ff.

33 Vertragsärzte sind approbierte Ärzte, die im Besitz einer Zulassung zur Teilnahme an der ambulanten ärztlichen Versorgung der gesetzlich Krankenversicherten sind. Die Zulassung als Vertragsarzt ist an bestimmte Voraussetzungen gebunden (z. B. die Approbation, die Eintragung in das Arztregister sowie die Verpflichtung auf die vertraglichen und gesetzlichen Grundlagen

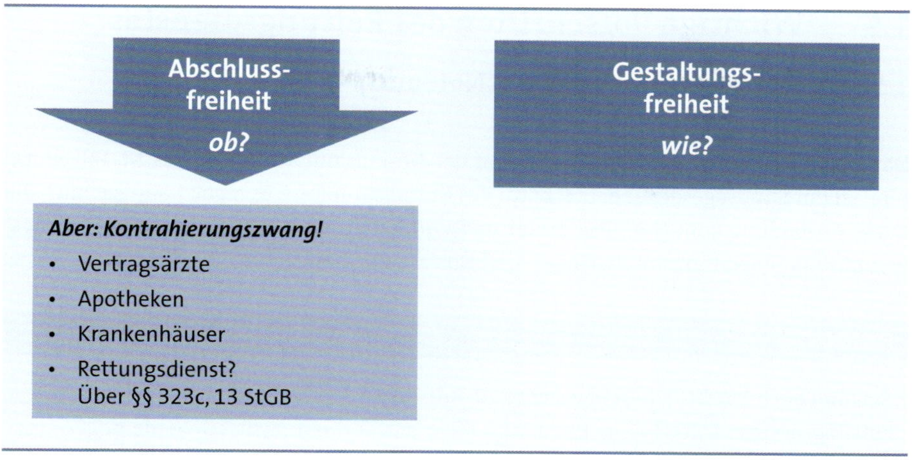

Abb. 2: Vertragsfreiheit

Versicherte besteht also ein Kontrahierungszwang. Das Recht der freien Arztwahl kann aber nicht dazu führen, dass ein Arzt verpflichtet wird, mehr Patienten anzunehmen, als er unter Berücksichtigung der gebotenen Sorgfalt behandeln kann: Es ist insoweit nicht zu beanstanden, wenn sich der Arzt – außerhalb von Notfallsituationen – zur Vergewisserung der Identität des Patienten dessen Personalausweis vorlegen lässt und von dieser Vorlage den Abschluss des Behandlungsvertrages abhängig macht.

Für **Krankenhäuser** besteht die grundsätzliche Abschlussfreiheit im Rahmen der allgemeinen Vertragsfreiheit nicht (mehr): Eine Ausnahme galt schon immer, wenn das Krankenhaus entweder als Spezialklinik eine monopolähnliche Stellung innehatte oder wenn ein Unfallverletzter Aufnahme in die nächsterreichbare Klinik begehrte. Für öffentlich-rechtlich organisierte Kliniken folgt aus der Einbindung in ein öffentlich-rechtliches Planungs- und Finanzierungssystem im Rahmen seiner planerischen Aufgabenstellung und Leistungsfähigkeit eine allgemeine Aufnahme- und Behandlungspflicht, sofern bei einem Patienten stationäre Behandlungsbedürftigkeit besteht (s. Kap. 1.1).[34]

Die meisten Landeskrankenhausgesetze, wie zum Beispiel §§ 28, 29 LKHG BW, § 2 Abs. 1 KHGG NRW, § 1 Abs. 3 LKG RP, sehen ausdrücklich einen Kontrahierungszwang des Krankenhausträgers vor.

Ein Recht des Krankenhauses, die Versorgung von Notfallpatienten aus Kapazitätsgründen abzulehnen, besteht daher nicht. Das gilt selbst dann, wenn die reguläre Auslastungsgrenze erreicht ist. In diesem Fall muss zumindest eine Erstversorgung des Patienten erfolgen, denn die Hilfeleistungspflicht des Aufnahmearztes erfordert nicht eine regelrechte Behandlung, sondern nur die Prüfung, ob sofort etwas geschehen muss und eine eventuell erforderliche erste Hilfe.[35]

der gesetzlichen Krankenversicherung); vgl. https://www.bundesgesundheitsministerium.de/service/begriffe-von-a-z/v/vertragsaerzte.html (Abruf: 26. März 2021).

34 Laufs/Kern/Rehborn (2019) Handbuch des Arztrechts, a. a. O.

35 OLG Köln, Urteil vom 19. Juli 1957 – Az. Ss 532/56, NJW 1957, 1609.

1.5 Wichtige Vorschriften des Rettungsdienstes

1.5.1 Notfallsanitätergesetz (NotSanG)

Das – so offiziell – „Gesetz über den Beruf der Notfallsanitäterin und des Notfallsanitäters" ist ein Bundesgesetz über den Beruf des Notfallsanitäters. Es regelt hauptsächlich die duale Ausbildung zum Notfallsanitäter und wird durch die Ausbildungs- und Prüfungsverordnung für Notfallsanitäterinnen und Notfallsanitäter (NotSan-APrV) ergänzt.

BEISPIEL

Beispiel nach BVerfG[36], Beschluss vom 10. Juli 2015:[37]
Rettungsassistent Rettig aus Rheinland-Pfalz hat Verfassungsbeschwerde gegen das Notfallsanitätergesetz (NotSanG) erhoben. Das Gesetz stelle eine Novelle des Rettungsassistentengesetzes von 1989 dar und müsse deshalb eine Überleitungsregelung für diejenigen enthalten, die berechtigt sind, die Berufsbezeichnung „Rettungsassistent" nach altem Recht zu führen. Die im NotSanG vorgesehene Regelung, wonach Rettungsassistenten eine bis zu 960 Stunden umfassende Zusatzausbildung mit Prüfung ablegen müssen, um die Bezeichnung „Notfallsanitäter" führen zu dürfen, genüge in seinen Augen diesem Anspruch nicht. In den Augen des Beschwerdeführers verstößt das neue NotSanG deshalb gegen den Gleichheitsgrundsatz nach Art. 3 Abs. 1 GG. Denn alle Gesundheitsberufe, außer dem der Krankenpflege, hätten vor der jeweiligen Novellierung ihrer Berufsgesetze eine Ausbildungsdauer von zwei Jahren und zum Teil darunter: In diesen novellierten Berufsgesetzen hätten die nach altem Recht ausgebildeten Personen allerdings die Erlaubnis zum Führen der Berufsbezeichnung nach den Bedingungen der jeweiligen Novellierung erhalten, ohne weitere Voraussetzungen erfüllen zu müssen.
Hat Rettig Recht?

Mit dem NotSanG wurde die ursprüngliche Ausbildung nach dem Rettungsassistentengesetz grundlegend reformiert. Im Rahmen dieser Reform wurde die Ausbildungszeit von zwei auf drei Jahre verlängert.

Ziel dieser Reform war auch die bessere Vergleichbarkeit der rettungsdienstlichen Ausbildung in den Bundesländern und in der Europäischen Union. Zur Verbesserung der Ausbildungsqualität der Rettungsdienstschulen wurden im Gesetz einheitliche Qualitätsanforderungen an die Rettungsdienstschulen festgeschrieben. Im Rahmen der Übergangsregelungen wurde Rettungsassistenten die Möglichkeit eröffnet, bis zum 31. Dezem-

36 Das *Bundesverfassungsgericht (BVerfG)* ist das höchste Gericht in Deutschland – mit Sitz in Karlsruhe – und wacht über die *Einhaltung des Grundgesetzes*. Gegründet wurde es im Jahre 1951. Sämtliche Institutionen und Behörden des Staates sind verpflichtet, das Grundgesetz zu beachten: Kommt es dabei zu einem Rechtsstreit, kann das Bundesverfassungsgericht angerufen werden (z. B. im Wege einer Verfassungsbeschwerde). An die Rechtsprechung des BVerfG sind alle übrigen Staatsorgane gebunden (vgl. www.bundesverfassungsgericht.de).

37 Az. 1 BvR 2853/13.

ber 2023 durch Teilnahme an einer Ergänzungsprüfung oder der staatlichen Prüfung die Erlaubnis zur Führung der Berufsbezeichnung „Notfallsanitäter" zu erlangen (§ 32 NotSanG).

Das BVerfG[38] hat im obigen Beispiel die Voraussetzungen für die Annahme einer Verfassungsbeschwerde verneint. Der Beschwerdeführer ist nicht in seinen Grundrechten verletzt:

BEISPIEL

In seiner **Berufsfreiheit** aus Art. 12 Abs. 1 GG wird Rettig aus Sicht des BVerfG nicht verletzt:

Zwar handelt es sich bei § 32 NotSanG um eine subjektive Zulassungsbeschränkung für den Beruf des Notfallsanitäters; diese ist jedoch zum Schutz des besonders wichtigen Gemeinschaftsguts „Gesundheit" gerechtfertigt. Insbesondere ist diese Regelung zur Zweckerreichung schon deshalb geeignet, weil die bereits tätigen Rettungsassistenten aufgrund ihrer Berufserfahrung nicht ohne Weiteres über den vom NotSanG vorausgesetzten Wissensstand verfügen. Denn ein solcher Wissensstand kann aufgrund der weniger intensiven Ausbildung nicht automatisch angenommen werden und ist abhängig vom tatsächlichen Einsatzbereich des jeweiligen Rettungsassistenten. Aus diesem Grund ist die angegriffene Regelung auch erforderlich, denn eine voraussetzungslose Überleitung stellt gerade kein zum Schutz der Gesundheit gleich geeignetes Mittel dar.

Auch benachteiligt die Regelung den Beschwerdeführer nicht unangemessen. Zunächst steht ihm der Erwerb der Berufsbezeichnung „Notfallsanitäter" frei. Durch § 30 NotSanG wird dessen bestehende Berufsbezeichnung weiter geschützt. Er selbst muss aufgrund seiner Berufserfahrung auch keine weitere Ausbildung durchlaufen. Die für eine geringere Berufserfahrung geregelten weiteren Ausbildungszeiten erscheinen im Vergleich mit der Verlängerung der regulären Ausbildung von zwei auf drei Jahre aber auch angemessen.

Zudem ist keine Verletzung des allgemeinen Gleichheitsgrundsatzes des Art. 3 Abs. 1 GG erkennbar: Insbesondere ist eine etwaige Ungleichbehandlung bei einem Vergleich mit den voraussetzungslosen Überleitungsvorschriften im Rahmen der Novellierung anderer Berufsgesetze im Gesundheitswesen ersichtlich gerechtfertigt. Abweichend von den vom Beschwerdeführer genannten weiteren Berufen des Gesundheitswesens ist das Rettungswesen nicht nur im Bereich der Gesundheitsvorsorge, sondern auch der Gefahrenabwehr angesiedelt. Die hier tätigen Rettungskräfte haben anders als in anderen Berufen im Gesundheitswesen in der Praxis ständig mit besonderen Notfallsituationen zu tun; sie sind daher nicht ohne Weiteres mit anderen Berufsgruppen zu vergleichen. An der Beurteilung der Verfassungsbeschwerde durch das BVerfG ändert auch der Umstand nichts, dass die Bundesländer durch entsprechende Reformen der Landesrettungsdienstgesetze die Besetzung der Rettungsmittel dahingehend ändern

38 Beschluss vom 10. Juli 2015, Az. 1 BvR 2853/13.

könnten, dass in Zukunft die Berufsbezeichnung als Rettungsassistenten nicht (mehr) ausreichend sein würde. Denn das NotSanG regelt ausschließlich die Berufszulassung und nicht die Organisation des Rettungsdienstes, wofür der Bund keine Gesetzgebungskompetenz hat.

1.5.2 Ausbildungs- und Prüfungsverordnung (NotSan-APrV)

Zum 1. Januar 2014 trat auch die **Ausbildungs- und Prüfungsverordnung für Notfallsanitäter** in Kraft, kurz NotSan-APrV, welche durch das Bundesgesundheitsministerium erlassen wurde. Was der Verordnungsgeber sich dabei gedacht hat, ist aus der amtlichen Begründung zu ersehen:

> *„Die Rechtsverordnung regelt die Mindestanforderungen an die Ausbildung zum Beruf des Notfallsanitäters, die weitere Ausbildung nach § 32 Absatz 2 NotSanG, die Inhalte und das Verfahren der staatlichen Prüfung und staatlichen Ergänzungsprüfung, die amtlichen Muster für die Bescheinigung über die Teilnahme an den Ausbildungsveranstaltungen, die Prüfungszeugnisse und die Urkunde über die Erlaubnis zur Führung der Berufsbezeichnung. Ferner enthält die Verordnung Bestimmungen, die für die Anerkennung von Ausbildungen sowie die Durchführung von Anpassungsmaßnahmen aus anderen Mitgliedstaaten der Europäischen Union, des Europäischen Wirtschaftsraums sowie aus Drittstaaten erforderlich sind."*[39]

Die **staatliche Prüfung für Notfallsanitäter** umfasst einen schriftlichen, einen mündlichen und einen praktischen Teil (§ 4 NotSan-APrV). Die Prüfungen werden vor einem staatlichen Prüfungsausschuss abgelegt (§ 5 NotSan-APrV). Zur Prüfung wird nur zugelassen, wer seine Teilnahme an den vorgeschriebenen Ausbildungsveranstaltungen nachweist.

Im Übrigen regelt die Verordnung die Folgen des Rücktritts von der Prüfung (§ 11 NotSan-APrV), des Versäumnisses (§ 12 NotSan-APrV), von Ordnungsverstößen und Täuschungsversuchen sowie die Möglichkeit des Prüflings auf Einsicht in die Prüfungsunterlagen und deren Aufbewahrung.

1.5.3 Berufsbildungsgesetz (BBiG)

Das Berufsbildungsgesetz (BBiG)[40] regelt die betriebliche Berufsausbildung (das sog. **duale System**), die Berufsausbildungsvorbereitung, die Fortbildung sowie die berufliche Umschulung (§ 1 Abs. 1 BBiG). Das Berufsbildungsgesetz bestimmt ferner die Voraussetzungen des Berufsausbildungsverhältnisses.

---

39 Auszug aus den Gesetzesmaterialien: Bundesrat-Drucksache 728/13 (https://www.bundesrat.de/bv.html?id=0728-13, Abruf: 26. März 2021).

40 Neugefasst durch die Bekanntmachung vom 4. Mai 2020 (BGBl. I S. 920).

Die Berufsausbildungsvorbereitung im Sinne des Berufsbildungsgesetzes dient dem Ziel, durch Vermittlung von Grundlagen für den Erwerb beruflicher Handlungsfähigkeit an eine Berufsausbildung in einem anerkannten Ausbildungsberuf heranzuführen. Das Berufsbildungsgesetz definiert die berufliche Handlungsfähigkeit als Fertigkeiten, Kenntnisse und Fähigkeiten, die für die Ausübung einer qualifizierten beruflichen Tätigkeit notwendig sind.

Die meisten Ausbildungen in Deutschland unterliegen den Regelungen des BBiG: Nicht jedoch die Ausbildung zur Notfallsanitäterin und zum Notfallsanitäter. § 29 NotSanG lautet:

> *Für die Ausbildung zur Notfallsanitäterin oder zum Notfallsanitäter findet das Berufsbildungsgesetz keine Anwendung.*

Denn der Gesetzgeber hat sich durch die Regelung des NotSanG – wegen der speziellen Anforderungen an die Ausbildung von Fachkräften in der präklinischen Notfallmedizin – gegen die Anwendung des BBiG entschieden.

1.5.4 Fünftes Buch Sozialgesetzbuch – Gesetzliche Krankenversicherung (SGB V)

Im Fünften Buch Sozialgesetzbuch (SGB V), das am 1. Januar 1989 in Kraft trat, sind alle Bestimmungen zur gesetzlichen Krankenversicherung zusammengefasst. Die hier geregelte Krankenversicherung ist als Solidargemeinschaft beschrieben und hat die Aufgabe, die Gesundheit der Versicherten zu erhalten, wiederherzustellen oder ihren Gesundheitszustand zu bessern. Derzeit sind etwa 90 % der deutschen Bevölkerung in der gesetzlichen Krankenversicherung (GKV) versichert.

In § 5 des SGB V sind die versicherungspflichtigen Personen abschließend aufgelistet. § 5 Abs. 1 Nr. 1 lautet: „Arbeiter, Angestellte und zu ihrer Berufsausbildung Beschäftigte, die gegen Arbeitsentgelt beschäftigt sind."

EXKURS

Als Geburtsstunde der gesetzlichen Krankenversicherung als Teil der Sozialversicherung gilt der 17. November 1881. Reichskanzler Otto von Bismarck verlas an diesem Tag vor dem Reichstag die Kaiserliche Botschaft zur Sozialgesetzgebung. Am 15. Juni 1883 beschloss der Reichstag das Gesetz zur Krankenversicherung, das am 21. Juni verkündet wurde und in Teilen mit dem 1. Dezember 1883 und in Gänze ein Jahr darauf in Kraft trat. Die Krankenversicherung ist der älteste Teil der Sozialversicherung. Später folgten ihr die gesetzliche Unfallversicherung (1884), die Invaliden- und Alterssicherung (1889), die Angestelltenversicherung (1911) und die Arbeitslosenversicherung (1927). Als letztes kam 1995 die Pflegeversicherung hinzu.

Die gesetzlich Versicherten haben nicht nur einen Anspruch auf die typischen Leistungen der Krankenversicherung (wie u.a. die Behandlung, Verhütung und Früherkennung von Krankheiten sowie die medizinische Rehabilitation), sondern darüber hinaus auch ein Recht auf Zugang zu den Notdiensten.

§ 75 Abs. 1b SGB V zeigt die Grundstruktur der Vorhaltungen für medizinische Notfälle auf, die aus vier Säulen besteht: ambulanter Arztnotdienst (§ 75 Abs. 1b S. 1 SGB V), stationäre Krankenhausnotaufnahme (§ 75 Abs. 1b S. 2 SGB V), Rettungsdienst (§ 75 Abs. 1b S. 1 und 4 SGB V) und Apothekennotdienst (§ 75 Abs. 1b S. 5 SGB V).

Der Notdienst umfasst zwar nicht die notärztliche Versorgung im Rahmen des Rettungsdienstes (§ 75 Abs. 1b S. 1 Hs. 2 SGB V), soweit das jeweilige Landesrecht nichts anderes bestimmt. Nach § 133 SGB V haben jedoch die gesetzlich Versicherten einen Anspruch auf Erstattung der Kosten, die durch die Leistungen des Rettungsdienstes entstehen.[41]

1.5.5 Jugendarbeitsschutzgesetz (JArbSchG)

BEISPIEL

Antons Bruder Karl ist 17 Jahre und hat im Oktober eine Ausbildung zum Notfallsanitäter in Baden-Württemberg begonnen. Seine Lehrstätte befindet sich in Sinsheim, ebenso seine Rettungswache. Nach einem Rettungseinsatz in der Sinsheimer Innenstadt – ein Obdachloser hatte in der Hauptstraße einen Herzinfarkt erlitten, die Leitstelle gab die Weisung an: „eilt sehr!" –, der um 19:40 Uhr begann, kam der 17-Jährige erst um 20:45 Uhr dazu, Feierabend zu machen.
Karl fragt sich nun, ob das rechtens ist.

Da in § 8 NotSanG keine Altersbeschränkung enthalten ist, können auch Minderjährige die Ausbildung zum Notfallsanitäter absolvieren. Vor diesem Hintergrund kommt in solchen Fällen das Jugendarbeitsschutzgesetz (JArbSchG) zur Anwendung, ein Gesetz zum Schutz von arbeitenden Kindern und Jugendlichen.[42] Es zählt zu den Gesetzen des **sozialen Arbeitsschutzes**.

Das JArbSchG begrenzt die Wochenarbeitszeit von Jugendlichen (15 – 18 Jahre) auf 40 Stunden (ausschließlich Pausen) bei einer Fünf-Tage-Woche. Wird die Arbeitszeit an einzelnen Werktagen verkürzt, kann die Arbeitszeit an anderen Tagen auf maximal 8,5 Stunden verlängert werden (§ 8 JArbSchG). Bei einer Arbeitszeit von 4,5 bis 6 Stunden stehen dem Jugendlichen 30 Minuten, bei mehr als 6 Stunden täglicher Arbeitszeit 60 Minuten Ruhepause zu.

Dabei muss die erste Pause spätestens nach 4,5 Stunden eingelegt werden, mindestens 15 Minuten dauern und darf frühestens eine Stunde nach Beginn und spätestens eine Stunde vor Ende der Arbeitszeit liegen (§ 11 ArbSchG).

41 Dettling, in: Dettling/Gerlach (2018) Krankenhausrecht, 2. Aufl., SGB V, § 75 Rn. 46.
42 Neugefasst am 12. April 1976 (BGBl. I, S. 965).

Samstags und sonntags dürfen Jugendliche nicht beschäftigt werden. Es gibt aber einige Ausnahmen (z.B. Krankenhäuser), genaueres regeln § 16 JArbSchG (Samstagsruhe) und § 17 JArbSchG (Sonntagsruhe).[43]

Je nach Alter (am Stichtag 1. Januar des Jahres) hat ein Jugendlicher Anspruch auf unterschiedlich viel Urlaub: für 15-Jährige 30 Werktage, für 16-Jährige 27 Werktage und für 17-Jährige 25 Werktage Urlaub.

BEISPIEL

Die Arbeitszeit ist grundsätzlich auf den Zeitraum zwischen 6 und 20 Uhr (§ 14 JArbSchG) begrenzt, es gibt jedoch eine Reihe von Ausnahmen für Bäckereien, Gaststätten, kulturelle Veranstaltungen usw. Auch Mehrarbeit ist nicht zulässig: Wird ein Jugendlicher in Notfällen beschäftigt, d.h. zum Beispiel bei einem Rettungsdiensteinsatz, und handelt es sich um vorübergehende und unaufschiebbare Arbeiten und stehen erwachsene Beschäftigte nicht zur Verfügung, ist die in diesem Rahmen anfallende Mehrarbeit durch entsprechende Verkürzung der Arbeitszeit auszugleichen. Dies bedeutet aber gleichzeitig, dass ausnahmsweise eine solche Beschäftigung, wie in unserem Fall bei Karl, zulässig ist. Aber eben nur ausnahmsweise: Entwickelt sich die Ausnahme zum betrieblichen Regelfall, muss der Arbeitgeber für geeignete Maßnahmen sorgen, die eine solche Situation künftig verhindern.

Besonders problematisch ist im Rahmen der Ausbildung Jugendlicher im Rettungsdienst § 22 Abs. 1 JArbSchG, wonach Jugendliche nicht mit Arbeiten, „die ihre physische oder psychische Leistungsfähigkeit übersteigen“ (Abs. 1 Nr. 1), sowie mit Arbeiten, „die mit Unfallgefahren verbunden sind, von denen anzunehmen ist, dass Jugendliche sie wegen mangelnden Sicherheitsbewusstseins oder mangelnder Erfahrung nicht erkennen oder nicht abwenden können“ (Abs. 1 Nr. 3), beschäftigt werden dürfen. Auch wenn in § 22 Abs. 2 Nr. 1 JArbSchG klargestellt wird, dass zur Erreichung des Ausbildungszweckes gewisse Unfallgefahren hinzunehmen sind, können im Rahmen der praktischen Ausbildung zum Notfallsanitäter Situationen kaum verhindert werden, in denen es zu einer Übersteigerung der psychischen Leistungsfähigkeit von jugendlichen Auszubildenden kommt (zu denken ist z.B. an einen Einsatz nach einer schweren Massenkarambolage auf einer Autobahn).

Zur Vermeidung möglicher psychischer Gefährdungen sollten daher Jugendliche möglichst nur mit Mitarbeitern zum Einsatz kommen, die über pädagogische Kenntnisse verfügen (z.B. Praxisanleiterin). Dabei sollten ihnen lediglich Hilfstätigkeiten im Rahmen der Betreuung von bereits versorgten Patienten übertragen werden. Zudem dürfen sie im Hinblick auf § 22 Abs. 1 Nr. 1 Alt. 1 JArbSchG nicht zum Heben und Tragen von Patienten eingesetzt werden.

43 Zulässig ist die Beschäftigung Jugendlicher an Sonntagen nur in Krankenanstalten sowie in Altenpflege- und Kinderheimen, in der Landwirtschaft und Tierhaltung mit Arbeiten, die auch an Sonn- und Feiertagen naturnotwendig vorgenommen werden müssen, im Familienhaushalt, wenn der Jugendliche in die häusliche Gemeinschaft aufgenommen ist, im Schaustellergewerbe bei Musikaufführungen, Theatervorstellungen und anderen Aufführungen sowie bei Direktsendungen im Rundfunk (Hörfunk und Fernsehen), beim Sport, im *ärztlichen Notdienst*, im Gaststättengewerbe.

Dass unter diesen Umständen die Jugendlichen nicht auf die gesetzlich vorgeschriebene Mindestbesetzung von Rettungswagen angerechnet werden dürfen, sondern zusätzlich als „dritte Person" anzusehen sind, versteht sich von selbst. Wenn bereits im Vorfeld des Einsatzes mit besonderen psychischen Belastungen oder konkreten Gefährdungen zu rechnen ist, sollte der Einsatz ohne den Jugendlichen erfolgen.

1.5.6 Landesrettungsdienstgesetze

Die Gesetzgebungskompetenz für den Bereich der Gefahrenabwehr liegt – außer in einigen speziellen Fällen – bei den Bundesländern. Da der Rettungsdienst im weitesten Sinne Gefahrenabwehr ist, liegt die Aufgabe des **Rettungsdienstes** ebenfalls in der **Zuständigkeit der Bundesländer**. Dem Bund obliegt lediglich die Zuständigkeit für die Gesundheitsberufe (Art. 74 Nr. 19 GG, daher: NotSanG als Bundesgesetz) und das Gesundheitsrecht (daher: SGB als Bundesgesetz).

Die einzelnen Bundesländer haben von ihren gesetzgeberischen Gestaltungsmöglichkeiten in unterschiedlicher Weise Gebrauch gemacht. Wie wir bereits im Rahmen der Abgrenzung zwischen öffentlichem und privatem Recht gesehen haben, haben sich die meisten Länder für eine öffentlich-rechtliche Ausgestaltung des Rettungsdienstes entschieden (s. Kap. 1.3.2).

Die Organisation des Rettungsdienstes wird von den einzelnen Bundesländern in den jeweiligen Landesrettungsdienstgesetzen geregelt. In aller Regel übertragen die Länder die Aufgabe des Rettungsdienstes auf Gebietskörperschaften (z.B. die kreisfreien Städte). Die Durchführung der öffentlichen Rettungsdienste kann dann wie folgt organisiert sein:

- der Rettungsdienst wird von den Gebietskörperschaften selbst mit eigenen Bediensteten durchgeführt oder
- das Land greift auf Leistungserbringer zurück (sog. Duales System). Diese Leistungserbringer gehören entweder den freigemeinnützigen Hilfsorganisationen (z.B. DRK, JUH, ASB) oder den sonstigen privaten Rettungsdienstleistern an.

Das jeweilige Landesrecht sieht dabei vor, dass die Durchführung der Rettungsdienstleistungen durch **öffentlich-rechtlichen Vertrag** über die flächendeckende Versorgung der Bevölkerung mit Rettungsdienstleistungen auf die genannten Leistungserbringer übertragen wird:

Das geschieht zum einen nach dem **Submissionsmodell** (z.B. in Nordrhein-Westfalen), wonach die Leistungserbringer vom öffentlichen Träger mit der Durchführung der Rettungsdienstleistungen beauftragt werden (vgl. § 13 Rettungsgesetz NRW).[44] Der öffentliche Träger (als Auftraggeber) zahlt den Leistungserbringern (als Auftragnehmern) ein Entgelt für die Erbringungen der Rettungsdienstleistungen. Die Gebietskörperschaften bzw. Rettungsdienstträger dürfen dann Gebühren bei den Krankenkassen erheben. Zum anderen kann auch das **Konzessionsmodell** (z.B. in Bayern) in Betracht kommen, wonach der öffentliche Träger den Leistungserbringern das Recht zur wirtschaftlichen Nutzung der

44 Trenk-Hinterberger, in: Spickhoff (2018) Medizinrecht, 3. Aufl., SGB V, § 133 Rn. 5.

Rettungsdienstleistung einräumt (Konzession). Die Leistungserbringer vereinbaren dann die Höhe der Benutzungsentgelte mit den Kostenträgern (i. d. R. den gesetzlichen Krankenkassen) und rechnen direkt mit diesen ab (Art. 34 Abs. 2 und 4 Bayerisches Rettungsdienstgesetz).[45]

BEISPIEL

Wie wichtig die Landesrettungsdienstgesetze sind, können wir exemplarisch am Beispiel des Rettungsdienstgesetzes des Landes **Baden-Württemberg** zeigen: § 1 Absatz 1 des Rettungsdienstgesetzes Baden-Württemberg (nachfolgend: RDG) definiert die Aufgabe des Rettungsdienstes als „die Sicherstellung einer bedarfsgerechten Versorgung der Bevölkerung mit Leistungen der Notfallrettung und des Krankentransportes zu sozial tragbaren Benutzungsentgelten". Gegenstand der Notfallrettung ist es, bei Notfallpatienten „Maßnahmen zur Erhaltung des Lebens oder zur Vermeidung gesundheitlicher Schäden einzuleiten, sie transportfähig zu machen und unter fachgerechter Betreuung in eine für die weitere Versorgung geeignete Einrichtung zu befördern". Sogar der Begriff des Notfallpatienten wird gesetzlich definiert: Es handelt sich hierbei um „Kranke oder Verletzte, die sich in Lebensgefahr befinden oder bei denen schwere gesundheitliche Schäden zu befürchten sind, wenn sie nicht umgehend medizinische Hilfe erhalten".

Das Land **Baden-Württemberg** hat sich bezüglich der Organisation für eine Sonderlösung entschieden: Das Innenministerium schließt auf Landesebene Rahmenverträge mit den gesetzlichen Leistungserbringern sowie bei Bedarf mit anderen Stellen über die bedarfsgerechte Versorgung der Bevölkerung mit leistungsfähigen Einrichtungen des Rettungsdienstes, soweit diese hierzu bereit und in der Lage sind (§ 2 RDG).

Eine wichtige Funktion im Rettungsdienst kommt dem Landesausschuss zu: Nach § 4 obliegt diesem Ausschuss für den Rettungsdienst (LARD) die Beratung bezüglich der wesentlichen Angelegenheiten des Rettungsdienstes. Er legt auf Landesebene allgemeine Grundsätze und Maßstäbe für eine fachgerechte, leistungsfähige und wirtschaftliche Durchführung des Rettungsdienstes und für die Struktur der Benutzungsentgelte sowie für die einheitliche Dokumentation fest.[46]

Soweit die bedarfsgerechte Versorgung der Bevölkerung mit leistungsfähigen Einrichtungen des Rettungsdienstes nicht nach Maßgabe von § 2 Absatz 1 RDG sichergestellt werden kann, ist die Versorgung Pflichtaufgabe der Landkreise und kreisfreien Städte. Sie sind in diesem Fall Leistungsträger (im Sinne § 2 Abs. 1 RDG) und können sich zur Erfüllung dieser Aufgabe freiwilliger Hilfsorganisationen bedienen, soweit diese dazu bereit und in der Lage sind. Das Innenministerium stellt nach Anhörung der kommunalen Landesverbände fest, welche dieser Landkreise und kreisfreien Städte diese Aufgabe wahrnehmen. Auf Grundlage von § 3 des Rettungsdienstgesetzes stellt

45 Ebd.

46 Dem Landesausschuss gehören ein Vertreter des Innenministeriums und je zehn Vertreter der Leistungsträger (nach § 2 Abs. 1 RDG) sowie der Kostenträger an.

das Innenministerium in enger Zusammenarbeit mit dem Landesausschuss für den Rettungsdienst einen **Rettungsdienstplan** auf:[47] Dieser konkretisiert die Vorgaben des Rettungsdienstgesetzes. Er ist der Rahmenplan für Strukturen des Rettungsdienstes in Baden-Württemberg sowie die Basis für die Bereichspläne in den einzelnen Rettungsdienstbereichen. Als Planungsgröße für den bodengebundenen Rettungsdienst ist bei der Notfallrettung die **Hilfsfrist** heranzuziehen. Diese soll aus notfallmedizinischen Gründen möglichst nicht mehr als 10, höchstens 15 Minuten betragen.

Im Rettungsdienstgesetz BW (§ 3) ist auch die Unterteilung des Rettungsdienstes auf regionaler Ebene geregelt: Baden-Württemberg ist in 35 Rettungsdienstbereiche untergliedert, deren Grenzen sich grundsätzlich an denen der jeweiligen Landkreise und kreisfreien Städte orientieren.

In jedem Rettungsdienstbereich wird ein Bereichsausschuss für den Rettungsdienst (Bereichsausschuss) gebildet. Ihm gehören eine gleiche Zahl von stimmberechtigten Vertretern der Leistungsträger und der Kostenträger im Rettungsdienstbereich an. Dem Bereichsausschuss obliegt insbesondere die Beobachtung und Beratung der Angelegenheiten des Rettungsdienstes im Rettungsdienstbereich sowie deren Regelung (mit Ausnahme der Luftrettung). Dazu gehört unter anderem die Festlegung von Vermittlungsentgelten für die Integrierte Leitstelle, die planerische Sicherstellung der notärztlichen Versorgung einschließlich der Gewinnung von Ärzten und die Bestimmung des Organisatorischen Leiters Rettungsdienst. Sitzungen des Bereichsausschusses sollen mindestens zweimal jährlich stattfinden.

47 Bei dem Rettungsdienstplan handelt es sich um ein Verwaltungsinternum und nicht um eine gesetzliche Norm (dieser wird nicht vom Landtag verabschiedet und auch nicht durch die Landesregierung erlassen).

1.6 Das Grundgesetz (GG)

Der eine oder andere wird sich vielleicht nun fragen, weshalb an dieser Stelle das Grundgesetz behandelt wird. Denn auf den ersten Blick scheint der Rettungsdienst ja nichts mit dem Grundgesetz zu tun zu haben. Doch bereits auf den zweiten Blick finden wir im Grundgesetz sogar eine Regelung, die das Rettungswesen beinahe direkt erwähnt: Art. 74 Abs. 1 Nr. 19 GG sieht vor, dass unter anderem „die Zulassung zu ärztlichen und anderen Heilberufen" zur konkurrierenden Gesetzgebung gehört. Der Bund darf daher in diesem Bereich unter bestimmten Voraussetzungen Regelungen treffen (so z. B. das NotSanG erlassen). Aber auch immer dann, wenn hochsensible Bereiche unserer Gesellschaft tangiert sind und Entscheidungen über wichtige Rechtsgüter getroffen werden, spielt das Grundgesetz eine – wenn auch nur mittelbare – Rolle.

1.6.1 Das Selbstbestimmungsrecht des Patienten

Vor diesem Hintergrund müssen wir den Blick hinter die Kulissen des Grundgesetzes wagen:

Aus unserer Verfassung ergibt sich nämlich die höchste Schranke jeden medizinischen (auch präklinischen) Handelns – und damit zugleich jede Zielrichtung einer Heilbehandlung: Das **Selbstbestimmungsrecht des Menschen** (auch als Patient und Patientin).

Das Grundgesetz erwähnt dieses höchstpersönliche Recht nicht direkt: Das Bundesverfassungsgericht (BVerfG) leitet es aber ab aus dem Recht eines jeden Menschen auf freie Entfaltung seiner Persönlichkeit (Art. 2 Abs. 1 GG) – das allgemeine Freiheitsrecht –, aus dem Recht auf körperliche Integrität (Art. 2 Abs. 2 GG) und seiner Würde (Art. 1 Abs. 1 GG).

Bereits Ende der 1970er Jahre entwickelte das BVerfG das **Selbstbestimmungsrecht des Patienten:** Die Karlsruher Richter hatten sich mit einem Sachverhalt zu beschäftigen, bei dem es um einen Schadensersatzanspruch vor den Zivilgerichten ging, genauer genommen um die Verletzung der Aufklärungspflicht des behandelnden Arztes. Für die Richter war ziemlich klar, dass die wirksame Zustimmung zum Heileingriff entsprechende Informationen aufseiten des Patienten voraussetzt. Die Ausübung des Selbstbestimmungsrechts eines Patienten hängt nämlich von der Kenntnis über die Bedeutung der von ihm zu treffenden Entscheidung ab.

Anders formuliert: Ich kann keine richtige Entscheidung treffen, wenn ich nicht die zutreffenden Informationen zur Verfügung habe. „Die Beachtung des Selbstbestimmungsrechts des Patienten ist wesentlicher Teil des ärztlichen Aufgabenbereichs", formulierte das höchste Gericht.[48]

Im *Medizinrecht* lässt sich das Selbstbestimmungsrecht konkretisieren: Der Patient hat das Recht, nach entsprechender Aufklärung über das Ob und das Wie seiner Behandlung zu entscheiden.[49]

48 Beschluss vom 25. Juli 1979 – Az. 2 BvR 878/74, BVerfGE 52, 131 (170).

49 Quaas/Zuck/Clemens (2018) Medizinrecht, 4. Aufl., § 2 Verfassungs- und europarechtliche Vorgaben, Rn. 36.

Hieraus ergibt sich folgende Konsequenz: Lehnt der Patient eine Behandlung nach angemessener und ausreichender Aufklärung ab, sind der Arzt und das nicht-ärztliche Personal an diese Entscheidung gebunden, da jede Behandlung gegen den erklärten oder auch mutmaßlichen Willen des Patienten dessen Selbstbestimmungsrecht verletzt. Der Arzt bzw. das nicht-ärztliche Personal ist allerdings gehalten, dem Patienten in diesem Fall das Risiko der Nichtbehandlung zu verdeutlichen und hat alles zu unternehmen, damit der Patient seine Entscheidung überdenkt.[50]

Die bisherigen Erfahrungen zeigen allerdings, dass in der ärztlichen und präklinischen Praxis dem Aufklärungsgespräch häufig noch immer nicht der richtige Stellenwert beigemessen wird und das Selbstbestimmungsrecht des Patienten nicht ausreichend beachtet wird. Einige Mediziner und Rettungskräfte betrachten die Aufklärung des Patienten sogar als lästige Formalität, die „nur" der rechtlichen Absicherung des eigenen Handelns dient. Es ist daher nicht verwunderlich, wenn das Aufklärungsgespräch aus Patientensicht nicht selten unter Zeitmangel und Unverständlichkeit leidet; Fragen des Patienten werden allzu oft nur ungern beantwortet.

Doch wie erreicht man mehr Respekt vor dem Selbstbestimmungsrecht des Patienten? Dieses Ziel lässt sich nur durch eine stärkere Hervorhebung des Rechtsstandpunktes erreichen, wonach es sich bei der Aufklärungspflicht des Arztes nicht nur um eine juristische Pflicht handelt, sondern auch und vor allem um ein medizinisch-ethisch begründetes Gebot.[51]

Anders formuliert: Der Patient ist von dem Arzt und den Rettungskräften über Krankheit, die mutmaßlichen Folgen und die Behandlungsmöglichkeiten zu informieren, weil es die Würde und die Autonomie des Patienten gebieten – und nicht, weil Gerichte dies verlangen!

Hinzu kommt eine wichtige, nicht zu verkennende historisch-philosophische Betrachtung. Denn die Anerkennung des Selbstbestimmungsrechts des Patienten stellt eine **kopernikanische Wende im gesamten Recht,** d.h. nicht nur im Medizin- und Rettungsdienstrecht, dar:

Mit den **Nürnberger Ärzteprozessen,** die zwischen 1946 und 1947 u.a. gegen eine Vielzahl von KZ-Ärzten im Nationalsozialismus stattfanden, ging es um die juristische Aufklärung und Verarbeitung zahlreicher Medizinverbrechen im Dritten Reich. Hierzu zählten etwa die Menschenversuche unter Zwang, massenhafte experimentelle Tötungen von KZ-Häftlingen – teilweise sogar für die Anlage einer Skelettsammlung – sowie zahlreiche Krankenmorde (auch als „Aktion T4" bekannt).[52] Die schockierenden Fakten der Nürnberger Ärzteprozesse führten auch in der Humanwissenschaft zu einer Rückbesinnung von einer kollektiven zu einer individuellen medizinischen Ethik. Daraus folgte die Verfassung des **Nürnberger Kodex,** welcher meines Erachtens nicht nur den Rahmen für zukünf-

50 Wollersheim, in: Clausen/Schroeder-Printzen (2020) Münchener Anwaltshandbuch Medizinrecht, 3. Aufl., § 6 Ärztliches Berufsrecht, Rn. 128.

51 Katzenmeier, in: Laufs/Katzenmeier/Lipp (2015) Arztrecht, 7. Aufl., V. Aufklärungspflicht und Einwilligung, Rn. 104.

52 Zu den *Nürnberger Prozessen* allgemein: Haft (2001) Aus der Waagschale der Justitia, 3. Aufl., S. 67 ff. Speziell zu den Ärzteprozessen ist hingegen zu verweisen auf Dörner/Ebbinghaus/Linne (1999) Der Nürnberger Ärzteprozess 1946/47 – Wortprotokolle, Anklage- und Verteidigungsmaterial, Quellen zum Umfeld.

tige medizinische und psychologische Menschenversuche festlegte,[53] sondern auch den Grundstein für die Entwicklung der **informierten Einwilligung** bildete.[54] Fünfzig Jahre später – und das dürfte nur eine weitere Etappe in der Entwicklung des ethischen Selbstbestimmungswerts eines Menschen sein – folgte die **Nürnberger Erklärung,** wonach das „gesundheitliche Wohl des Individuums" für Ärzte „ein unbedingt zu schützendes Gut" ist, sodass sie „vorbehaltlos den gesundheitlichen Interessen des einzelnen Menschen" dienen und „den Patienten in seiner eigenverantwortlichen Sorge für sein gesundheitliches Wohlergehen" unterstützen müssen.

„Beim ärztlichen Handeln ist die Achtung der autonomen Entscheidungen des Patienten nach seiner bestmöglichen Aufklärung" für jeden Arzt ein „Gebot". Ist der Patient „nicht einwilligungsfähig, gilt [...] die Zustimmung eines informierten gesetzlichen Vertreters oder im Notfall der begründet gemutmaßte Wille des Patienten."[55]

Die Rückbesinnung zum Individuum geht einher mit der Anerkennung der Selbstbestimmung, welche anthropologisch und ethisch gesehen Ausdruck von Freiheit ist. Der französische Philosoph und Sozialwissenschaftler Michel Foucault hat u.a. aufgezeigt, wie schnell der Mensch (als Subjekt!) zum Objekt staatlicher, wissenschaftlicher und technischer Machtstrukturen werden kann, wenn die Grenzen dieser Eingriffe nicht klar definiert werden.[56] Nur wenn Selbstbestimmung als Unabhängigkeit von Fremdbestimmung in psycho-psychischer, biologischer, sozialer, wirtschaftlicher und politischer Hinsicht verstanden wird, ist sie Realität. Dabei ist Selbstbestimmung nicht nur ein Grundbedürfnis, sondern auch Voraussetzung zur Entwicklung von Identität und Persönlichkeit. Kern der Selbstbestimmung ist für ein Rechtssubjekt gerade die – ohne Druck, Zwänge und sonstige Beeinflussung – zu beantwortende Frage, wie es mit seiner körperlichen Integrität, seiner Gesundheit umgeht. Daraus folgt die eigentliche Aufgabe des Staates: Der Staat muss nicht nur eingreifen, wenn ein Mensch in seiner körperlichen Integrität beeinträchtigt wird, sondern auch von vornherein verhindern, dass die Selbstbestimmung als solche gefährdet wird und der einzelne sie zum Beispiel als Patient nicht (mehr) frei ausüben kann.

Diese Kehrtwende im Recht führt zu einer folgenreichen Konsequenz auch im Rettungswesen: Während also früher nur von einer Rettungspflicht die Rede war – also die Pflicht, jemanden zu retten (daraus folgt etwa das Prinzip der Strafbarkeit einer unter-

53 Dazu: Gerabek/Haage/Keil/Wegner (2005) Enzyklopädie Medizingeschichte, S. 1057 ff.

54 Schaar (2017) Anpassung von Einwilligungserklärungen für wissenschaftliche Forschungsprojekte Aufsatz, ZD 5, S. 213-220, hier S. 219; Kiriakaki (2006) Das Humanexperiment als völkerstrafrechtliches Verbrechen – Vom Nürnberger Kodex zum Rom-Statut für einen Internationalen Strafgerichtshof, ZStW 118 (1), S. 229-261, hier S. 231: Der Nürnberger Kodex besagt, dass bei medizinischen Versuchen an Menschen *„die freiwillige Zustimmung der Versuchsperson unbedingt erforderlich (ist). Das heißt, dass die betreffende Person im juristischen Sinne fähig sein muss, ihre Einwilligung zu geben; dass sie in der Lage sein muss, unbeeinflusst durch Gewalt, Betrug, List, Druck, Vortäuschung oder irgendeine andere Form der Überredung oder des Zwanges, von ihrem Urteilsvermögen Gebrauch zu machen; dass sie das betreffende Gebiet in seinen Einzelheiten hinreichend kennen und verstehen muss, um eine verständige und informierte Entscheidung treffen zu können"*.

55 Deutsches Ärzteblatt, Heft 93, 47/1996, S. 38.

56 Dazu näher Yeniyayla (2016) Das Subjekt im Denken Michel Foucaults – Analyse und Kritik Bedeutung des Widerstandes für die Konstitution des Subjekts, S. 29 ff.

lassenen Hilfeleistung gemäß § 323c StGB) –, muss mit Anerkennung des Selbstbestimmungsrechts von einer Schwerpunktverlagerung in Richtung auf einen Anspruch auf Rettung ohne gleichzeitige Anerkennung eines Anspruchs aufs Retten aufseiten der Ärzte und Rettungskräfte ausgegangen werden.

Mit anderen Worten: Eine **Pflicht zur Rettung** kann nur dann bestehen, wenn man von dem **Willen des Patienten** ausgehen kann, gerettet zu werden. Die praktische Konsequenz hieraus besteht darin, dass ein Arzt oder nicht-ärztliches Personal unter keinen Umständen eine – auch lebenserhaltende – Heilbehandlung aufzwingen dürfen. Strafrechtlich betrachtet würde ein solcher Zwang jedenfalls eine Nötigung des renitenten „Patienten" nach § 240 StGB darstellen.

Der Grundsatz „in dubio pro vita", wonach im Zweifel davon auszugehen ist, dass ein Patient gerettet, d.h. behandelt werden möchte, gilt daher nicht mehr schrankenlos. Nur dort, wo der Patient keinen entgegenstehenden Willen manifestiert, gilt dieser Grundsatz weiterhin uneingeschränkt. Dies kommt auch im NotSanG zum Ausdruck, wenn § 4 Abs. 1 Satz 2 bestimmt, dass die „Ausbildung [...] die Notfallsanitäterinnen und Notfallsanitäter [...] in die Lage versetzen" soll, „die Lebenssituation und die jeweilige Lebensphase der Erkrankten und Verletzten und sonstigen Beteiligten sowie deren **Selbständigkeit** und **Selbstbestimmung** in ihr Handeln mit einzubeziehen".

1.6.2 Die Entstehung des Grundgesetzes

Die Nachkriegsgeschichte, die zur Entstehung des Grundgesetzes führte, sollte uns alle stolz machen. Und zwar aus mehreren Gründen:

Verfassungen sind nämlich so etwas wie „Liebesbriefe an ein Land".[57] Das Grundgesetz ist sogar wie ein Liebeskummerbrief, geschrieben in einer Mischung aus Hoffnung und Verzweiflung. Es entstand in den Jahren 1948/49, nach dem Ende des Zweiten Weltkriegs, als Deutschland noch in Trümmern lag.

Das Grundgesetz sollte etwas Vorübergehendes sein: Deutschland war in vier Besatzungszonen geteilt, die französische, die britische und die US-amerikanische auf der einen Seite (auch „Westzone" genannt) sowie die sowjetische Zone auf der anderen Seite („Ostzone").

Mit den Vorbereitungsarbeiten zum Grundgesetz wollten die Alliierten im Westen nicht zu sehr den Eindruck erwecken, in der Westzone entstehe irgendetwas wie ein Staat. Das hätte die Sowjetzone dazu veranlasst, ebenfalls eine Verfassung zu erlassen und damit die Teilung Deutschlands zu besiegeln – was ja gerade wenige Monate nach Inkrafttreten des Grundgesetzes geschah und mit dem Bau der Mauer im August 1961 zementiert wurde. Deshalb der etwas befremdliche Name: „Grundgesetz" und nicht „Bundesverfassung".

Doch nun zur eigentlichen **Entstehungsgeschichte des Grundgesetzes:**

Im August 1948 tagten über insgesamt zwei Wochen hochkarätige Juristen, Politologen und Volkswirtschaftler im Speisesaal des bayerischen Königs Ludwig II. auf der Insel

57 Prantl (2008) Von Herrenchiemsee zum Grundgesetz, Teil II, Deutschlandfunk (www.deutschlandfunk.de, Abruf: 26. März 2021).

Herrenchiemsee in Bayern, um einen ersten Entwurf des Grundgesetzes zu erarbeiten. Das Arbeitsergebnis (149 Artikel!) sollte eine wichtige Grundlage für die spätere Verfassung sein. Die eigentliche verfassungsgebende Versammlung tagte anschließend zwischen September 1948 und Mai 1949 in Bonn (bekannt als „Parlamentarischer Rat"). In neun Monaten diskutierten 65 Politiker, darunter vier Frauen – eine davon war die Frauenrechtlerin Dr. Elisabeth Selbert (s. u.) – über den grundsätzlichen Staatsaufbau (Gewaltenteilung, Gesetzgebungsverfahren), die einzelnen Grundrechte, das Wahlrecht sowie über Fragen wie die Abschaffung der Todesstrafe (Art. 102 GG), die Möglichkeit, den Bundeskanzler durch ein Misstrauensvotum zu stürzen, das Asylrecht oder das natürliche Elternrecht.

Doch das Grundgesetz sollte selbst für die alliierten Mächte ein Novum sein: Insbesondere Artikel 1 mit der absoluten Garantie und dem Schutz der **Menschenwürde** stellte – gerade vor dem Hintergrund der Gräueltaten im Dritten Reich – den Menschen in den Mittelpunkt der gesamten Rechtsordnung. Da der Begriff der Menschenwürde für die Herleitung des Selbstbestimmungsrechts (des Patienten) eine herausragende Rolle spielt und ein Grundverständnis des Freiheitsbegriffes voraussetzt, soll Artikel 1 GG erst im Anschluss der Grundrechte aus Art. 2 bis 5 GG behandelt werden.

Es würde sicherlich den Rahmen dieses Lehrbuches sprengen, wenn hier eine ausführliche Darstellung sämtlicher Grundrechte erfolgen würde. Doch wer – wie Sie – in einem Staat wie der Bundesrepublik Deutschland Verantwortung für wichtige Rechtsgüter von Bürgerinnen und Bürgern übernimmt, sollte sich zumindest mit den wichtigsten Grundlagen unseres Rechtssystems befasst haben, wozu sicherlich die wichtigsten Grundrechte gehören:

1.6.3 Art. 2 GG – Freiheit, Leben, Persönlichkeit

Zunächst zum Wortlaut dieses Grundrechts:

> *(1) Jeder hat das Recht auf die freie Entfaltung seiner Persönlichkeit, soweit er nicht die Rechte anderer verletzt und nicht gegen die verfassungsmäßige Ordnung oder das Sittengesetz verstößt.*
> *(2) Jeder hat das Recht auf Leben und körperliche Unversehrtheit. Die Freiheit der Person ist unverletzlich. In diese Rechte darf nur auf Grund eines Gesetzes eingegriffen werden.*

Der Schutzbereich der **allgemeinen Handlungsfreiheit** und des **Lebens** sind schwer zu bestimmen. Eine allgemein für verbindlich anerkannte – wie immer auch geartete – Definition von Freiheit gibt es daher nicht. Von Augustinus[58] bis Karl R. Popper[59] über John S. Mill[60] oder gar Hannah Arendt[61] – zahlreiche Philosophen, Politologen, Juristen oder Wirtschaftswissenschaftler haben vergeblich versucht, diesen Begriff allgemeingültig zu definieren.

Doch alle Begriffsbestimmungen der Freiheit scheitern an einem Punkt:

Freiheit zu definieren, bedeutet zwingend und denknotwendig, Freiheit zu begrenzen. Und die Begrenzung von Freiheit durch deren Definition wäre widersprüchlich und schlichtweg absurd.

Was zutrifft, ist, dass jeder Mensch eine gewisse Vorstellung von Freiheit hat. Die Idee der Freiheit ist zumindest vorstellbar. Wenn Sie die Augen schließen und sich Freiheit vorstellen, dann entstehen Bilder in Ihrer Gedankenwelt: Ein Urlaub, eine Reise, eine wunderbare Landschaft, ein Abendessen mit Freunden, eine Feier. Abstrakt definieren kann man aber diese Vorstellung nicht: Freiheit bleibt eine allegorische Vorstellung.

Umgekehrt hingegen, kann jeder sehr wohl und auch konkret **Freiheitseinschränkungen** definieren – sei es ein Bußgeldbescheid, weil man zu schnell gefahren ist, oder die Weisung eines Polizeibeamten (z.B. das Auto wegzuparken, weil sonst ein Bußgeld droht).

Ähnlich verhält es sich mit dem Begriff **„Leben“:**

Das Leben inhaltlich zu definieren, ist schlichtweg unmöglich, zumal wir jedem Menschen die Freiheit anerkennen, das eigene Leben so zu gestalten, wie er möchte. Anders formuliert: Jeder kann **sein Leben** leben.

Umgekehrt hingegen haben wir eine klare Vorstellung der Negation des Lebens – namentlich den Tod. Vor diesem Hintergrund haben Leben und Freiheit etwas gemeinsam: Sie sind nicht definierbar. Und weil sie so grundähnlich sind, kann man sie auch gleichsetzen: Freiheit ist gleich Leben.

Trivial ist dabei die Feststellung, dass es keine Freiheit ohne Leben gibt. Denn ein Toter kann nicht mehr frei sein (Freiheit setzt den freien Willen voraus, den der Tote natürlich

58 Augustinus von Hippo (*13. November 354 in Tagaste; † 28. August 430 in Hippo Regius in Numidien im heutigen Algerien) war ein numidischer Kirchenlehrer. Er war u. a. ein wichtiger Philosoph an der Schwelle zwischen Antike und Frühmittelalter und prägte vor allem das Menschenbild eines frei verantwortlichen Wesens: Weil wir frei sind, sind wir vor Gott und in der Welt auch verantwortlich für unsere Handlungen. Freiheit und Verantwortung hängen unmittelbar zusammen.

59 Karl Raimund Popper (*28. Juli 1902 in Wien; † 17. September 1994 in London) war ein österreichisch-britischer Philosoph, der u. a. mit seinen Arbeiten zur politischen Philosophie neue Maßstäbe setzte. Er gilt als Verfechter einer offenen Gesellschaft, d. h. eines politischen Systems, das ohne eine Ideologie zu verfolgen, pluralistisch und im politischen Diskurs die Meinungen anderer zulässt und Minderheiten nicht unterdrückt.

60 John Stuart Mill (*20. Mai 1806 in Pentonville, Vereinigtes Königreich; † 8. Mai 1873 in Avignon, Frankreich) war ein britischer Philosoph, Politiker und Volkswirtschaftler. Er gilt als Begründer des Utilitarismus und als einer der einflussreichsten liberalen Denker der Neuzeit. Mill definierte Freiheit als das Recht, alles zu tun oder zu unterlassen, soweit man nicht Rechte anderer tangiere. Dieser Grundsatz ist heute in vielen Verfassungen enthalten (so auch im Grundgesetz: siehe Art. 2 GG).

61 Hannah Arendt (*14. Oktober 1906 in Hannover; gestorben am 4. Dezember 1975 in New York City) war eine jüdische deutsch-US-amerikanische Philosophin: Sie untersuchte die Entstehungsgründe totalitärer Machtherrschaft und kritisierte diese, weil solche Systeme zu einer absoluten Einschränkung politischer Freiheiten führen und daher mit der Würde eines Menschen schlicht unvereinbar sind.

nicht mehr bilden kann). Doch nicht so selbstverständlich, aber umso aussagekräftiger, ist der Umkehrschluss: **Es gibt kein Leben ohne Freiheit.**[62]

Deshalb ist es kein Zufall, dass die Verfassungsgeber Freiheit und Leben in einem Artikel – namentlich Art. 2 GG – vereint haben.

BEISPIEL

Beispiel nach BVerfG, Entscheidung vom 26. Februar 2020:[63]
§ 217 StGB (Verbot der geschäftsmäßigen Förderung der Selbsttötung) bedrohte denjenigen mit Strafe, der in der Absicht, die Selbsttötung eines anderen zu fördern, diesem hierzu geschäftsmäßig Gelegenheit gewährte, verschaffte oder vermittelte. Hiergegen wandten sich mit einer Verfassungsbeschwerde beim BVerfG unter anderem Vereine mit Sitz in Deutschland und in der Schweiz, die Suizidhilfe anbieten, schwer erkrankte Personen, die ihr Leben mit Hilfe eines solchen Vereins beenden wollten, in der ambulanten oder stationären Patientenversorgung tätige Ärzte sowie im Bereich suizidbezogener Beratung tätige Rechtsanwälte.

Wie wichtig die Verknüpfung und der innere Zusammenhang zwischen Leben, Persönlichkeit und Freiheit ist, zeigt die Entwicklung des **Selbstbestimmungsrechts des Patienten:**

Aus dem allgemeinen Persönlichkeitsrecht ist (auch im Zusammenhang mit Art. 2 Abs. 2 GG) ein Verfügungsrecht über den eigenen Körper abzuleiten. Mitunter wird auch vom „Grundrecht auf bioethische Selbstbestimmung" gesprochen. Im Zivilrecht ist unter Heranziehung des Gedankens des Persönlichkeitsschutzes (Selbstbestimmungsrecht) neben der ärztlichen Aufklärungspflicht ein Anspruch des Patienten auf Dokumentation und Rechenschaft über den Gang der ärztlichen Behandlung sowie auf Einsichtnahme in seine Patientenakten entwickelt worden. Auch bei der Auslegung der Zumutbarkeitsklausel in § 34 StGB sind Selbstbestimmungsrecht und Menschenwürde – also die typischen Schutzgehalte aus Art. 2 Abs. 1 i.V.m. Art. 1 Abs. 1 GG – zu berücksichtigen (siehe dazu noch unten).

Aus dem Persönlichkeitsrecht des Patienten folgt ein Anspruch, selbstbestimmt sterben zu können. Ein urteilsfähiger Sterbender muss selbst über das Ob einer weiteren lebensverlängernden Behandlung entscheiden können. Ein Arzt oder ein Dritter, der den ernstlichen Wunsch nach Behandlungseinstellung achtet, kann aufgrund der Einwirkung des grundrechtlich verbürgten Persönlichkeitsrechts des Patienten nicht wegen eines Tötungsdelikts belangt werden; hier wird in begriffshistorisch unglücklicher Weise von „passiver Euthanasie"[64] gesprochen.

---

62 Der kraftvollste und für den Humanismus grundlegende Akt der Verbindung von Leben (in Würde) und Freiheit im Menschen, fähig zu allen Metamorphosen, findet sich bei Giovanni Pico della Mirandola in „De hominis dignitate/Über die Würde des Menschen" (1486) (z. B. zweisprachige Neuausgabe lateinisch/deutsch, hrsg. und eingeleitet von August Buck, Hamburg 1990). Siehe dazu auch Cassirer (1959) „Über die Würde des Menschen" von Pico della Mirandola, in: Agora, Eine humanistische Schriftenreihe, 5. Jg., Nr. 12, S. 48 ff.

63 Az. 2 BvR 2347/15, 2 BvR 2527/16, 2 BvR 2354/16, 2 BvR 1593/16, 2 BvR 1261/16, 2 BvR 651/16.

64 Mit dem zunächst wissenschaftlich neutralen Begriff „Euthanasie" wurden im Nationalsozialismus – als Euphemismus – auch die systematischen „Kranken"-Morde als Teil der nationalsozialistischen „Rassenhygiene" bezeichnet. Insbesondere wurden psychisch Kranke, Kinder mit Behinderungen und KZ-Häftlinge im Rahmen solcher „Säuberungsaktionen" massenhaft ermordet.

Aktive Sterbehilfe dagegen kann zwar gerade den Wünschen und damit auch dem Freiheitsanspruch des zum Freitod nicht mehr körperlich Fähigen entsprechen, doch gerät eine entsprechende staatliche Legalisierung in schwierige Auslegungsfragen des Art. 1 Abs. 1 GG, weil individuelle Entschließungsfreiheit und objektiv gebotener Lebensschutz sich gegenüberstehen. Unvereinbar mit dem Schutzgehalt des Art. 1 Abs. 1 GG ist es jedoch, die Würde des Menschen vom Grad seiner Einsichtsfähigkeit abhängig zu machen und denjenigen Menschen einen geringeren Anspruch auf staatlichen Schutz zuzuerkennen, die nicht einsichts- und willensfähig sind; dies gerät in der Tat in eine bedenkliche Nähe zu menschenverachtenden Euthanasiekonzepten.

Der Selbstbestimmungsgedanke spielt auch bei der **Organspende** eine Rolle: Der Organspender trifft zu Lebzeiten nicht nur eine Verfügung hinsichtlich der Entnahme der Organe selbst. Er willigt zudem darin ein, dass nach Eintritt des sogenannten Hirntodes[65] der Absterbevorgang durch Einsatz medizinisch-technischer Apparaturen, die die Herz-Lungen-Funktion bis zum richtigen Entnahmezeitpunkt künstlich aufrechterhalten, verzögert wird.

Gesetzliche Regelungen, die bei fehlender expliziter Ablehnung eine Einwilligung des Verstorbenen annehmen – sogenannte Widerspruchslösung –, greifen in das durch Art. 2 Abs. 1 i.V.m. Art. 1 Abs. 1 GG geschützte negative Selbstbestimmungsrecht ein. Im Hinblick auf den kollidierenden Schutz anderer (Art. 2 Abs. 2 GG), die auf die entsprechenden Organe angewiesen sind, dürfte eine solche Widerspruchslösung gerade noch als verhältnismäßig einzustufen und der Grundrechtseingriff daher gerechtfertigt sein, wenn prozedural – etwa durch staatliche oder staatlich initiierte Information – sichergestellt ist, dass der potenzielle Spender noch zu Lebzeiten eine entsprechende Willensbestimmung treffen kann. Nur dann ist seinem Selbstbestimmungsrecht Genüge getan.

Der Bundestag hat am 16. Januar 2020 in einer fraktionsoffenen Abstimmung die sogenannte Entscheidungslösung bestätigt und damit einen konkurrierenden Gesetzentwurf einer Gruppe von Abgeordneten rund um den Bundesgesundheitsminister Jens Spahn (CDU/CSU) und Karl Lauterbach (SPD) zur Regelung der doppelten Widerspruchslösung im Transplantationsgesetz (TPG) abgelehnt.[66]

EXKURS

Mit dem durch das Gesetz zur Strafbarkeit der geschäftsmäßigen Förderung der Selbsttötung vom 3. Dezember 2015[67] eingefügten § 217 StGB hatte sich der Bundestag nach eingehender Diskussion unterschiedlicher Gesetzesentwürfe, die von einem völligen

Der Begriff ist seither im deutschen Sprachraum stark negativ konnotiert und assoziiert mit der Vernichtung „lebensunwerten Lebens".

65 Medizinisch definiert als „irreversibler Hirnfunktionsausfall", d. h. als endgültiger, nicht behebbarer Ausfall der Gesamtfunktion des Großhirns, des Kleinhirns und des Hirnstamms; s. BÄK (2015) Richtlinie gemäß § 16 Abs. 1 S. 1 Nr. 1 TPG für die Regeln zur Feststellung des Todes nach § 3 Abs. 1 S. 1 Nr. 2 TPG und die Verfahrensregeln zur Feststellung des endgültigen, nicht behebbaren Ausfalls der Gesamtfunktion des Großhirns, des Kleinhirns und des Hirnstamms nach § 3 Abs. 2 Nr. 2 TPG. Deutsches Ärzteblatt vom 30. März 2015, S. 1-31.

66 https://www.bundestag.de/dokumente/textarchiv/2020/kw03-de-transplantationsgesetz-674682 (Abruf: 26. März 2021).

67 BGBl. I 2177.

Verbot der Suizidbeihilfe oder einer Regelung außerhalb des Strafrechts für unheilbar kranke Volljährige bis hin zur Straffreiheit einer Beistandsleistung beim „freiverantwortlichen Suizid“ reichten, für einen vermittelnden Vorschlag entschieden, der nur die „geschäftsmäßige Unterstützung“ erfasst und zudem Teilnahmehandlungen von dem Suizidenten nahestehenden, selbst nicht geschäftsmäßig handelnden Personen straffrei stellte.[68]

Nach der Entscheidung des BVerfG vom 26. Februar 2020[69] verletzt § 217 StGB, d.h. das **Verbot der geschäftsmäßigen Förderung der Selbsttötung,** das allgemeine Persönlichkeitsrecht (Art. 2 Abs. 1 i.V.m. Art. 1 Abs. 1 GG) von zur Selbsttötung entschlossenen Menschen in seiner Ausprägung als Recht auf selbstbestimmtes Sterben. Dieses Recht schließt die Freiheit ein, sich das Leben zu nehmen, hierfür bei Dritten Hilfe zu suchen und, soweit sie angeboten wird, in Anspruch zu nehmen.

Das BVerfG führt diesbezüglich Folgendes aus:[70]

> *„Die Entscheidung, das eigene Leben zu beenden, ist von existentieller Bedeutung für die Persönlichkeit eines Menschen. Welchen Sinn der Einzelne in seinem Leben sieht und ob und aus welchen Gründen er sich vorstellen kann, sein Leben selbst zu beenden, unterliegt höchstpersönlichen Vorstellungen und Überzeugungen. Der Entschluss zur Selbsttötung betrifft Grundfragen menschlichen Daseins und berührt wie keine andere Entscheidung Identität und Individualität des Menschen. Das Recht auf selbstbestimmtes Sterben umfasst deshalb nicht nur das Recht, nach freiem Willen lebenserhaltende Maßnahmen abzulehnen. Es erstreckt sich auch auf die Entscheidung des Einzelnen, sein Leben eigenhändig zu beenden.“*

Das Gericht geht jedoch weiter:

> *„Das Recht auf selbstbestimmtes Sterben ist nicht auf fremddefinierte Situationen wie schwere oder unheilbare Krankheitszustände oder bestimmte Lebens- und Krankheitsphasen beschränkt. Es besteht in jeder Phase menschlicher Existenz. Eine Einengung des Schutzbereichs auf bestimmte Ursachen und Motive liefe auf eine Bewertung der Beweggründe des zur Selbsttötung Entschlossenen und auf eine inhaltliche Vorbestimmung hinaus, die dem Freiheitsgedanken des Grundgesetzes fremd ist. Die Entscheidung des Einzelnen, dem eigenen Leben entsprechend seinem Verständnis von Lebensqualität und Sinnhaftigkeit der eigenen Existenz ein Ende zu setzen, entzieht sich einer Bewertung anhand allgemeiner Wertvorstellungen, religiöser Gebote, gesellschaftlicher Leitbilder für den Umgang mit Leben und Tod oder Überlegungen objektiver Vernünf-*

68 Vgl. zum Ganzen: Bergmann/Pauge/Steinmeyer (2018) Gesamtes Medizinrecht, 3. Aufl., § 217 StGB Rn. 10.
69 Az. 2 BvR 2347/15, 2 BvR 2527/16, 2 BvR 2354/16, 2 BvR 1593/16, 2 BvR 1261/16, 2 BvR 651/16.
70 Vgl. Pressemitteilung BVerfG Nr. 12/2020 vom 26. Februar 2020 (www.bundesverfassungsgericht.de, Abruf: 26. März 2021).

tigkeit. Sie bedarf keiner weiteren Begründung oder Rechtfertigung, sondern ist im Ausgangspunkt als Akt autonomer Selbstbestimmung von Staat und Gesellschaft zu respektieren."

Das Recht, sich selbst zu töten, umfasst nach dem BVerfG auch die Freiheit, hierfür bei Dritten Hilfe zu suchen und Hilfe, soweit sie angeboten wird, in Anspruch zu nehmen. § 217 StGB greift in das allgemeine Persönlichkeitsrecht Sterbewilliger ein, auch wenn sie nicht unmittelbare Adressaten der Norm sind. Das in § 217 Abs. 1 StGB strafbewehrte Verbot der geschäftsmäßigen Förderung der Selbsttötung entfaltet eine objektiv die Freiheit zum Suizid einschränkende Wirkung. Es macht es dem Einzelnen faktisch weitgehend unmöglich, Suizidhilfe zu erhalten. Daher ist die Norm insgesamt für verfassungswidrig erklärt worden.

1.6.4 Art. 3 GG – Gleichberechtigung

Beginnen wir auch hier mit dem Wortlaut der Verfassung:

(1) Alle Menschen sind vor dem Gesetz gleich.
(2) Männer und Frauen sind gleichberechtigt. Der Staat fördert die tatsächliche Durchsetzung der Gleichberechtigung von Frauen und Männern und wirkt auf die Beseitigung bestehender Nachteile hin.
(3) Niemand darf wegen seines Geschlechtes, seiner Abstammung, seiner Rasse, seiner Sprache, seiner Heimat und Herkunft, seines Glaubens, seiner religiösen oder politischen Anschauungen benachteiligt oder bevorzugt werden. Niemand darf wegen seiner Behinderung benachteiligt werden.

Der Kampf um die verfassungsrechtliche **Gleichberechtigung zwischen Mann und Frau** war der große Kampf der Rechtsanwältin Dr. Elisabeth Selbert[71] aus Kassel, die erst ihre drei Kolleginnen im Parlamentarischen Rat anfeuerte. Alle vier zusammen überzeugten dann ihre widerstrebenden 61 männlichen Kollegen von der zukunftsweisenden, damals fast abenteuerlichen Formulierung „Männer und Frauen sind gleichberechtigt".

Die drei Kolleginnen – die Sozialdemokratin Friederike Nadig; die Zentrumspolitikerin Helene Wessel, die in den Fünfzigerjahren zu den bekanntesten Frauen im politischen Leben der Bundesrepublik gehörte; Helene Weber, die „Mutter der CDU-Fraktion" – hatten es schwer, denn die männlichen Räte hatten ursprünglich nicht vor, die geltende Rechtslage mit ihren männlichen Privilegien zu ändern.

Welche männlichen Privilegien? Der Mann bestimmte Art und Umfang des Lebensaufwandes, den Ablauf des häuslichen Lebens, die Erziehung der Kinder, Wohnort und Wohnung. Der Mann hatte Herrschaftsbefugnis über das Frauenvermögen, er konnte

71 Wer mehr über diese herausragende Persönlichkeit der deutschen Nachkriegsgeschichte erfahren möchte, kann das Werk von Gille-Linne (2019) Gleichberechtigt! Die Sozialdemokratinnen Elisabeth Selbert und Herta Gotthelf im Kampf um Art. 3 II Grundgesetz 1948/49, in: Ariadne. Forum für Frauen- und Geschlechtergeschichte, Bd. 75, S. 44-57 nachlesen.

den Arbeitsplatz der Frau kündigen; die Frau durfte nicht einmal ohne seine Zustimmung allein in einer Herberge übernachten. Die Kompetenz der Frau beschränkte sich also auf ihre persönlichen Angelegenheiten.

Die erste Fassung des Gleichheitssatzes wollte es dabei belassen; sie sprach lediglich davon, dass Männer und Frauen „dieselben staatsbürgerlichen Rechte und Pflichten haben" – die Formulierung wurde aus der Weimarer Reichsverfassung von 1919 übernommen. Es wäre bei dieser einschränkenden – weil nur die staatsbürgerliche Gleichstellung[72] der Frauen betreffend – Formulierung geblieben, hätte es nicht unter den 65 Mitgliedern des Parlamentarischen Rates in Bonn die genannten vier Frauen gegeben. Sie haben die emanzipatorische Revolution ins Grundgesetz getragen. Als zum ersten Mal der Vorschlag von Elisabeth Selbert zur Diskussion stand, entfuhr es dem FDP-Abgeordneten Thomas Dehler: „Dann ist das Bürgerliche Gesetzbuch verfassungswidrig." Eben! Zu Recht erkannt. Doch das war den anderen Mitgliedern des Parlamentarischen Rates zu viel: Die Bestrebung nach Gleichberechtigung blieb in der ersten Lesung im Herbst 1948 erfolglos, die Frauen in der Versammlung frustriert und enttäuscht. Tausende Briefe von wütenden Frauen erreichten die Kommission; sie hatten es satt, Menschen zweiter Klasse zu sein. „Waschkorbweise" sollen die Briefe in Bonn eingetroffen sein.[73]

Und dann hatte Elisabeth Selbert eine Idee. Sie wusste, dass es in der Weihnachtszeit zu einer Tagungspause kommen würde. Deshalb verfasste sie einen Brief mit folgendem – sinngemäßen – Inhalt: Die Frau, die während der Kriegsjahre auf den Trümmern gestanden und den Mann an der Arbeitsstelle ersetzt hat, hat heute einen moralischen Anspruch darauf, so wie ein Mann bewertet zu werden. Diesen Brief erhielten die Ehefrauen der männlichen Räte der Bonner Versammlung.

Am 18. Januar 1949 war es dann soweit: Die Gleichberechtigung wurde schließlich Grundrecht, Selbert war es gelungen, das Ruder in letzter Sekunde noch herumzureißen. Allerdings dauerte es noch bis 1958, dass dieser Grundsatz im eigentlichen Gleichberechtigungsgesetz Ausdruck fand.

Denn im **Verhältnis zwischen Privaten** findet der allgemeine Gleichheitssatz wegen der fehlenden Grundrechtsbindung (Art. 1 Abs. 3 GG) keine unmittelbare Anwendung. Ihm kommt über auslegungsbedürftige Generalklauseln und unbestimmte Rechtsbegriffe (z. B. den Grundsatz von Treu und Glauben, § 242 BGB) eine Ausstrahlungswirkung in das Privatrecht zu (sog. mittelbare Drittwirkung).

Einfachgesetzlich verbietet das **Allgemeine Gleichbehandlungsgesetz (AGG)**[74] jede unzulässige Benachteiligung aus Gründen der Rasse, der ethnischen Herkunft, des Geschlechts, der Religion oder Weltanschauung, der Behinderung, des Alters oder der sexuellen Identität (sog. Diskriminierung).

72 Die große Errungenschaft der Weimarer Reichsverfassung war das Wahlrecht der Frauen. Nach wie vor waren aber die Frauen im Familien- und Eherecht benachteiligt.

73 Prantl, Süddeutsche Zeitung online vom 12. August 2018, www.sueddeutsche.de/politik/prantls-blick-waschkorbweise-post-fuer-die-gleichberechtigung-1.4090611 (Abruf: 26. März 2021).

74 Gesetz vom 14. August 2006 (BGBl. I, S. 1897, 1910).

Auch im **Rettungsdienst** kommt der Gleichbehandlungsgrundsatz zur Anwendung, und zwar sowohl im Verhältnis der Rettungsdienstmitarbeiter zum eigenen Arbeitgeber als auch im Verhältnis des Rettungsdienstpersonals zu den Patienten:

So wäre es ein eklatanter Verstoß gegen § 2 Abs. 1 Nr. 5 und 8 AGG, wenn sich ein Notfallsanitäter weigern würde, eine Patientin zu behandeln, weil sie „ein Kopftuch trägt". Selbst wenn die Patientin hierdurch keinen gesundheitlichen, d.h. materiellen Schaden erleiden würde, könnte sie eine angemessene monetäre Entschädigung wegen des ideellen, d.h. immateriellen, Schadens infolge der von der Patientin erlittenen Persönlichkeitsverletzung verlangen (§ 21 Abs. 2 AGG). Die Bemessung des Schadens hängt von den Umständen des Einzelfalles, insbesondere von der Schwere der Verletzung, dem Verschulden des Schädigers und dem bisherigen Verhalten ab.[75] Dieses Verhalten des Notfallsanitäters würde auch eine außerordentliche Kündigung nach § 626 BGB rechtfertigen.

Ein weiteres Beispiel für eine Diskriminierung – allerdings im Verhältnis von Arbeitgeber zum Arbeitnehmer – kann ich aus meiner früheren Praxis als Anwalt berichten: Eine junge pharmazeutisch-technische Assistentin (PTA) wurde von ihrer Arbeitgeberin gekündigt, weil sie nach ihrer Hochzeit – im Rahmen eines Umtrunks mit ihren Kolleginnen in der Apotheke – offen den Wunsch geäußert hatte, „bald Mama" zu werden. Die Chefin fand ihre Familienplanung „nicht so gut" und musste – nachdem wir dagegen geklagt hatten – sich vom Arbeitsgericht belehren lassen: Eine solche Kündigung sei „eine eklatante Diskriminierung", urteilte der Richter. Die Kündigung war rechtswidrig, und da die junge PTA – nachvollziehbarerweise – nicht mehr in der Apotheke arbeiten wollte, wurde das Arbeitsverhältnis aufgelöst, und die Chefin musste eine angemessene Entschädigung zahlen.

1.6.5 Art. 4 GG – Religions- und Gewissensfreiheit

Der Wortlaut des Art. 4 unserer Verfassung lautet wie folgt:

> *(1) Die Freiheit des Glaubens, des Gewissens und die Freiheit des religiösen und weltanschaulichen Bekenntnisses sind unverletzlich.*
> *(2) Die ungestörte Religionsausübung wird gewährleistet.*
> *(3) Niemand darf gegen sein Gewissen zum Kriegsdienst mit der Waffe gezwungen werden. Das Nähere regelt ein Bundesgesetz.*

Kaum eine Norm spaltet den öffentlichen Diskurs und die politischen Debatten wie Art. 4 Abs. 1 GG:[76] Die Religionsfreiheit ist nicht nur ein „unverletzliches" Grundrecht, sondern häufig auch ein Vorwand, um nur mittelbar damit verwandte Themen – meist unkritisch und unsachlich – zu diskutieren: Es geht indirekt um die Integration von Menschen mit Migrationshintergrund, um Deutschland als Einwanderungsland, um die Akzeptanz

75 Däubler/Bertzbach (2018) Allgemeines Gleichbehandlungsgesetz, 4. Aufl., § 21 Rn. 75.

76 Vgl. dazu näher den Fall „Turban statt Helm", Neureither/Bellardita (2005) Zwischenprüfungsklausur – Öffentliches Recht: Turban statt Helm?, JuS 45 (11), 1000 ff.

anderer Religionen (vor allem des Islams) sowie um den Umgang mit religiös motivierten Fundamentalisten.

Ein Fall, der viele Gerichte beschäftigte, zeigt, wie schwer es ist, selbst in einer offenen und tendenziell toleranten Gesellschaft individuelle Freiheiten zu gewährleisten und dem durchaus liberalen Geist unseres Grundgesetzes Rechnung zu tragen:

BEISPIEL

Beispiel nach BVerfG, Entscheidung vom 24. September 2003:[77]
Fereshta Ludin ist eine deutsche Staatsangehörige mit afghanischen Wurzeln. Ihre Mutter war in den 1950er-Jahren eine der ersten Frauen in Afghanistan, die studierten. Ihr Vater war Ingenieur, arbeitete als Berater und später als Minister der afghanischen Regierung. Als Fereshta Ludin vier Jahre alt war, wurde ihr Vater Botschafter in Bonn. Nach dem Einmarsch der sowjetischen Truppen in Afghanistan 1979 ging die Familie ins Exil nach Saudi-Arabien. Die Familie wohnte in Riad. Nach dem Tod ihres Vaters zog die Familie 1986 nach Deutschland und beantragte Asyl.
Nach dem Abitur absolvierte Ludin ein Lehramtsstudium für Englisch, Deutsch und Gemeinschaftskunde. Das Referendariat beendete sie mit der Note 1,3. Im Jahr 1998 beantragte sie die Einstellung im Schuldienst des Landes Baden-Württemberg. Ihre Einstellung wurde jedoch durch die Behörden verweigert. Begründung: Ludin trägt ein Kopftuch.
Nachdem sie mit ihren Klagen vor den Instanzgerichten scheiterte, wandte sie sich an das Bundesverfassungsgericht. Sie begehrte die Einstellung in den Schuldienst des Landes Baden-Württemberg.
Das Oberschulamt Stuttgart hatte ihre Berufung in ein Beamtenverhältnis auf Probe als Lehrerin an Grund- und Hauptschulen mit der Begründung abgelehnt, ihr fehle wegen der erklärten Absicht, in Schule und Unterricht ein Kopftuch zu tragen, die für das Amt erforderliche Eignung. Das BVerfG widersprach dieser Auffassung und entschied, dass der Bescheid der obersten Schulbehörde Fereshta Ludin in ihren Rechten aus Art. 33 Abs. 2 i. V. m. Art. 4 Abs. 1 verletzt hat.[78]
Das BVerfG sah die Nicht-Einstellung der Lehrerin mit Kopftuch nicht als gerechtfertigt an, weil der beabsichtigten Ausübung der Glaubensfreiheit keine Rechtsgüter von Verfassungsrang entgegenstanden. Als solche Verfassungsgüter kommen zwar in Betracht: der staatliche Erziehungsauftrag (Art. 7 Abs. 1 GG), der unter Wahrung der Pflicht zu weltanschaulich-religiöser Neutralität zu erfüllen ist, das elterliche Erziehungsrecht (Art. 6 Abs. 2 GG) und die negative Glaubensfreiheit der Schulkinder (Art. 4 Abs. 1 GG). Diese setzen sich jedoch gegen die der angehenden Lehrerin zustehende Religionsfreiheit nicht durch.

77 Az. 2 BvR 1436/02.
78 Urteil vom 24. September 2003 – Az. 2 BvR 1436/02.

Es gibt theoretisch zwei unterschiedliche Neutralitätskonzepte: Nach dem laizistischen Modell beinhaltet Neutralität den völligen Ausschluss von Religion aus der öffentlichen Sphäre; Religion gilt als reine Privatsache und darf auch nur im privaten Raum in Erscheinung treten. In der Schule, zumal bei Lehrerinnen und Lehrern, hätte dies zur Folge, dass für religiöse Symbole und damit auch für religiöse Kleidung kein Platz ist. Demgegenüber steht ein Verständnis „offener und übergreifender" Neutralität. Diese Form der Neutralität gibt religiös-weltanschaulichen Fragen und Bekundungen Raum, lässt ihnen Freiheit der Entfaltung, ohne sich aber damit zu identifizieren oder in irgendeine Richtung zu missionieren bzw. zu indoktrinieren.

Einige Länder – wie etwa Frankreich – haben sich dem laizistischen Modell einer Trennung von Staat und Religion verschrieben. Deutschland gehört nicht dazu: Dies zeigt schon die Inkorporation der Weimarer Kirchenartikel in Art. 140 GG, die in vielfältiger Weise eine Verquickung von Staat und Religion vorsehen, indem sie beispielsweise den Status der Religionsgesellschaften als Körperschaften des öffentlichen Rechts ermöglichen und die Erhebung der Kirchensteuer garantieren.

Auch in der Kopftuch-Entscheidung vertritt das BVerfG daher kein laizistisches Modell: „Die dem Staat gebotene religiös-weltanschauliche Neutralität ist [...] nicht als eine distanzierende im Sinne einer strikten Trennung von Staat und Kirche, sondern als eine offene und übergreifende, die Glaubensfreiheit für alle Bekenntnisse gleichermaßen fördernde Haltung zu verstehen."[79]

Das **Spannungsverhältnis** zwischen **Religionsfreiheit** einerseits und **staatlich gebotener Neutralität** andererseits erfasst auch andere Konstellationen: Darf eine Schöffin im Gerichtssaal etwa ein Kopftuch tragen? Oder gar eine Berufsrichterin? Wie sieht es mit Kindern in der Schule aus? Darf eine Schülerin vom Schwimmunterricht fernbleiben – aus religiösen Gründen? Es geht nicht darum, für all diese Fragen eine Antwort zu finden. Eine Rezeptlösung gibt es nicht, denn gesellschaftliche Verhältnisse lassen sich nicht stets wissenschaftlich erfassen und rational behandeln. Doch sollten die Debatten in solchen Fällen nicht an dem liberalen Geist unserer Verfassung vorbei geführt werden: Denn wann, wenn nicht in solchen Fällen, zeigt sich das wahre Gesicht einer toleranten, pluralistischen Gesellschaft?

1.6.6 Art. 5 GG – Meinungs- und Pressefreiheit

Artikel 5 Grundgesetz besagt:

> *„(1) Jeder hat das Recht, seine Meinung in Wort, Schrift und Bild frei zu äußern und zu verbreiten und sich aus allgemein zugänglichen Quellen ungehindert zu unterrichten. Die Pressefreiheit und die Freiheit der Berichterstattung durch Rundfunk und Film werden gewährleistet. Eine Zensur findet nicht statt.*

79 Urteil vom 24. September 2003 - Az. 2 BvR 1436/02.

(2) Diese Rechte finden ihre Schranken in den Vorschriften der allgemeinen Gesetze, den gesetzlichen Bestimmungen zum Schutze der Jugend und in dem Recht der persönlichen Ehre.
(3) [...]"

Jeder von uns hat ein Recht auf Meinungsfreiheit. Doch weil wir täglich mit unserer Arbeit, unseren Familien, unseren Nebentätigkeiten und Hobbys beschäftigt sind, haben wir nicht die Zeit, uns mit den Themen zu beschäftigen, die unsere Gesellschaft betreffen und bewegen. Meistens geht es um politische Themen, aber nicht immer. Deshalb gibt es Menschen, die stellvertretend für uns, die staatliche Autorität, insbesondere die Regierungen und das Parlament ganz genau beobachten: Journalisten und Journalistinnen.

Der **politische Willensbildungsprozess** ist eng mit diesem politischen Grundrecht verknüpft: Denn nicht selten äußert sich die Presse kritisch über andere Personen, egal ob es sich dabei um berühmte Personen handelt oder um Mitbürger bzw. Mitbürgerinnen. Hinzu kommt, dass die Politik das Hauptaugenmerk der Redaktionen darstellt: Daher ist die Beziehung zwischen der Presse und dem Staat stets angespannt.

Zu welchen Spannungen das im Einzelfall führen kann, zeigt uns eindringlich die sogenannte **Spiegel-Affäre**:

Am 10. Oktober 1962 veröffentlichte das Magazin Der Spiegel den Artikel „Bedingt abwehrbereit", in welchem es um das NATO-Manöver *Fallex 62* ging. Dieses NATO-Manöver beinhaltete die mögliche Abwehrreaktion eines von der Sowjetunion gestarteten atomaren Angriffes auf Europa. Dabei erteilte Der Spiegel der deutschen Bundeswehr die niedrigste Abwehrnote. Zusätzlich wurden der Generalinspekteur der Bundeswehr wie auch der damalige Verteidigungsminister Franz Josef Strauß kritisiert.

Was danach folgte, hätte keiner erahnen können:

Die Bundesanwaltschaft startete sofort nach der Veröffentlichung mit Ermittlungen gegen den Spiegel-Verlag. Der Vorwurf: Landesverrat, und zusätzlich wurde Spiegel-Herausgeber Rudolf Augstein der Bestechung von hochrangigen Bundeswehrsoldaten beschuldigt. Die Bundesanwaltschaft veranlasste die Erstellung eines Gutachtens, welches den Vorwurf von Landesverrat bestätigte. Nach etwa zwei Wochen stürmten rund 50 Polizisten die Redaktion des Magazins und beschlagnahmten ungefähr 20 Millionen Dokumente. Außerdem wurden sämtliche Etagen des Spiegel-Gebäudes verschlossen und versiegelt. Augstein, dessen Anwalt und Bruder Josef Augstein sowie der Verlagsdirektor Hans-Detlev Becker wurden allesamt nacheinander verhaftet. Nur wenige Redakteure durften zurückbleiben und die nächste Ausgabe vorbereiten. Diese wurde jedoch vor der Herausgabe vorzensiert. Außerdem wurde durch Zutun von Franz Josef Strauß der stellvertretende Chefredakteur und Autor des inkriminierten Artikels Conrad Ahlers in Spanien während seines Urlaubs von spanischen Polizisten in Gewahrsam genommen, nach Deutschland überführt und sodann am Frankfurter Flughafen verhaftet. Ein weiterer Skandal: Damals bestand zwischen Spanien und Deutschland ein Auslieferungsabkommen nur für ausschließlich strafrechtliche Vorwürfe. Ahlers wurde indessen ein politisches Verbrechen vorgeworfen: Strauß musste später zugeben, seine persönlichen Beziehungen zu Francisco Franco – wohlgemerkt einem Diktator! – ausgenutzt zu haben.

Die Öffentlichkeit war so schockiert und empört über das Vorgehen des Staates gegen den Spiegel, dass viele sich zu Protestgruppierungen zusammenschlossen: „Spiegel tot – Freiheit tot!" riefen die Menschen in die Menge. So entwickelte sich sehr schnell eine Regierungskrise, in der insgesamt fünf FDP-Minister zurücktraten, darunter der damalige Justizminister Wolfgang Stammberger. Auch vier CDU-Minister stiegen aus dem Kabinett aus. Für Strauß war das das vorläufige Ende seiner politischen Karriere in Bonn. Am 30. November trat er von seinem Amt als Verteidigungsminister zurück.

Erst im Februar 1963 wurde der Chefredakteur Augstein nach insgesamt 103 Tagen Haft entlassen. Der Vorwurf, dass der Spiegel geheime Staatsinformationen widerrechtlich an die Öffentlichkeit gebracht habe, konnte nie nachgewiesen werden: Das Hauptverfahren gegen Augstein und Ahlers wurde im Mai 1965 vom Bundesgerichtshof abgelehnt. Danach beschäftigte sich auch das BVerfG mit einer Verfassungsklage der Spiegel-Redaktion.

Auch wenn die Verfassungsrichter wegen einer Pattsituation die Beschwerde im Ergebnis abwiesen, so stärkte das Gericht durch seine Entscheidung die Meinungs- und Pressefreiheit deutlich: Denn diese Entscheidung betonte den unentbehrlichen Stellenwert der **Presse als vierte Gewalt.** Sie kontrolliert und überwacht die drei staatlichen Gewalten – die Legislative, die Judikative und vor allem die Exekutive. Ein Novum: Denn die Presse ist keine staatliche Institution. Umso mehr kommt der Presse eine entscheidende Bedeutung in einem demokratischen Rechtsstaat zu: Sie sorgt durch die wichtigen Aufgaben der Informationsbeschaffung und -vermittlung dafür, dass die Bürgerinnen und Bürger ihren gewählten Vertretern auf die Finger schauen können. Mit anderen Worten: „Die Presse muss die Freiheit haben, alles zu sagen, damit gewissen Leuten die Freiheit genommen wird, alles zu tun."[80]

Der hohe Stellenwert der **Presse** wirkt sich auch im **Rettungsdienst** aus, wenn es um das Spannungsverhältnis zwischen dem Recht auf Berichterstattung einerseits und der störungsfreien und ordnungsgemäßen Durchführung eines Rettungseinsatzes andererseits geht:

Zunächst muss festgehalten werden, dass ein Schadensereignis im öffentlichen Raum, beispielsweise auf einer Autobahn, eine rechtlich zugesicherte und frei zugängliche Informationsquelle („Urquelle") ist.[81] Sie darf daher nicht ohne Weiteres versperrt werden. Ferner ist zu beachten, dass Journalisten grundsätzlich das Recht haben, Einsatzstellen zu fotografieren. Zwar gilt hier einschränkend § 22 Kunsturheberrechtsgesetz (KUG), wonach Bildnisse „nur mit Einwilligung des Abgebildeten verbreitet werden" dürfen.[82] Schwere Unglücksfälle sowie Katastrophen gelten allerdings als Ereignisse, an welchen die Öffentlichkeit ein – zumindest begrenztes – Informationsinteresse hat, sodass die Veröffentlichung von Bildern einer Unfallstelle im Rahmen der Berichterstattung zulässig ist.[83] Das gilt insbesondere dann, wenn der Schwerpunkt einer Berichterstattung auf der Dokumen-

80 Zitat von Louis Terrenoire, französischer Journalist und Politiker.

81 OLG Köln, Urteil vom 26. März 2013 – Az. 15 U 149/12.

82 Gesetz betreffend das Urheberrecht an Werken der bildenden Künste und der Photographie vom 9. Januar 1907 (RGBl. 1907, S. 7).

83 Wandtke/Bullinger/Fricke (2019) Kommentar zum KUG, 5. Aufl., § 23 Rn. 22.

tation einer die Öffentlichkeit interessierenden Unfallstelle liegt, zum Beispiel weil an der konkreten Örtlichkeit oft ähnliche Unfälle passieren oder weil es sich um eine schwere, das öffentliche Interesse erregende Tat handelt (Amoklauf, Mord oder sexueller Übergriff). Zum Schutze der Persönlichkeit der an einem Verkehrsunfall (oder sonstigen Ereignis) Beteiligten ist aber die Veröffentlichung personenbezogener Daten, die eine Identifizierung der abgebildeten Personen ermöglichen würden, grundsätzlich unzulässig.

Hinzu kommt, dass bei Bildern, auf denen Personen nur als Beiwerk (etwa im Rahmen eines Einsatzes) erscheinen, von der Einholung des Einverständnisses abgesehen werden kann (§ 23 Abs. 1 Nr. 2 KUG). Das gilt zum Beispiel, wenn auf einem Bild ein brennendes Hochhaus gezeigt wird, sowohl hinsichtlich abgebildeter Einsatzkräfte als auch bezüglich anderer Personen wie etwa Passanten.

Eine Abwägung der hier widerstreitenden Interessen – Grundrecht auf Pressefreiheit einerseits und ordnungsgemäßer Rettungseinsatz sowie Patientenrechte andererseits – gebietet es allerdings, folgende allgemeingültige Aussage zu treffen: Angehörige der Presse dürfen keinesfalls den Rettungseinsatz behindern. Sobald Presseleute die Arbeit der Einsatzkräfte durch ihr aufdringliches Verhalten stören, können sie dazu aufgefordert werden, sich zu entfernen.

Vorsicht ist insbesondere an der Einsatzstelle bezüglich Auskünften gegenüber Journalisten geboten, weil hier die sich aus dem Patientenrechtsverhältnis ergebende Schweigepflicht und der allgemeine Personendatenschutz eine gewichtige Rolle spielen. Zu empfehlen ist, die Medienvertreter freundlich, aber bestimmt an den Einsatzleiter oder – falls vorhanden – Pressesprecher bzw. Dienstherrn zu verweisen. Auskünfte sollten nicht erteilt werden, insbesondere nicht zur Schadenshöhe, -ursache, Verletzungsmustern oder gar zu spezifischen einsatztaktischen Belangen. Angaben zur Anzahl der eingesetzten Kräfte, Rettungsmittel oder besonderen Gefahren der durchgeführten Maßnahmen sind zwar in aller Regel unbedenklich, sollten aber dem Einsatzleiter oder dem Dienstherrn vorbehalten bleiben.

1.6.7 Art. 1 GG – Menschenwürde

Es gibt kaum einen Begriff, der so schwer zu definieren ist wie den der Würde des Menschen. Was ist die Menschenwürde? Ich würde jeglichen Rahmen dieses Lehrbuches sprengen, wenn ich auch nur ansatzweisen versuchen würde, die Gedanken großer Philosophen zur Menschenwürde darzulegen. Doch an zwei Denker kommen wir schlicht und ergreifend nicht vorbei: Ohne **Immanuel Kants** und **Hannah Arendts** Konzept der Menschenwürde anzusprechen, kann man über diese grundlegende Idee unserer Verfassung nicht glaubhaft diskutieren.

In Kants **Grundlegung zur Metaphysik der Sitten** geht der Königsberger Philosoph in Bezug auf die Würde auf die Überlegung ein, was einen Menschen überhaupt ausmacht, und kommt – stark vereinfacht – zu dem Schluss, dass **jedem Menschen kraft Geburt ein**

immanenter Wert zukommt. Dieser Wert ist jedoch nicht verdinglicht, nicht an einen Markt gekoppelt, sondern an den Selbstzweck eines Menschen, an seine Autonomie und Vernunft. Der Mensch darf daher zu keinem Zeitpunkt als Mittel zum Zweck genutzt werden; denn der Mensch ist stets ein Zweck.

EXKURS

Zur Vertiefung:
Diese kantsche Formel ist nicht deshalb revolutionär, weil er sie etwa ohne konkreten Gottesbezug darlegt. Den Quantensprung, die Menschenwürde ohne einen konkreten Bezug zu einem – wie auch immer gearteten – Gott zu formulieren, hatte bereits der italienische **Philosoph Pico della Mirandola** in der Renaissance geschafft. Entscheidend ist an der Grundlegung Kants vielmehr, dass somit jedem Menschen, unabhängig von seinem sozialen Status, von seinen Fähigkeiten, von seiner Herkunft und von seinem Glauben der *gleiche* Wert zukommt.

Doch auch diese – noch so wunderbare – Formel Kants weist einen Mangel auf: Er sagt uns nicht, wer dafür sorgt, dass dieser Wert auch geachtet und geschützt wird! Und jetzt kommt Hannah Arendt ins Spiel: Die jüdische Philosophin, die während der Nazi-Diktatur das Land verlassen musste und in die Vereinigten Staaten auswanderte, nahm den Staat in die Pflicht: Was nützt mir das Gerede über die Menschenwürde, wenn es keinen Staat gibt, der diese achtet und schützt?[84] Sie sprach damit ein Problem an, das jeden politischen Asylsuchenden betraf: Die erdrückende und entwürdigende Staatenlosigkeit. Arendt geht daher sogar einen Schritt weiter: Die Menschenwürde ist – auf das Wesentliche reduziert – das **Recht, Rechte zu haben.**[85] Klarer und nüchterner kann man diesen Begriff nicht umschreiben.

Deshalb ist es auch nicht verwunderlich, wenn es im Grundgesetz (Art. 1) heißt:

> *„(1) Die Würde des Menschen ist unantastbar. Sie zu achten und zu schützen ist Verpflichtung aller staatlichen Gewalt."*

Diese – wohl auf Adolf Süsterhenn zurückgehende – Formulierung macht deutlich, wer verantwortlich ist, den Schutz der Menschenwürde zu gewährleisten – koste es, was es wolle.

Zur Menschenwürde können wir also festhalten: Sie ist die Grundlage unserer Verfassung. Das Grundgesetz sieht sogar in Art. 79 Abs. 3 GG vor, dass nicht einmal eine qualifizierte Mehrheit im Bundestag die Menschenwürde abschaffen darf (sog. **Ewigkeitsklausel**). Die Würde eines Menschen zeigt sich durch seine Freiheit. Indem der Mensch frei ist, seine Persönlichkeit entfaltet und ein gedeihliches Zusammensein nicht stört, lebt er in Würde. Deshalb sieht das Grundgesetz in Art. 2 die Verankerung der *allgemeinen Hand-*

84 Hannah Arendt (2019), Vor Antisemitismus ist man nur noch auf dem Monde sicher, Piper, München, S. 13 ff.
85 Hannah Arendt, Elemente und Ursprünge totaler Herrschaft: Antisemitismus, Imperialismus, Totalitarismus, S. 560.

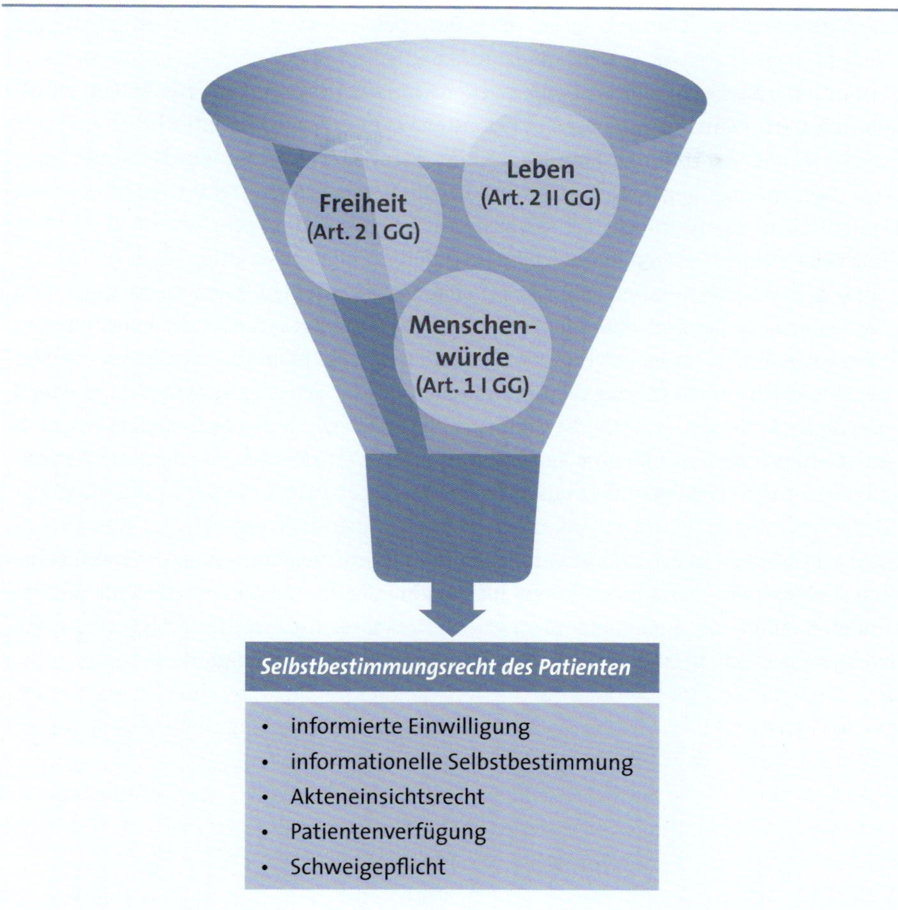

Abb. 3: Selbstbestimmungsrecht des Patienten

lungsfreiheit vor. Weil jeder Mensch mit einer Würde ausgestattet ist, die stets gleichwertig ist, sind alle Menschen gleich vor dem Gesetz, sodass unsere Verfassung unmittelbar nach der Freiheit den Grundgedanken der *Gleichheit* in Art. 3 GG zelebriert.

BEISPIEL

Der achtjährige Sammo wird schwer verletzt ins Krankenhaus eingeliefert. Um das Leben von Sammo bis zur Herbeischaffung der fehlenden Blutkonserve zu erhalten, entnehmen die Assistenzärzte Aris und Boris dem sich heftig sträubenden – unbeteiligten und im Wartebereich wartenden – Panzer unter Anwendung von Gewalt die für eine erste Bluttransfusion benötigte Menge Blut. Trotz des Hinweises, dass Sammo sonst „verloren“ sei und dass ein anderer Spender seiner sehr seltenen Blutgruppe nicht zur Verfügung stehe, versetzt Panzer dem Boris bei seiner Gegenwehr einen Schlag ins Gesicht. Hat sich Panzer strafbar gemacht?

Panzer würde sich nur dann – hier wegen Körperverletzung nach § 223 StGB – strafbar machen, wenn das Verhalten der Assistenzärzte wiederum strafrechtlich gerechtfertigt wäre. Diese könnten sich auf § 34 StGB, auf den **rechtfertigenden Notstand** berufen: „Wer in einer gegenwärtigen, nicht anders abwendbaren Gefahr für Leben, Leib, Freiheit, Ehre, Eigentum oder ein anderes Rechtsgut eine Tat begeht, um die Gefahr von sich oder einem anderen abzuwenden, handelt nicht rechtswidrig, wenn bei Abwägung der widerstreitenden Interessen, namentlich der betroffenen Rechtsgüter und des Grades der ihnen drohenden Gefahren, das geschützte Interesse das beeinträchtigte wesentlich überwiegt." Die Ärzte wollten durch die Blutentnahme in der Tat eine gegenwärtige Gefahr für das Leben von Sammo abwenden (sog. Notstandslage). Auch war diese Handlung – zumindest nach dem obigen Sachverhalt – nicht anders abwendbar. Dennoch kommt hier eine Rechtfertigung des Verhaltens der Ärzte unter Berücksichtigung des Selbstbestimmungsrechts des Patienten Panzer, das sich aus dem Schutz der Menschenwürde und der allgemeinen Handlungsfreiheit ergibt (Art. 1 Abs. 1 i.V.m 2 Abs. 1 GG) nicht in Betracht. Es verbietet sich nach unserer Verfassung, die zwei höchsten Rechtsgüter – namentlich Leben auf der einen Seite und Menschenwürde auf der anderen Seite – gegeneinander abzuwägen. Panzer durfte sich daher gegen die Ärzte wehren: Sein Schlag ist damit nicht als Körperverletzung zu werten.

1.7 Grundsätzliches zum Justizsystem

1.7.1 Gerichtsbarkeiten

Die Bundesrepublik Deutschland verfügt über ein Justizsystem, das mit Abstand zu einem der ausdifferenziertesten und – trotz aller Probleme, die zumeist der Überlastung geschuldet sind – der effizientesten in Europa zählt. Bei einer Bevölkerung von nunmehr 83 Millionen hat die Bundesrepublik rund 21.000 Richterinnen und Richter im Bundes- und Landesjustizdienst. Die Anzahl von Rechtsanwältinnen und Rechtsanwälten liegt laut Register der Bundesrechtsanwaltskammer bei über 165.000.

Es gibt – jeweils aufgeteilt in eine Bundesgerichtsbarkeit mit Bundesgerichten und eine Ländergerichtsbarkeit mit Landes- bzw. Staatsgerichten – gegenwärtig folgende Justizeinrichtungen:

Zunächst ist auf die **Verfassungsgerichtsbarkeit** hinzuweisen, repräsentiert durch das BVerfG mit seinen zwei Senaten. Das BVerfG ist nicht, wie man meinen könnte, die „letzte und höchste Instanz“, sondern das höchste Gericht, das in Deutschland das staatliche Handeln am Maßstab des Grundgesetzes prüft und etwa die Verfassungswidrigkeit von Gesetzen feststellen kann. Die Karlsruher Richter befassen sich also nicht mit juristischen Fachfragen, sondern ausschließlich mit verfassungsrechtlichen Rechtsstellungen. Deswegen sind die Entscheidungen dieses Gerichts so wichtig: Es geht um die Vereinbarkeit von Gesetzen, Urteilen oder Verwaltungshandeln mit dem Grundgesetz, unserer Verfassung.

Als Großbereich des Justizsystems zählt die sogenannte **ordentliche Gerichtsbarkeit,** die ihrerseits vor allem die Zivil- und Strafgerichtsbarkeit umfasst. Die ordentliche Gerichtsbarkeit hat eine herausragende gesellschaftliche Bedeutung: Denn das gesamte Privatrecht wird hier justiziell verarbeitet (so z. B., wenn Sie ein Auto gekauft haben, das mangelhaft ist, oder den Reiseveranstalter verklagen, weil die gebuchte Reise „katastrophal“ war). Darüber hinaus werden sämtliche Anklagen der Staatsanwaltschaften vor den ordentlichen Gerichten verhandelt (vom Strafrichter beim Amtsgericht, der allein entscheidet, bis zu den Kammern der Landgerichte, die mit insgesamt bis zu fünf Richtern besetzt sind – davon zwei Schöffen). Mit dem Bundesgerichtshof (BGH), den Oberlandesgerichten (OLG), den Landgerichten (LG) sowie den Amtsgerichten (AG) verfügt die ordentliche Gerichtsbarkeit auch über den längsten Instanzenzug. Bin ich zum Beispiel mit einer Entscheidung des Amtsgerichts nicht zufrieden, kann ich – unter bestimmten Voraussetzungen – Berufung einlegen und vor dem Landgericht eine erneute Verhandlung und Entscheidung erreichen. Allein in Baden-Württemberg gibt es 108 Amtsgerichte, wobei viele davon mit nur wenigen Richtern besetzt sind.

Handelt der Staat als Hoheitsträger, d. h. im öffentlich-rechtlichen Bereich, und fühle ich mich in meinen Rechten als Bürger verletzt, so kann ich vor der **Verwaltungsgerichtsbarkeit** die Behörde verklagen.

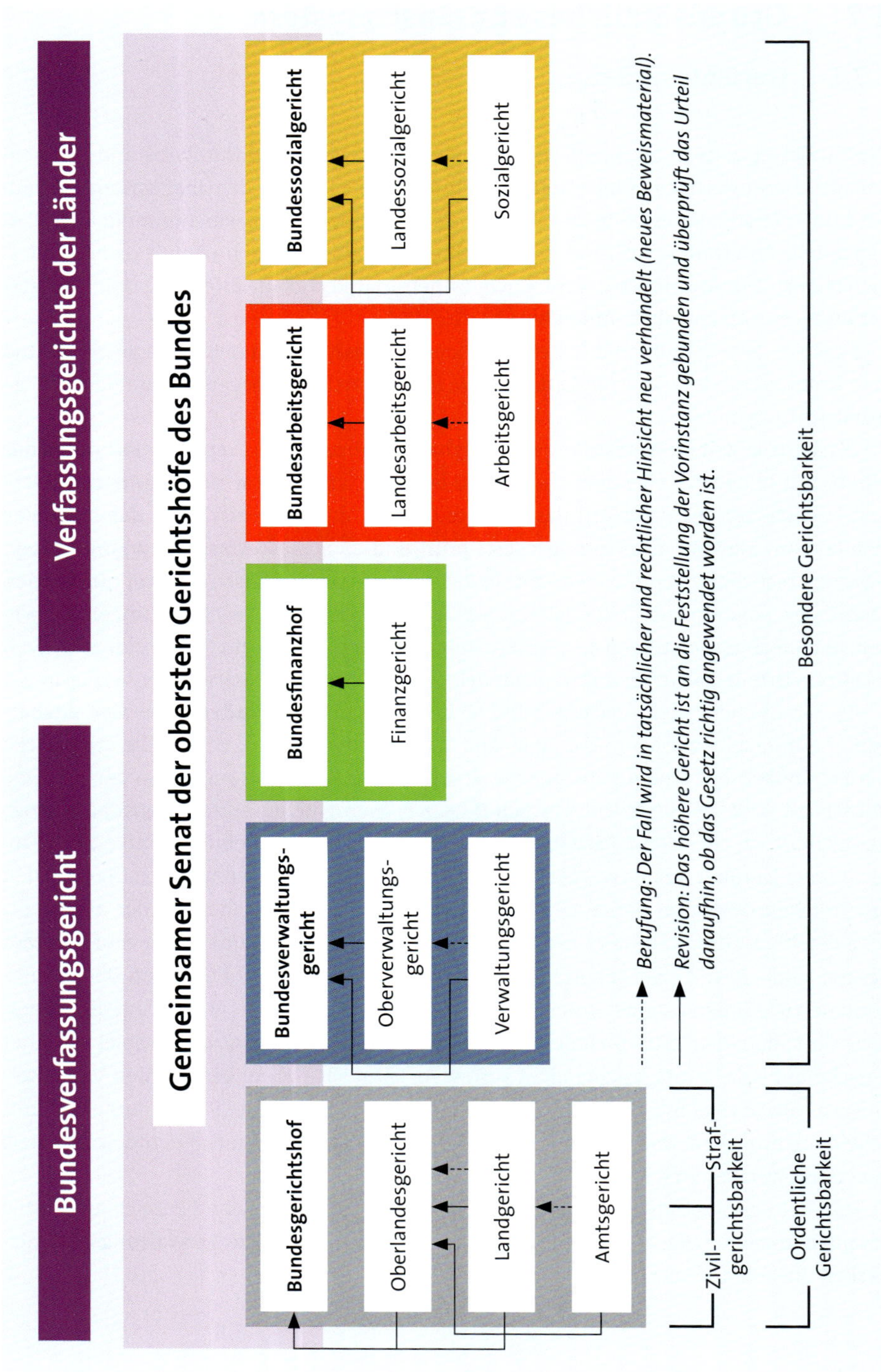

Abb. 4: Überblick der Gerichtsbarkeiten in Deutschland (nach: ifL, Leipzig)

BEISPIEL

Ich möchte auf mein Grundstück ein Einfamilienhaus bauen und benötige eine entsprechende Baugenehmigung, die ich bei der für mich zuständigen unteren Baurechtsbehörde beantrage. Doch diese erteilt die Baugenehmigung mit strengen Auflagen, die ich für unangemessen erachte. Möchte ich gegen diese Verfügung der Baurechtsbehörde vorgehen, so muss ich mich an das zuständige Verwaltungsgericht wenden.

Die höchste verwaltungsgerichtliche Instanz stellt das Bundesverwaltungsgericht (BVerwG) dar. Zuvor sind die Oberverwaltungsgerichte (OVG) bzw. – wie in Baden-Württemberg – die Verwaltungsgerichtshöfe (VGH) und über fünfzig Verwaltungsgerichte (VG) zuständig.

Bin ich hingegen mit dem Steuerbescheid der für mich zuständigen Finanzbehörde unzufrieden und hat der Einspruch gegen den Bescheid nichts gebracht, muss ich die **Finanzgerichtsbarkeit** bemühen. Das höchste Gericht heißt Bundesfinanzhof (BFH).

Von besonderer Bedeutung, wie wir noch unten sehen werden, ist die **Arbeitsgerichtsbarkeit,** die unter anderem für sämtliche Streitigkeiten zwischen Arbeitgebern und Arbeitnehmern zuständig ist (ausgenommen Beamte, die sich an die Verwaltungsgerichte wenden müssen, wenn sie gegen den Dienstherrn vorgehen). Der Instanzenzug beginnt mit den Arbeitsgerichten, die von zwei Laienrichtern und einem Berufsrichter besetzt sind. Wenn ich gegen eine Entscheidung des Arbeitsgerichts vorgehe, muss ich Berufung beim Landesarbeitsgericht erheben. Die höchste und letzte Instanz stellt das Bundesarbeitsgericht (BAG) mit 10 Senaten dar.

Die Bundesrepublik verfügt über ein großes Sozialsystem: Daher ist es nur konsequent, wenn es für diesen Bereich eine gesonderte Gerichtsbarkeit gibt: die **Sozialgerichtsbarkeit**. Sie ist zum Beispiel zuständig, wenn ich gegen den Leistungsbescheid eines Jobcenters vorgehe, weil ich der Meinung bin, dass mir zu Unrecht Leistungen aus dem SGB II („Hartz IV") gekürzt wurden. Mit dem Bundessozialgericht (BSG), den Landessozialgerichten (LSG) sowie den Sozialgerichten (SG) stellt dieser Zweig einen der personell am stärksten besetzten Fachbereiche der Justiz dar. Doch die Sozialgerichte sind nicht nur für Anträge auf Arbeitslosengeld zuständig: Nicht zu vergessen sind die umfangreichen und rechtlich komplizierten Felder des Kranken- und Rentenversicherungsrechts.

1.7.2 Unabhängigkeit der Justiz

Die **Unabhängigkeit der Justiz** ist ein Eckpfeiler der Rechtsstaatlichkeit und dient der Garantie einer funktionierenden Gewaltenteilung. Die verfassungsrechtlich in Art. 97 GG garantierte **sachliche** und **persönliche Unabhängigkeit** der Richter hat zur Folge, dass diese bei der Ausübung rechtsprechender Gewalt keinen Weisungen unterliegen und nicht ohne triftigen Grund versetzt werden dürfen.[86]

86 Grzeszick, in: Maunz/Dürig (2020) Kommentar zum GG, 92. Ergänzungslieferung, Art. 20 Rn. 236.

Nur wenn ein Richter unabhängig, also frei von Zwängen oder Weisungen in seiner Entscheidungsfindung ist, kann er die Rechtmäßigkeit einer öffentlich-rechtlichen Maßnahme einer Behörde, die Rechtmäßigkeit eines Vertrages oder die Rechtswidrigkeit einer einem Angeklagten vorgeworfenen Tat überprüfen und beurteilen. Dabei hat ein Richter keinen „Chef": Selbst der Präsident eines Gerichts darf dem Richter bezüglich eines konkreten Verfahrens keine Weisungen erteilen. Sachlich unabhängig bedeutet aber im weitesten Sinne auch, dass ein Richter nicht an Entscheidungen anderer Gerichte, sondern nur an Recht und Gesetz gebunden ist (eine Ausnahme gilt lediglich bezüglich Entscheidungen des Bundesverfassungsgerichts, wenn das höchste Gericht die Nichtigkeit eines Gesetzes festgestellt hat, vgl. § 31 Abs. 2 BVerfGG).

Die Unabhängigkeit eines Richters kann allerdings auch vonseiten der Verfahrensbeteiligten gefährdet werden, etwa durch den Versuch, einen Richter durch Geldleistungen oder sonstige Versprechungen zu beeinflussen. Es versteht sich von selbst, dass solche Handlungen strafbar sind (Bestechung § 334 Abs. 2 StGB und – der Richter – Rechtsbeugung § 339 StGB).

Doch auch umgekehrt darf ein Richter in einigen Fällen, in denen das Gesetz von einem **Interessenkonflikt** ausgeht, nicht entscheiden. Ein **Richter** ist beispielsweise von einem Verfahren **ausgeschlossen,** wenn sich das Verfahren gegen einen Angehörigen richtet oder ihn selbst betrifft (in Zivilverfahren nach § 41 Nr. 1 bzw. 3 ZPO, in Strafverfahren nach § 22 Nr. 1 bzw. 3 StPO). Ein **Richter** kann aber auch **abgelehnt** werden, wenn die Besorgnis der **Befangenheit** besteht, d.h. wenn tatsächliche Anhaltspunkte die Annahme rechtfertigen, der Richter würde im Verfahren nicht mehr unparteiisch entscheiden (§ 42 ZPO, § 24 StPO).

BEISPIEL

Der Angeklagte in einem Verfahren ist ein früherer Schulfreund des Strafrichters und beide sind noch per „Du" oder ein Richter äußert sich in Bezug auf einen Verfahrensbeteiligten abfällig („dieser Idiot von Angeklagtem!").

1.7.3 Rechtsschutz und Justizgewährleistungsanspruch

Entscheidungen eines Gerichts können angefochten werden. Das ist im Kern verfassungsrechtlich in Art. 19 Abs. 4 GG geregelt (effektiver Rechtsschutz). Natürlich kann man nicht bis ins Unendliche Gerichtsentscheidungen überprüfen lassen – irgendwann „muss Schluss sein". Doch gegen erstinstanzliche Entscheidungen kann in aller Regel **Berufung** oder – zumindest – **Revision** eingelegt werden. In einigen Fällen ist es sogar möglich, im Anschluss an eine Berufung auch noch Revision einzulegen.

Was ist der grundlegende Unterschied zwischen einer Berufung und einer Revision? Man kann es – vereinfacht – so sagen: Mit der Berufung wird das Berufungsgericht (also die nächste Instanz) das Verfahren in jeder Hinsicht, also sowohl bezüglich der **tatsächlichen** als auch hinsichtlich der **rechtlichen Feststellungen** überprüfen. Ein Berufungsgericht wird also in aller Regel Zeugen vernehmen und/oder Sachverständige anhören.

Anders bei einer Revision: Das Revisionsgericht prüft lediglich die **Rechtmäßigkeit einer richterlichen Entscheidung.** Es geht lapidar um die Feststellung, ob das Ausgangsgericht rechtlich „alles richtig gemacht" hat. Mehr nicht.

Da an dieser Stelle eine ausführliche Behandlung dieses Themas den Rahmen dieses Lehrbuches sprengen würde, bringe ich ein konkretes Beispiel zur Veranschaulichung:

BEISPIEL

Nehmen wir an, dass Anton, weil er dem Bruno bei einer Party – vermeintlich grundlos – einen Faustschlag verpasst hat, nun nach Anklageerhebung durch die zuständige Staatsanwaltschaft, als Angeklagter vor Gericht steht. Der zuständige Richter des Amtsgerichts (erste Instanz in diesem Fall) hört sich drei Zeugen an und verliest in der Hauptverhandlung den ärztlichen Bericht über die von Bruno erlittenen Verletzungen. Anschließend, nach Abschluss der Beweisaufnahme, verurteilt der Richter den Anton zu einer Geldstrafe in Höhe von 60 Tagessätzen à 30 Euro. Anton ist mit der Verteidigungsstrategie seines Anwaltes nicht zufrieden und ist enttäuscht, weil dadurch im Prozess nicht richtig zum Ausdruck kam, dass Bruno ihn auf der Party vor seinem Faustschlag „regelrecht provoziert" hatte. Insbesondere wurde ein von Anton benannter Zeuge, der diese Provokationen wahrgenommen hatte, nicht vernommen, weil sein Anwalt diesen gar nicht erwähnt hatte, sodass das Gericht den Zeugen nicht vernommen hat. Anton kann in diesem Fall Berufung einlegen und damit erreichen, dass das Landgericht (Berufungskammer) diesen Fall erneut verhandelt, den nicht berücksichtigten Zeugen vernimmt und vielleicht zu einer geringeren Geldstrafe kommt, weil die Provokation in der Strafzumessung „strafmildernd" zugunsten von Anton in Erwägung gezogen wird. Es kann aber auch sein, dass Anton zwar Berufung einlegt, das Landgericht jedoch zum selben Ergebnis wie das Amtsgericht kommt. Es kann sogar noch schlimmer sein: Geht nämlich auch die Staatsanwaltschaft in Berufung, kann das Landgericht sogar eine höhere Geldstrafe bestimmen.

1.7.4 Außergerichtliche oder gerichtliche Streitbeilegung

Muss es immer im Streit enden? Muss – am Ende – der Richter immer eine Entscheidung treffen? Im Zivilrecht gilt der Grundsatz, dass die Parteien – vor allem der Kläger – den Verlauf eines Prozesses bestimmen können. So wie der Kläger die Klage eingereicht hat, kann er sie zurücknehmen (muss dann aber die Kosten des Rechtsstreits tragen!) oder sich mit dem Beklagten einigen. Als Zivilrichter habe ich selbst die Erfahrung gemacht, etwa die Hälfte meiner Verfahren durch sogenannte **Vergleiche** (genauer: Prozessvergleiche) zu erledigen. Der Vorteil für die Verfahrensparteien liegt darin, dass keiner den Prozess verliert – ein wichtiger psychologischer Aspekt, welcher zu einem nicht zu unterschätzenden Rechtsfrieden führt. Der Vorteil für den Richter besteht darin, dass er am Ende kein Urteil verfassen muss.

Doch wann kommt ein Vergleich zustande? Wenn beide Parteien ein wenig von ihren Forderungen nachgeben (vgl. § 779 BGB). Und, vor allem, wenn ein Weitermachen (auch aus wirtschaftlichen Gründen) wenig sinnvoll ist, weil das Verfahren – etwa die Einholung eines Sachverständigengutachtens – zu langwierig oder kostspielig werden kann. Gerade im Bereich des Arbeitsrechts sind Prozessvergleiche an der Tagesordnung: Hier scheuen sowohl die Arbeitgeber als auch die Arbeitnehmer eine lange gerichtliche Auseinandersetzung, die auch kaum an dem Umstand etwas ändert, dass das Arbeitsverhältnis – etwa nach einem Fehlverhalten des Arbeitnehmers, nach einer Kündigung oder nach einem Schadensereignis im Betrieb – ohnehin, wenn nicht „zerrüttet", so jedenfalls beeinträchtigt ist.

Auch außergerichtlich können sich Parteien einigen, um sich den Gang zum Gericht zu sparen. Dann schließen die Streithähne einen außergerichtlichen Vergleich; nicht selten unter Beteiligung von Anwälten, die dann den Vertrag (ein Vergleich ist nämlich nichts anderes als ein Vertrag!) besiegeln.

In **Strafverfahren und verwaltungsgerichtlichen Auseinandersetzungen** sind Vergleiche zwar nicht ausgeschlossen, aber in der Rechtspraxis eher selten(er). Speziell im Strafverfahren muss der Richter ein Verfahren selbst dann mit einem Urteil beenden, wenn die Staatsanwaltschaft und die Verteidigung einen sogenannten Deal getroffen haben. Solche verfahrensrechtlichen Absprachen sind allerdings nur unter strengen prozessualen Voraussetzungen zulässig (§ 257c StPO). Es gibt allerdings eine breite Palette an Möglichkeiten, auch ein Strafverfahren ohne eine richterliche Entscheidung zu beenden, wenn bestimmte Voraussetzungen gegeben sind: Handelt es sich zum Beispiel um einen Angeklagten, der nicht vorbestraft ist, der die ihm vorgeworfene Tat gestanden hat oder gar zur Aufklärung des Sachverhalts beigetragen hat, dann kann das Gericht – oder zuvor schon die Staatsanwaltschaft – das Verfahren gegen den Angeklagten nach § 153 StPO einstellen, wenn es sich nicht um eine schwere Straftat handelt (z. B. bei leichten Körperverletzungen, Beleidigungen oder sonstigen „Bagatelldelikten").

2 Strafrecht

Das **Strafrecht** gehört im weitesten Sinne zum öffentlichen Recht. Dem Staat – und nur dem Staat (Strafverfolgungs- und Justizmonopol des Staates) – obliegt die **Strafverfolgung** und somit die **Ermittlung von Straftaten**.

EXKURS

Zur Vertiefung:
Nach den gängigen Theorien in der Rechtswissenschaft kommt der Strafe zunächst eine **generalpräventive Aufgabe** zu:

Mit ihr wird der Allgemeinheit gegenüber zum Ausdruck gebracht, dass „das Recht sich zum Schutz der Rechtsgüter durchsetzt und welche Rechtsfolgen derjenige zu erwarten hat, der sich über die strafrechtlichen Verbote und Gebote hinwegsetzt".[87] Die Strafdrohung soll nicht nur die Voraussetzungen dafür schaffen, dass das Gericht eine Strafe verhängen kann, sondern enthält zugleich einen Appell an die Allgemeinheit, Taten der beschriebenen Art nicht auszuführen. Potenzielle Täter sollen hierdurch von Straftaten abgeschreckt werden (negative Generalprävention).

Die Strafe soll jedoch darüber hinaus auch den Täter selbst ansprechen und ihn von weiteren Straftaten abhalten:

Dabei besteht die **spezialpräventive Aufgabe** in der **Resozialisierung des Täters.** Dieser soll die Bestrafung nicht nur als Zufügung eines Übels erleben, sondern es soll versucht werden, ihn derart in die Gemeinschaft (wieder) einzugliedern, dass er in Zukunft ohne Straftaten in ihr zu leben vermag.[88]

Die Strafe muss aber auch **schuldangemessen** sein: Die hiernach zu bemessende Strafe kann unter Umständen nämlich nicht ausreichen, um dem Bedürfnis der Allgemeinheit nach Sicherung vor einem gefährlichen Täter gerecht zu werden, oder nicht hinreichend lange dauern, um durch eine pädagogische Einwirkung die Resozialisierung des Verurteilten zu fördern. Umgekehrt können die Zwecke der Strafe aber auch dafür sprechen, auf die begangene Tat nicht mit der ganzen Strenge des Gesetzes zu antworten und das der Tat entsprechende Strafmaß nicht voll auszuschöpfen oder sogar von Strafe abzusehen. So kann in Einzelfällen davon Abstand genommen werden, eine Freiheitsstrafe zu vollstrecken, weil schon die Verurteilung als solche für den Täter eine hinreichende Warnung bedeutet und sich durch Auflagen und Weisungen resozialisierend auf den Täter einwirken lässt. Von Strafe kann u. a. bei schweren Tatfolgen, die den Täter getroffen haben, abgesehen werden (vgl. § 60 StGB). Dass auch dieses Vorgehen seine Grenzen hat, zeigt das Straflimit von zwei Jahren als Voraussetzung für die Strafaussetzung auf Bewährung nach § 56 StGB oder von einem Jahr für das Absehen von Strafe nach § 60 StGB.[89]

87 Kinzig, in: Schönke/Schröder (2019) Kommentar StGB, 30. Aufl., StGB vor § 38, Rn. 3.
88 Ebd., Rn. 7.
89 Ebd., Rn. 17.

Abb. 5: Aufbau einer Rechtsnorm

Die meisten Straftaten sind im **Strafgesetzbuch** (StGB) geregelt. Im Rettungsdienst spielen vor allem folgende Strafvorschriften eine Rolle:

- vorsätzliche Körperverletzung nach § 223 StGB
- gefährliche Körperverletzung nach § 224 StGB
- fahrlässige Körperverletzung nach § 229 StGB
- fahrlässige Tötung nach § 222 StGB
- Tötung auf Verlangen nach § 216 StGB
- Freiheitsberaubung nach § 239 StGB
- Nötigung nach § 242 StGB
- Aussetzung nach § 221 StGB
- Missbrauch von Notrufen nach § 145 StGB
- Unterlassene Hilfeleistung nach § 323c StGB.

Diese Vorschriften sind im **Anhang** – auszugsweise – abgedruckt.

Es gibt aber auch zahlreiche **Nebenstrafgesetze,** so zum Beispiel das Betäubungsmittelgesetz (BtMG)[90] und das Arzneimittelgesetz (AMG), die zahlreiche Strafvorschriften enthalten, und unzählige Strafvorschriften in anderen, nicht unbedingt strafrechtlichen Gesetzen (z.B. § 5 Heilpraktikergesetz[91] oder § 4 Gewaltschutzgesetz[92]).

Jede Strafvorschrift besteht aus einem *Tatbestand* und einer *Rechtsfolge*. Im Tatbestand sind die Voraussetzungen einer Strafnorm genannt. Die Rechtsfolge besteht in der vorgesehenen Sanktion (Geldstrafe, Freiheitsstrafe, Nebenstrafe).

Wenn es in § 223 StGB etwa heißt „Wer eine andere Person körperlich mißhandelt oder an der Gesundheit schädigt, wird mit Freiheitsstrafe bis zu fünf Jahren oder mit Geldstrafe bestraft“, dann besteht der Tatbestand darin, dass eine andere Person durch eine körperliche Misshandlung bzw. eine Gesundheitsschädigung verletzt sein muss. Die Rechtsfolge besteht in der Möglichkeit für den Richter, zulasten des Angeklagten eine Strafe von Geldstrafe bis höchstens fünf Jahren Freiheitsstrafe auszusprechen.

90 Gesetz vom 28. Juli 1981, in der Fassung der Bekanntmachung vom 1. März 1994 (BGBl. I S. 358).

91 Gesetz über die berufsmäßige Ausübung der Heilkunde ohne Bestallung vom 17. Februar 1939, zuletzt geändert durch Art. 17e des Gesetzes vom 23. Dezember 2016 (BGBl. I, S. 3191).

92 Gesetz zum zivilrechtlichen Schutz vor Gewalttaten und Nachstellungen vom 11. Dezember 2001 (BGBl. I, S. 3513).

Doch welche subjektive Einstellung zur Tat setzt die Begehung einer Straftat voraus? Muss ich stets absichtlich handeln oder reicht es für die Begehung einer Straftat aus, dass ich unsorgfältig gehandelt habe? Diese Fragen lassen sich nicht allgemein beantworten:

Nach *§ 15 StGB* gilt, dass grundsätzlich nur *vorsätzliches Handeln* strafbar ist, es sei denn, *fahrlässiges Handeln* wird „ausdrücklich mit Strafe bedroht".

BEISPIEL

Die Körperverletzung nach § 223 StGB setzt Vorsatz voraus. Allerdings ist in § 229 StGB die fahrlässige Körperverletzung unter Strafe gestellt (§ 15 StGB). Anders verhält es sich mit der unterlassenen Hilfeleistung nach § 323c StGB: Diese ist nur dann strafbar, wenn der Unterlassungstäter vorsätzlich gehandelt hat. Eine fahrlässige unterlassene Hilfeleistung ist nicht mit Strafe bedroht.

Es gibt allerdings Konstellationen, in denen es nicht einfach ist, Vorsatz von Fahrlässigkeit zu unterscheiden. Das liegt daran, dass es eine „schwache" Form des Vorsatzes (sog. **bedingter Vorsatz**) und eine „starke" Form der Fahrlässigkeit **(bewusste Fahrlässigkeit)** gibt.

BEISPIEL

Patient Panzer soll durch den Notarzt eine Kurzinfusion mit 1 g Metamizol (Novalgin®) erhalten. Notfallsanitäterin Antonia soll die Infusionslösung herstellen. Dabei bemerkt sie, dass das Verfallsdatum der Metamizolampulle abgelaufen ist. In so einem Fall kann das Medikament gesundheitsschädlich sein, sicher ist dies aber nicht – was Antonia weiß. Da es die einzige übrige Ampulle im Rucksack ist, ignoriert sie dies, um nicht noch einmal zum RTW laufen zu müssen; dafür ist sie zu faul. Sie hofft, dass dies keine Konsequenzen für Patient Panzer haben wird. Angenommen, es tritt ein gesundheitlicher Schaden bei dem Patienten ein, handelt es sich um eine fahrlässige oder um eine vorsätzliche Körperverletzung?

Vorsatz wird als **Wissen** (kognitives Element) und **Wollen** (voluntatives Element) der **Tatbestandsverwirklichung** definiert.[93] Hätte Antonia hier mit **Absicht** gehandelt, dann wäre sie wegen einer vorsätzlichen Körperverletzung strafbar gewesen. Denn Absicht ist die höchste Form des Vorsatzes, weil das voluntative Element sehr stark ausgeprägt ist. Hier will aber Antonia gar nicht, dass der Patient gesundheitliche Schäden erleidet, daher ist nicht von Absicht auszugehen. Wäre wiederum Antonia davon ausgegangen, dass – unabhängig wie sie zu der Tat steht – der Patient mit Sicherheit in seiner Gesundheit verletzt worden wäre, hätte Antonia ebenfalls vorsätzlich gehandelt (sog. **direkter Vorsatz**). Antonia hat aber lediglich mit der Möglichkeit eines Gesundheitsschadens gerechnet: 100 % sicher war sie sich dabei nicht.

93 Siehe zum Ganzen Joecks/Kulhanek, in: MüKo StGB, 4. Aufl., 2020, StGB § 16 Rn. 22 ff.

Daher bleibt nur noch die Frage offen, ob Antonia „bedingt vorsätzlich" gehandelt haben könnte. **Bedingter Vorsatz** liegt vor, wenn Antonia mit der Möglichkeit der Gesundheitsschädigung des Panzer gerechnet hat und diese auch „billigend in Kauf genommen hat".[94] Es reicht dabei aus, wenn der Täter den Erfolg ernst nehme, sich mit ihm abfinde oder aus Gleichgültigkeit mit jeder eintretenden Möglichkeit der Tatausführung einverstanden ist.[95] Dagegen liegt nur **bewusste Fahrlässigkeit** vor, wenn der Täter mit der als möglich erkannten Tatbestandsverwirklichung nicht einverstanden ist und ernsthaft – nicht nur vage – darauf vertraut, der tatbestandliche Erfolg werde nicht eintreten.[96]

Für ein bloß fahrlässiges Verhalten spricht hier der Umstand, dass Antonia „darauf vertraut", es werde schon nichts passieren. Allerdings ist Antonia eine Notfallsanitäterin, d.h. sie verfügt über eine medizinische Fachausbildung, sodass ihre Einstellung zur Tat strenger als bei einem medizinischen Laien beurteilt werden muss: Unterschätzt sie nämlich die Folgen eines Fehlverhaltens, dann ist eher von einer Gleichgültigkeit auszugehen (im Vergleich zum Laien, der z.B. die Nebenwirkungen oder Wechselwirkungen von Medikamenten nicht einschätzen kann). Außerdem hätte Antonia eine Alternative gehabt: Im Rettungswagen befanden sich nicht abgelaufene Ampullen. Vor diesem Hintergrund ist hier eher von bedingtem Vorsatz auszugehen.

Die Abgrenzung von Vorsatz und Fahrlässigkeit spielt aber nicht nur eine Rolle hinsichtlich des verletzten Straftatbestandes (§ 223 oder § 229 StGB), sondern auch im Rahmen der Strafzumessung. Bei der Beurteilung der Rechtsfolge, d.h. der konkreten Strafe, muss der Richter also eine genaue Abstufung der Vorsatz- bzw. Fahrlässigkeitsformen vornehmen. Im obigen Fall kann zum Beispiel der Umstand eine Rolle spielen, dass abgelaufene Medikamente in einem Einsatzfahrzeug und im Equipment einer Rettungskraft nichts zu suchen haben. Daher kann derjenige, der im konkreten Fall die Aufgabe hatte, den Rettungswagen vor dem Einsatz auf die Ordnungsgemäßheit der Medikamente und die Funktionsfähigkeit der sonstigen medizinisch-technischen Hilfsmittel zu überprüfen, u.U. wegen fahrlässigen Handelns belangt werden.

Vorsatz = *Wissen und Wollen*	**Fahrlässigkeit** = *Außerachtlassen der gebotenen Sorgfalt*
• Absicht • direkter Vorsatz • bedingter Vorsatz	• unbewusste Fahrlässigkeit • bewusste Fahrlässigkeit

Abb. 6: Vorsatz und Fahrlässigkeit

94 BGH, Urteil vom 22. April 1955 – Az. 5 StR 35/55, BGHSt 7, 363; BGH, Urteil vom 26. Juli 1967 – Az. 2 StR 368/67, BGHSt 21, 283 (284); BGH, Urteil vom 10. Juni 1998 – Az. 3 StR 113/98, NStZ 1998, 615 (616).

95 BGH, Urteil vom 13. Juli 1978 – Az. 4 StR 308/78, GA 1979, 106; BGH, Urteil vom 23. Juni 1983 – Az. 4 StR 293/83, NStZ 1984, 19; BGH, Urteil vom 25. November 1987 – Az. 3 StR 449/87.

96 Oğlakcıoğlu, in: MüKo StGB, 3. Aufl., 2017, BtMG vor § 29 Rn. 61.

Doch was gilt, wenn jemand eine andere Person nur deshalb verletzt hat, weil er zuvor körperlich angegriffen wurde? Dann stellt sich die Frage, ob ein **Rechtfertigungsgrund** greift. Auch wenn in § 223 StGB Rechtfertigungsgründe nicht besonders erwähnt werden, ergeben sich solche aus dem Allgemeinen Teil des Strafgesetzbuches (§§ 1 bis 79b StGB). Die wichtigsten, auch im Rettungsdienst relevanten, Rechtfertigungsgründe sind:

- die Notwehr nach § 32 StGB
- der rechtfertigende Notstand nach § 34 StGB
- die Einwilligung
- die mutmaßliche Einwilligung.

Doch die Frage der Strafbarkeit kann nur dann abschließend beurteilt werden, wenn der Richter auch die *Schuld* des Angeklagten feststellt (§ 20 StGB). Nur wer schuldhaft handelt, darf bestraft werden *(Schuldprinzip).*

Wichtige Entschuldigungsgründe stellen der Notwehrexzess nach § 33 StGB und der entschuldigende Notstand nach § 35 StGB dar.

BEISPIEL

Bei einem Einsatz in Mannheim soll der psychisch kranke Patient Panzer in die Uni befördert werden. Während Rettungssanitäter Rettig alles Notwendige vorbereitet, greift Panzer unvermittelt den Rettungssanitäter Rettig mit einem Messer an. Rettig verpasst Panzer einen Faustschlag, wodurch Panzer einen Nasenbeinbruch erleidet.
Macht sich Rettig strafbar?

Rettig hat dem Panzer einen Faustschlag verpasst. Diese Handlung ist strafrechtlich relevant und könnte eine (hier: vorsätzliche) Körperverletzung nach § 223 StGB darstellen. Eine körperliche Misshandlung ist nach der Rechtsprechung jede üble, unangemessene Behandlung einer Person, die zu einer nicht unerheblichen Beeinträchtigung des körperlichen Wohlempfindens oder der körperlichen Unversehrtheit führt.[97] Der Faustschlag ist schon deswegen als körperliche Misshandlung anzusehen, weil Panzer dadurch einen Nasenbeinbruch erlitten hat. Zudem wurde durch diese Handlung Panzers Gesundheit nicht unerheblich beeinträchtigt. Der **Tatbestand** der Körperverletzung ist daher **objektiv** gegeben. Zusätzlich ist jedoch zu prüfen, ob auch der subjektive Tatbestand vorliegt: Mit **subjektivem Tatbestand** meinen Juristen die subjektive Einstellung zur Tat. In Betracht kommen grundsätzlich Vorsatz oder Fahrlässigkeit. § 223 StGB setzt Vorsatz voraus. Doch was bedeutet „vorsätzlich"? Vorsatz ist das „Wissen und Wollen" der Tatbestandsverwirklichung. Hier handelte Rettig sogar absichtlich; er wollte Panzer einen Faustschlag verpassen. Zudem wusste Rettig, dass Panzer dadurch körperlich verletzt werden könnte. Also wusste er um den tatbestandlichen Erfolg.

97 BGH, Urteil vom 3. Mai 1960 - Az. 1 StR 131/60.

Voraussetzungen eines Straftatbestandes		
Tatbestand: Was ist passiert?	**Rechtswidrigkeit:** Durfte der Täter die Handlung ausnahmsweise begehen?	**Schuld:** Ist die Tat dem Täter persönlich vorwerfbar?

Abb. 7: Voraussetzungen eines Straftatbestandes

Fraglich ist jedoch, ob Rettig gerechtfertigt sein könnte. In Betracht kommt hier der **Rechtfertigungsgrund** der **Notwehr**: In § 32 Abs. 2 StGB wird Notwehr als die Handlung beschrieben, die dazu geeignet und geboten ist, einen gegenwärtigen und rechtswidrigen Angriff abzuwenden. Panzer hat den Rettig zuvor mit einem Messer angegriffen: Diese Handlung stellt eine versuchte gefährliche Körperverletzung dar und damit einen Angriff im Sinne des § 32 Abs. 2 StGB (§§ 22, 23 Abs. 1, 224 StGB). Dieser Angriff war auch gegenwärtig und rechtswidrig; Panzer handelte ohne Rechtfertigungsgrund. Dass Panzer hier gegebenenfalls schuldunfähig sein könnte (§ 20 StGB – „psychisch krank") spielt keine Rolle, da § 32 StGB keinen schuldhaften Angriff voraussetzt. Rettig hat sich daher nicht strafbar gemacht.

Würde allerdings Rettig den – inzwischen durch den Faustschlag – zu Boden gefallenen Panzer weiter angreifen, etwa treten, obwohl Panzer die Rettungskräfte nicht mehr angreift, könnte Rettig sich wegen Körperverletzung gemäß § 223 StGB strafbar machen, weil § 32 StGB einen „gegenwärtigen", also fortbestehenden Angriff voraussetzt. Zu prüfen wäre allerdings, ob in dieser Konstellation zugunsten des Rettig ein Notwehrexzess nach § 33 StGB greifen könnte, was allerdings nur dann zu einer Straflosigkeit führen würde, wenn Rettig aus „Verwirrung, Furcht oder Schrecken" gehandelt hat.

Doch wie kommt es überhaupt zu einem **Strafverfahren**?

In der Strafrechtspraxis geschieht dies meistens durch eine **Strafanzeige**. Eine Strafanzeige kann entweder bei der Polizei oder bei der Staatsanwaltschaft eingereicht werden. Nicht erforderlich ist dabei die Schriftform: Es ist daher etwa möglich, bei der Polizei die entsprechenden Angaben mündlich zu Protokoll zu geben. Die Anzeige wird dann bearbeitet und – meistens nach Durchführung einiger Ermittlungsmaßnahmen (wie z.B. die Vernehmung von Zeugen) – an die zuständige Staatsanwaltschaft weitergeleitet. Dort führt die **Staatsanwaltschaft das Ermittlungsverfahren** und entscheidet über das weitere Prozedere: Sind noch weitere Ermittlungsmaßnahmen erforderlich (wie etwa eine Wohnungsdurchsuchung, § 102 StPO), dann sorgt der Staatsanwalt für die rechtlich ordnungsgemäße Ausführung dieser Maßnahmen (z.B. durch Beantragung eines richterlichen Durchsuchungsbeschlusses, vgl. Art. 13 GG – Unverletzlichkeit der Wohnung). Erst wenn aus Sicht der Staatsanwaltschaft ein **hinreichender Tatverdacht** besteht[98], wird diese Anklage erheben (§ 170 StPO). Andernfalls wird das Verfahren eingestellt. Die Staatsanwaltschaft verfügt zudem über eine breite Palette an Möglichkeiten, ein Verfahren ohne Anklage zu erledigen: So ist eine Einstellung des Verfahrens bei geringer Schuld – auch ohne Beteiligung des Gerichts – möglich (§ 153 StPO), gegebenenfalls auch gegen eine Auflage (z. B. gegen Zahlung einer Schadenswiedergutmachung) nach § 153a StPO.

BEISPIEL

Bei einem Einsatz wird der Notfallsanitäter Anton – ohne ersichtlichen Grund – von dem Ehemann der Patientin Paula, einem gewissen Paul Panzer, angegriffen. Dadurch erleidet Anton einen Nasenbeinbruch. Er wird zwei Tage stationär behandelt, ist insgesamt sechs Wochen arbeitsunfähig erkrankt und muss drei Wochen Schmerzmittel einnehmen.

Anton zeigt Panzer an und möchte wissen, was nun passiert:

Durch die Anzeige (hier ist die Anzeige gleichzeitig auch als **Strafantrag nach § 230 StGB** zu deuten, sodass es nicht mehr für die Strafverfolgung darauf ankommt, ob die Staatsanwaltschaft ein öffentliches Interesse annimmt[99]) wird die Ermittlungsbehörde tätig werden und die entsprechenden Beweise sammeln: Anton wird vernommen, Zeugen (z. B. die Arbeitskollegen) werden befragt, die Atteste (des Arztes im Krankenhaus sowie der weiterbehandelnden Ärztin) werden eingeholt und – falls vorhanden – die vor Ort gemachten Lichtbilder ausgewertet. Sodann wird die Akte an die Staatsanwaltschaft weitergeleitet, die dann – nach Vernehmung des Beschuldigten (§ 163a StPO) – entscheiden wird, ob Anklage erhoben (alternativ wird das Erlassen eines **Strafbefehls**[100] beantragt) oder das Verfahren eingestellt wird (weil z. B. die Beweislage unsicher ist). Ist Panzer nicht vorbestraft und geständig, so könnte hier auch eine Einstellung des Verfahrens nach § 153a StPO in Betracht kommen, wenn Anton für das erlittene Unrecht eine angemessene Wiedergutmachung erhalten würde. Angesichts der Entität der Gesundheitsschäden ist eine Einstellung in diesem Fall eher unwahrscheinlich. Angenommen die Staatsanwaltschaft entscheidet sich für eine Anklageerhebung, nützt dem Anton das Strafverfahren persönlich erst einmal nichts: Denn allein durch die Verurteilung des Panzer erhält Anton keine angemessene Entschädigung. Er kann vor dem Strafgericht zwar als **Nebenkläger** (§ 395 Abs. 1 Nr. 3 StPO) auftreten, muss aber zusätzlich einen **Adhäsionsantrag** (§§ 403 ff. StPO) stellen, wenn er seine

98 *Hinreichend* ist der *Tatverdacht*, wenn die Staatsanwaltschaft den Fall nach Beurteilung der Sach- und Rechtslage mit überwiegender Sicherheit für verurteilungsfähig hält. Dass sie mit einer hohen Verurteilungswahrscheinlichkeit rechnet und somit einen dringenden Tatverdacht hegt, verlangt das Gesetz (außer bei einem Haftbefehl nach § 112 StPO und der vorläufigen Entziehung der Fahrerlaubnis nach § 111a StPO) nicht. Zum Ganzen: Kölbel, in: MüKo StPO, 1. Aufl., 2016, StPO § 170 Rn. 14 f.

99 Ferner kommt hier eine Bestrafung des Panzer wegen §§ 115 i. V. m. 114 StGB in Betracht, sodass hier ein Strafbefehl nicht erforderlich ist (dazu noch unten).

100 Der *Strafbefehl* ist eine besondere Form einer strafgerichtlichen Entscheidung, die anstelle eines Strafurteils im speziell hierzu vorgesehenen Verfahren (§§ 407 - 412 StPO) ergehen kann. Dessen Besonderheit besteht in seiner summarischen Durchführung, die dem Angeklagten die Hauptverhandlung erspart. Es kann nur wegen eines Vergehens durchgeführt werden. Der Strafbefehl wirkt nach Rechtskraft wie ein Urteil.

Heilbehandlungskosten ersetzt haben möchte oder Schmerzensgeld verlangt. Dadurch spart sich Anton ein weiteres zivilrechtliches Verfahren vor dem Amts- oder Landgericht – was ja auch zulässig wäre.[101]

101 Davon wird hier der Arbeitgeber des Anton wegen der Entgeltfortzahlung Gebrauch machen, da dieser insoweit einen Schaden erlitten hat (vgl. § 6 EFZG).

2.1 Relevanz des Strafrechts im Rettungsdienst

Die eigentliche, d.h. fallbezogene Relevanz des Strafrechts im Rettungsdienst ist deutlich geringer als angenommen. Zumindest die subjektive Wahrnehmung der Rettungskräfte, wonach man sich scheinbar nach jedem Einsatz die Frage nach der Strafbarkeit des eigenen Handelns stellen muss, geht an der Rechtspraxis vorbei.

Es gibt bisher sowohl bei den Staatsanwaltschaften als auch – konsequenterweise – bei den Gerichten nur äußerst wenige Fälle, in denen sich Rettungskräfte strafrechtlich verantworten müssen bzw. mussten. Und das wird auch künftig so bleiben, denn in den allermeisten Fällen handeln die Rettungskräfte zugunsten der Patientinnen und Patienten – und nicht um diese zu schädigen.

Belastbare Zahlen habe ich nicht: In meiner Zeit als Rechtsanwalt, Richter am Amtsgericht und Staatsanwalt – insgesamt nunmehr neun Jahre – habe ich persönlich nur einen Fall mit rettungsdienstlichem Bezug bearbeitet: Es ging um die Haftung eines Heidelberger Kaufladeninhabers wegen einer Oberarmfraktur einer Kundin, die im Eingangsbereich des Ladens infolge eines durchnässten Bodenbelages nach einem heftigen Regen stürzte. Die Rettungsassistenten wurden allerdings nicht verklagt, sondern lediglich als Zeugen geladen – mehr nicht.

Doch wo wirkt sich strafrechtliches Verhalten einer im Rettungsdienst tätigen Person aus? Bei der Frage nach der **Zuverlässigkeit** im Beruf. Hier kann strafrechtliches Verhalten auch eine berufsrechtliche Konsequenz nach sich ziehen. Und dabei ist zu beachten, dass das auch für das Verhalten einer Rettungskraft **außerhalb der Arbeitszeiten** gilt: Wenn ein Notfallsanitäter mit Drogen dealt und deswegen strafrechtlich belangt wird, kann dies – und muss sogar – zu einem Widerruf der Berufszulassung führen.

BEISPIEL

Beispiel nach VG Hannover, Beschluss vom 11. November 2015:[102]
Rudolf ist ledig, hat keine Kinder und im Jahr 1991 eine Ausbildung zum Kfz-Mechaniker absolviert. In diesem Beruf war er kurze Zeit tätig.

In den Jahren 1992 bis 1993 absolvierte er in Rheinland-Pfalz eine 520-Stunden-Ausbildung zum Rettungssanitäter. Rudolf war in der Folgezeit bei verschiedenen Hilfsorganisationen und Betrieben als Rettungssanitäter tätig.

Nach Absolvierung einer weiteren Ausbildung erteilte ihm die zuständige Behörde die Erlaubnis zum Führen der Berufsbezeichnung „Rettungsassistent“. In der Folgezeit war er als Rettungsassistent im Einsatzdienst bei verschiedenen Hilfsorganisationen auf dem Rettungswagen (RTW) eingesetzt. Im Jahr 2014 besuchte er erfolgreich einen Ergänzungslehrgang und absolvierte die Prüfung zum Notfallsanitäter, die er bestand. Seit 2015 führt er die Berufsbezeichnung „Notfallsanitäter“.

102 Az. 7 B 3794/15 – stark gekürzt und abgeändert.

Zwischenzeitlich trat Rudolf aber strafrechtlich in Erscheinung und wurde wie folgt bestraft:

Durch Urteil des AG Karlsruhe im Jahr 2004 wurde er wegen sich Verschaffens kinderpornografischer Schriften zu einer Geldstrafe von 60 Tagessätzen von je 45 Euro verurteilt. Er hatte sich 2002 während seines Nachtdienstes auf der Rettungswache eine kinderpornografische Videodatei auf den Dienstrechner der Hilfsorganisation geladen und angesehen. Die Verurteilung ist im Bundeszentralregister getilgt.

Eine weitere Verurteilung erfolgte durch Strafbefehl des AG Karlsruhe im Jahr 2011 wegen vorsätzlicher Körperverletzung (Geldstrafe von 90 Tagessätzen von je 30 Euro). Rudolf war als Rettungsassistent zu einem Verkehrsunfall gerufen worden, bei dem die Patientin Lisa ein HWS-Trauma und eine Gurtprellung erlitten hatte. Da die Patientin über Schmerzen klagte, legte ihr Rudolf einen venösen Zugang in der Ellenbeuge, obwohl dies zu diesem Zeitpunkt nicht notwendig und er hierzu auch nicht ermächtigt war. Anschließend spritzte er der Patientin ohne vorherige ärztliche Weisung die Medikamente Ketanest® mit dem Wirkstoff Esketamin und Dormicum® mit dem Wirkstoff Midazolam, welche starke Wechselwirkungen wie etwa Abhängigkeit haben können. Die Patientin erstattete Strafanzeige.

Im Jahr 2014 kam es dann zu einem weiteren Vorfall:

Rudolf wurde als Rettungsassistent zu einem Schwächeanfall der im Ramadan fastenden, aber ansprechbaren damals 14-jährigen Patientin Semra in einen Supermarkt gerufen. Nach Verbringung der Patientin in den RTW schloss er die Durchgangstür zur Fahrerkabine und verabreichte der Patientin kurz nach Fahrtbeginn zum Krankenhaus über einen Venenzugang die verschreibungspflichtigen Medikamente Ketanest® und Dormicum®, obwohl der gesundheitliche Zustand der Patientin dies nicht erfordert hatte. Die Patientin sah danach Doppelbilder und fühlte sich wie betrunken. Sie empfand ihren Zustand nach der Fahrt in das Krankenhaus schlimmer als zum Zeitpunkt ihres Zusammenbruchs im Supermarkt.

Der Arbeitgeber von Rudolf kündigte ihm außerordentlich. Im Zuge des von der Staatsanwaltschaft Karlsruhe eingeleiteten Ermittlungsverfahrens wurde von der Polizeidirektion Karlsruhe-Nord die Wohnung von Rudolf durchsucht. Dabei wurden in einem Kulturbeutel u.a. Injektionsnadeln, Spritzen sowie eine Schachtel mit Ketamin- und Midazolam-Ampullen vorgefunden. Auf Nachfrage gab Rudolf an, dass diese aus einem Großeinsatz übriggeblieben seien.

Nach entsprechender Anhörung widerrief das Regierungspräsidium die ihm erteilte Erlaubnis zum Führen der Berufsbezeichnung „Notfallsanitäter".

Zu Recht?

Nach § 2 Abs. 1 NotSanG ist die Erlaubnis, die Berufsbezeichnung „Notfallsanitäterin" oder „Notfallsanitäter" zu führen, auf Antrag zu erteilen.

Die zuständige Behörde erteilt diese, wenn die antragstellende Person u.a. die durch das NotSanG vorgeschriebene Ausbildungszeit abgeleistet und die staatliche Prüfung bestanden hat und sich nicht eines **Verhaltens schuldig gemacht** hat, aus dem sich die

Unzuverlässigkeit zur Ausübung des Berufs ergibt. Darüber hinaus muss der Antragsteller in gesundheitlicher Hinsicht zur Ausübung des Berufs geeignet sein.

Umstände, die zum Wegfall der Zuverlässigkeit eines Notfallsanitäters bzw. einer Notfallsanitäterin führen, rechtfertigen im Einzelfall eine Rücknahme oder einen Widerruf der Erlaubnis. Nach § 2 Abs. 2 NotSanG ist die Erlaubnis zurückzunehmen, wenn bei Erteilung der Erlaubnis eine der Voraussetzungen nach § 1 Abs. 1 Nrn. 1 bis 3 NotSanG nicht vorgelegen hat oder die Ausbildung nach den Abs. 3 bis 5 nicht abgeschlossen war. Die Erlaubnis ist zu widerrufen, wenn nachträglich die Voraussetzung nach § 1 Abs. 1 Nr. 2 oder nach § 1 Abs. 1 Nr. 3 weggefallen ist.

Der Satz „einmal Notfallsanitäter, immer Notfallsanitäter“ trifft also nicht zu. Vielmehr kann es Fälle geben, in denen ein – zum Beispiel strafrechtlich relevantes – Verhalten zu einem Widerruf der Berufserlaubnis durch die zuständige Behörde führen kann.

Doch wann liegt ein Verhalten vor, das einen Widerruf der erteilten Erlaubnis durch die Behörde rechtfertigt? Das Verhalten soll nach dem Gesetz die Annahme der **„Unzuverlässigkeit“** im Sinne des § 2 Abs. 1 Nr. 2 NotSanG begründen. „Unzuverlässigkeit“ ist ein unbestimmter Rechtsbegriff.

Nach der verwaltungsgerichtlichen Rechtsprechung setzt dieser Begriff ein Verhalten voraus, „das nach Art, Schwere und Anzahl von Verstößen insbesondere gegen Berufspflichten die zu begründende Prognose rechtfertigt, der Betroffene biete aufgrund der begangenen Verfehlungen nicht die Gewähr, die berufsspezifischen Vorschriften und Pflichten zu beachten.“[103] Dabei sind die gesamte **Persönlichkeit des Betroffenen** und seine **Lebensumstände** zu würdigen, sodass auch nicht berufsbezogene Verfehlungen die Unzuverlässigkeit begründen können.

Notfallsanitäterinnen und Notfallsanitäter haben nach § 4 NotSanG die Aufgabe, am Notfallort bis zur Übernahme der Behandlung durch den Arzt lebensrettende Maßnahmen bei Notfallpatienten durchzuführen, die Transportfähigkeit solcher Patienten herzustellen, die lebenswichtigen Körperfunktionen während des Transports zum Krankenhaus zu beobachten und aufrechtzuerhalten sowie kranke, verletzte und sonstige hilfsbedürftige Personen, auch soweit sie nicht Notfallpatienten sind, unter sachgerechter Betreuung zu befördern. Im Mittelpunkt ihrer Berufspflichten steht daher die sachgerechte Wahrnehmung der genannten medizinischen Tätigkeiten.

BEISPIEL

Rudolf bietet aufgrund seines Verhaltens nicht mehr die Gewähr dafür, dass er die berufsspezifischen Pflichten eines Notfallsanitäters beachtet. Ein Notfallsanitäter, der im Zusammenhang mit seinem Einsatzdienst wegen einer vorsätzlichen Straftat gegen die körperliche Unversehrtheit einer ihm anvertrauten Patientin einen Strafbefehl erhalten hat und gegen den mittlerweile Anklage wegen einer weitgehend identischen

103 VG Hannover, Beschluss vom 11. November 2015 – Az. 7 B 3794/15.

Straftat erhoben worden ist, kann nicht mehr als zuverlässig zur Ausübung des Berufs angesehen werden. Entsprechendes gilt für eine strafgerichtliche Verurteilung wegen des sich Verschaffens von kinderpornografischen Schriften. Im Fall Rudolfs kann insbesondere nicht davon ausgegangen werden, dass er sich die bislang erfolgten strafgerichtlichen Verurteilungen zur Warnung gereichen ließ. Eine Prognose der Rechtstreue kann nicht abgegeben werden. Anders formuliert: Er hat aus seinem Fehlverhalten nichts gelernt!

Im vorliegenden Fall kann dahingestellt bleiben, ob Rudolf als Notfallsanitäter bereits grundsätzlich die Injektion der Medikamente Ketanest® und Dormicum® ohne vorherige ärztliche Einzelweisung nicht vornehmen durfte. Denn die Verabreichung erfolgte **ohne das Vorliegen einer medizinischen Indikation** und **ohne Einwilligung der Patientin,** wie aus dem Inhalt des Strafbefehls und der neuen Strafanzeige der Patientin folgte.

Wie wirkt sich allerdings der Umstand aus, dass Rudolf wegen der letzten ihm vorgeworfenen Tat lediglich angeklagt, aber noch nicht rechtskräftig verurteilt wurde? Die Unschuldsvermutung steht der Berücksichtigung des zur Anklage gebrachten erneuten Vorwurfs einer vorsätzlichen Körperverletzung im rettungsdienstlichen Einsatz zum Nachteil der Patientin Semra nicht entgegen. Die **Unzuverlässigkeit** nach § 2 NotSanG darf nicht erst dann angenommen, wenn das (erneute) Vergehen durch rechtskräftiges strafgerichtliches Urteil festgestellt worden ist. Denn bei dem Widerruf der geschützten Berufsbezeichnung „Notfallsanitäter" wegen Unzuverlässigkeit handelt es sich um eine Maßnahme der Gefahrenabwehr (und nicht um eine repressive Maßnahme eines Strafgerichts!), die unabhängig davon ergehen kann, ob das zugrundeliegende Verhalten überhaupt einen Straftatbestand erfüllt. Zwar muss das in § 2 Abs. 1 Nr. 2 NotSanG erwähnte Verhalten schuldhaft, d.h. vorsätzlich oder fahrlässig sein, jedoch hat sich die Widerrufsbehörde eine eigene Überzeugung zu bilden. Rudolf ist erneut im Zusammenhang mit einer vorsätzlich unberechtigten und medizinisch nicht indizierten Medikamentenapplikation aufgefallen, die zu Nachteilen bei einer ihm zur Obhut anvertrauten Patientin geführt hat. Da Rudolf ersichtlich eine rational nicht zu erklärende Affinität zu den Medikamenten Ketanest® und Dormicum® besitzt, die sich auch in dem häuslichen Horten von aus Einsatzbeständen abgezweigten entsprechenden Ampullenvorräten äußert, besteht die konkrete Gefahr, dass er beim weiteren Einsatz im Rettungsdienst abermals hilflosen Patienten diese gefahrengeneigten Medikamente grundlos verabreicht. Der Rettungsdienst muss die am Einsatzort erforderlichen medizinischen Maßnahmen gemäß den zum Zeitpunkt der Behandlung bestehenden allgemein anerkannten fachlichen Standards durchführen und gerade nicht indikationslos.

Hinzu kommt Folgendes: In der Rechtsprechung ist geklärt, dass eine Verurteilung wegen des Besitzes von kinderpornografischen Bildern z.B. den Widerruf der Erlaubnis zum Führen der Berufsbezeichnung „Krankenpfleger" rechtfertigt, weil nicht auszuschließen ist, dass der Betrachter kinderpornografischer Darstellungen zum Kindesmissbrauch angeregt wird. Es könne deshalb nicht mehr verantwortet werden, ihm die

Pflege von ihm anvertrauten Kindern zu überlassen. Entsprechend verhält es sich mit einem Notfallsanitäter, der sich im Rettungsdient kinderpornografisches Material verschafft hat, weil auch im Rettungsdienst Kindernotfälle zu versorgen und Kinder im RTW vom Antragsteller zu transportieren sind. Da in solchen Situationen Erziehungsberechtigte nicht immer zugegen sind (z.B. Schulwegeunfall), ist die Berücksichtigung der Verurteilung durch das AG Karlsruhe bei der Entscheidung über die sofortige Vollziehung des Widerrufs durch den Antragsgegner nicht zu beanstanden.

Somit können wir festhalten, dass der Widerruf der Erteilung der Berufserlaubnis gerechtfertigt war.

2.2 Grundsätze des Strafrechts

Es gibt Grundsätze des Strafrechts, die jeder schon einmal gehört hat, so zum Beispiel den Grundsatz der **Unschuldsvermutung**. Jeder Angeklagte gilt erst dann als **schuldig** im Sinne des Strafrechts, wenn er rechtskräftig verurteilt wurde.[104] Davor nicht! Unschuldsvermutung bedeutet insbesondere, dass der Strafrichter einen Angeklagten nur dann verurteilen darf, wenn er von der Strafbarkeit überzeugt ist. Andernfalls muss er ihn freisprechen – **in dubio pro reo (lat. „Im Zweifel für den Angeklagten"),** wie es so schön unter Juristen heißt.

Wie wichtig dieser Grundsatz für unser Rechtssystem ist, zeigt der in den Medien bekannt gewordene Fall des 1998 wegen versuchten Totschlags durch das Landgericht Karlsruhe zu elf Jahren Haft verurteilten Harry Wörz. Ihm wurde zu Unrecht vorgeworfen, versucht zu haben, seine damalige Frau, eine Polizistin, zu strangulieren. Viereinhalb Jahre saß er im Gefängnis, heute gilt er als unschuldig. Im Dezember 2010 wurde er vom BGH endgültig rehabilitiert. Anschließend hatte sich Wörz mit dem Land Baden-Württemberg auf eine Entschädigung von 450.000 Euro geeinigt. Die Ermittler hatten sich lange nur auf Wörz als Tatverdächtigen fokussiert. Der wahre Täter ist bis heute nicht ermittelt. Dieser Fall zeigt nicht nur, dass auch die Justiz – wie jede andere Gewalt im Staat – sich irren kann, sondern ebenso, dass das Justizsystem auch von einer funktionierenden, nicht befangenen Polizei abhängt. Denn sowohl der Vater des Opfers als auch dessen damaliger Freund arbeiteten bei der Polizei.[105] Aufgabe der Justiz ist es, im Rahmen der Gewaltenteilung die Legislative und die Exekutive zu überwachen und zu kontrollieren: Doch wenn die Ermittlungen größtenteils durch die Polizei als Behörde der Exekutive durchgeführt werden, können Interessenkonflikte zu – wie auch immer gearteten – Ermittlungsfehlern führen, und zwar ungeachtet dessen, ob diese absichtlich oder fahrlässig geschehen. Das Ergebnis ist dasselbe: Eine falsche und damit ungerechte Entscheidung eines Gerichts!

Ein weiterer Grundsatz des Strafrechts betrifft vor allem die Gesetzgebung:

Täter kann nur sein, wer gegen ein Gesetz verstößt, das es schon vor seiner Tat gibt. Mit anderen Worten: *Keine Strafe ohne Gesetz!*

Der Staat kann nicht im Nachhinein, d.h. nach Tatbegehung ein entsprechendes Gesetz erlassen und jemanden auf dieser (neuen) Grundlage verfolgen und verurteilen. Denn der Rechtsstaat beruht auf dem Vertrauensgrundsatz: Der Bürger darf darauf vertrauen, dass alles, was nicht verboten ist, grundsätzlich erlaubt ist. Das stellt den Staat vor große Herausforderungen: Gerade im Bereich des Betäubungsmittel-Strafrechts ist es nämlich so, dass der Gesetzgeber den neuen Entwicklungen im illegalen Drogenmarkt hinterherrennt und die Liste der strafbaren Betäubungsmittel – vor allem chemisch hergestellte Cannabi-

104 Rechtskräftig ist – vereinfacht gesagt – ein Urteil eines Strafgerichts, wenn dagegen kein Rechtsmittel (mehr) eingelegt werden kann (Berufung oder Revision), entweder, weil die entsprechende Frist verstrichen ist oder weil vonseiten der Staatsanwaltschaft oder Verteidigung darauf verzichtet wurde.

105 Vgl. www.harrywoerz.de; die Geschichte wurde 2014 vom SWR und ARD Degeto unter dem Titel „Unter Anklage: Der Fall Harry Wörz" verfilmt.

noide – immer wieder aktualisieren muss. Bis das durch Eintragung in die entsprechende Anlage zum BtMG erfolgt, bleiben die „Täter" straflos. Generell gilt, dass die Technik und die damit verbundene technologische Entwicklung in vielen Feldern unserer Gesellschaft zu Strafbarkeitslücken führen, die erst nachträglich geschlossen werden können.

Ein weiterer strafrechtlicher Grundsatz betrifft das Verhalten eines Tatverdächtigen:

Keiner darf gezwungen werden, sich selbst durch Angaben zu belasten (*nemo-tenetur-Grundsatz* von lat. „nemo tenetur se ipsum accusare": niemand darf gezwungen werden, sich selbst zu belasten). Daraus folgt, dass der Beschuldigte in einem Strafverfahren schweigen darf, ohne dass daraus irgendwelche nachteiligen Schlüsse gezogen werden.

Dieser Grundsatz geht sogar so weit, dass ein Beschuldigter ohne rechtliche Konsequenzen die Unwahrheit sagen darf. Nur in wenigen Ausnahmefällen macht er sich deswegen strafbar (so etwa, wenn er durch eine Lüge einen Unbeteiligten konkret belastet).

Dieser Grundsatz kann auch in der Praxis einer Rettungskraft eine Rolle spielen: Wenn Sie nämlich mit einem strafrechtlich relevanten Sachverhalt konfrontiert werden sollten, dann verzichten Sie lieber vor Ort auf eine Aussage. Nehmen Sie sich die Zeit, besprechen Sie das Ganze mit einem Anwalt und wenden Sie sich dann erst an die Polizei, um eine Aussage zu machen – oder eben nicht, je nachdem, was Ihr Anwalt dazu sagt. Denn sobald Sie einem Polizeibeamten vor Ort irgendetwas sagen, wird er anschließend in einem Polizeibericht Ihre Angaben festhalten: Diese werden Bestandteil der Akte. Der Richter darf dann, selbst wenn der Beschuldigte später keine Angaben mehr macht, den Polizeibeamten dazu vernehmen – denn diese Aussage gilt als Spontanäußerung. Eine Belehrung vonseiten der Polizei muss erfolgen, wenn der vernehmende Polizist den Vernommenen als Beschuldigten ansieht. Das Schweigen kann daher manchmal die Möglichkeiten einer effektiven Verteidigungsstrategie eines Anwalts deutlich erweitern.

Abb. 8: Säulen des Strafverfahrensrechts

2.3 Strafrechtliche Problemschwerpunkte im Rettungsdienst

2.3.1 Die sogenannte Notkompetenz im Rettungsdienst

Um dieses Rechtsproblem richtig erfassen zu können, müssen wir ganz von vorne anfangen:

2.3.1.1 Heilbehandlung als Körperverletzung im Sinne des § 223 StGB

In der Rechtsprechung gelten **Heilbehandlungen**, auch wenn sie medizinisch geboten und kunstgerecht durchgeführt sind, weitestgehend als Handlungen, die grundsätzlich den Tatbestand der **Körperverletzung** nach der Vorschrift des § 223 StGB erfüllen.[106, 107] In der Rechtsliteratur ist das nicht so: Es gibt viele Juristen, die das anders sehen; diese konnten sich aber – trotz beträchtlicher Argumente – nicht durchsetzen.[108]

Eine Körperverletzung ist – nach Auffassung aller – erst recht anzunehmen, wenn die Heilbehandlung auch zu einer **Gesundheitsschädigung** führt.[109] Dies ist in vielen Fällen gegeben, da beinahe jede Verabreichung eines Medikaments Nebenwirkungen herbeiführt.

BEISPIEL

Anton lässt sich von einem Kieferorthopäden einen schmerzverursachenden Weisheitszahn ziehen. Anton hofft natürlich, dass es ihm nach einer Woche deutlich besser geht; das ändert aber nichts an der Tatsache, dass dieser chirurgische Eingriff zunächst eine Beeinträchtigung seiner Gesundheit darstellt. Deshalb muss Anton im Nachgang Schmerzmittel und Antibiotika einnehmen.

106 So schon das *Reichsgericht (RG)*, Urteil vom 31. Mai 1894 - Az. 1406/94, RGSt 25, 375; und der BGH, Urteil vom 28. November 1957 - Az. 4 StR 525/57, BGHSt 11, 111; Urteil vom 10. Februar 1959 - Az. 5 StR 533/58, BGHSt 12, 379; Urteil vom 1. Februar 1961 - Az. 2 StR 457/60, BGHSt 16, 309; Urteil vom 19. November 1997 - Az. 3 StR 271/97, BGHSt 43, 306; Urteil vom 4. Oktober 1999 - Az. 5 StR 712/98, BGHSt 45, 219 (221).

107 *Ausnahme:* Die Behandlungsmaßnahmen überschreiten die Schwelle der *Erheblichkeit* nicht, so z. B. das Anlegen eines Pflasters; siehe dazu Knauer/Brose, in: Spickhoff (2018) Medizinrecht, 3. Aufl., StGB § 223 Rn. 20.

108 Vgl. etwa Sternberg-Lieben in Schönke/Schröder (2019) Kommentar StGB, 30. Aufl., StGB § 223 Rn. 30; Engisch (1938) Ärztlicher Eingriff zu Heilzwecken und Einwilligung, ZStW 58, S. 1-52, hier S. 5, der eine Körperverletzung nur bei einer Beeinträchtigung von „Körperinteressen" annimmt; Bockelmann (1961) Rechtliche Grundlagen und rechtliche Grenzen der ärztlichen Aufklärungspflicht, NJW 14, S. 945-951, hier S. 947; ders. (1962) Operativer Eingriff und Einwilligung des Verletzten, JZ 17, S. 525-529, hier S. 527; Gallas (1955) Zum gegenwärtigen Stand der Lehre vom Verbrechen, ZStW 67, S. 1-47, hier S. 21 f.; Grünwald (1961) Die Aufklärungspflicht des Arztes, ZStW 73, S. 5-44, hier S. 29; Rudolphi (1975) Zur Verantwortlichkeit des Klinikchefs und ausführenden Operateurs für die vollständige Aufklärung des Patienten, JR, S. 512-513.

109 Hardtung, in: MüKo StGB, 3. Aufl., 2017, § 224 Rn. 49; Eser/Sternberg-Lieben, in: Schönke/Schröder (2019) Kommentar StGB, 30. Aufl., § 223 Rn. 31.

2.3.1.2 Einwilligung/mutmaßliche Einwilligung als Rechtfertigung

Diese auf den ersten Blick harte strafrechtliche Annahme von der Heilbehandlung als Körperverletzung wird dadurch relativiert, dass in der medizinischen – auch präklinischen – Praxis Heilbehandlungen in aller Regel **gerechtfertigt** sind, weil der Patient eine **Einwilligung** erteilt oder weil die Rettungskräfte – bei einem nicht ansprechbaren Patienten – von einer **mutmaßlichen Einwilligung** ausgehen.[110]

Keine Rolle spielt diesbezüglich der **rechtfertigende Notstand**:[111]

Der Anwendung des § 34 StGB bedarf es an dieser Stelle nicht, denn eine – wenn auch medizinisch gebotene und indizierte – Behandlung ohne (mutmaßliche) Zustimmung des Patienten ist stets rechtswidrig. Auch § 34 StGB würde zu keinem anderen Ergebnis führen. Insofern ist die Verwendung des Begriffs „Notkompetenz" etwas irreführend.

Als *Notkompetenz* soll vielmehr der ausnahmsweise erlaubte Handlungsspielraum des Rettungsassistenten/Notfallsanitäters im Rahmen des grundsätzlich bestehenden Arztvorbehalts bezeichnet werden (s. u.) – was allerdings nichts mit der möglichen Strafbarkeit nach den §§ 223, 224 StGB zu tun hat.

2.3.1.3 Gefährliche Körperverletzung, § 224 StGB

Da also Heilbehandlungen strafrechtlich als Körperverletzungen zu beurteilen sind, ist bei ihnen konsequenterweise auch eine Strafbarkeit wegen **gefährlicher Körperverletzung** nach § 224 StGB möglich, nämlich, wenn sie in einer der in § 224 Abs. 1 StGB genannten Begehungsweisen geschehen, ohne die entsprechende (mutmaßliche) Einwilligung des Patienten. So ist zum Beispiel die Verabreichung eines **Medikamentes** mit enormen Nebenwirkungen eine Beibringung eines gesundheitsschädlichen Stoffes im Sinne der Nr. 1 des § 224 Abs. 1 StGB. **Medizinische Instrumente** (Spritzen, Skalpelle, zahnärztliche Zangen usw.) sind zur Einwirkung auf einen menschlichen Körper hergestellt und also Werkzeuge (siehe Nr. 2).

2.3.1.4 Abgrenzung: zulässige Notkompetenz vs. Arztvorbehalt

Zunächst ist festzuhalten, dass bei fehlender Einwilligung des Patienten sich nicht nur nicht-ärztliche Fachkräfte, sondern auch Ärzte strafbar machen können (z. B. wegen Körperverletzung, Nötigung, Freiheitsberaubung).

Nun kommen wir dem eigentlichen rechtlichen Problem näher. Es geht jetzt nicht mehr um die reine strafrechtliche Bewertung der Heilbehandlung, sondern um die **verwaltungsrechtliche Ebene**: Es geht, salopp gesagt, um die Frage, wer darf denn Heilbehandlungen grundsätzlich vornehmen? Denn auch wer im verwaltungsrechtlichen Sinne „ohne Erlaubnis" heilkundliche Maßnahmen durchführt, kann sich strafbar machen: Und zwar nach dem Heilpraktikergesetz (HeilprG)!

---

110 Hardtung, in: MüKo StGB, 3. Aufl., 2017, § 224 Rn. 49.
111 Tries (2015) Strafrechtliche Probleme im Rettungsdienst, 4. Aufl., S. 18.

Ausgangspunkt dieser Darstellung ist die weitere Annahme, dass **heilkundliche Maßnahmen** grundsätzlich einem **Arztvorbehalt** unterliegen (durch § 1 Abs. 1 HeilprG).[112] Seit Jahrzehnten herrscht in diesem spezifischen Zusammenhang Unklarheit, welche **Kompetenzen nicht-ärztlichem Rettungsdienstpersonal** zustehen:

Die Ausübung der Heilkunde ist grundsätzlich nur einem Arzt (oder einem Heilpraktiker) erlaubt.

EXKURS

Zur Vertiefung:[113]
Mit der Vorschrift wird das Ziel verfolgt, den einzelnen und die Allgemeinheit vor unberufenen Heilbehandlern zu schützen, die oftmals die Neigung vieler Leidender, jede scheinbare Hilfe in Anspruch zu nehmen, ausnutzen, um sich auf undurchsichtige Weise berufsartig zu betätigen und sich insbesondere auf Kosten dieser Menschen eine bequeme Einnahmequelle zu verschaffen.[114] Das angeordnete präventive Verbot mit Erlaubnisvorbehalt erweist sich zum Schutze der Volksgesundheit als einem besonders wichtigen Gemeinschaftsgut erforderlich und ist deshalb mit Art. 12 Abs. 1 GG (Berufsfreiheit) vereinbar.[115]

In § 1 Abs. 2 HeilprG sind die **heilkundlichen Maßnahmen** definiert: Damit meint der Gesetzgeber „jede berufs- oder gewerbsmäßig vorgenommene Tätigkeit zur Feststellung, Heilung oder Linderung von Krankheiten, Leiden oder Körperschäden bei Menschen, auch wenn sie im Dienste von anderen ausgeübt wird“.

Da Rettungskräfte bei Einsätzen heilkundliche Maßnahmen **berufsmäßig** ausüben, kommt grundsätzlich eine Strafbarkeit nach **§ 5 HeilprG** in Betracht. § 5 HeilprG lautet:

> *„Wer, ohne zur Ausübung des ärztlichen Berufs berechtigt zu sein und ohne eine Erlaubnis nach § 1 (HeilprG) zu besitzen, die Heilkunde ausübt, wird mit Freiheitsstrafe bis zu einem Jahr oder mit Geldstrafe bestraft.“*

Nach herrschender Meinung werden von § 5 HeilprG Personen, die **Erste Hilfe** leisten und Heilbehandlungen innerhalb der eigenen **Familie** durchführen, nicht erfasst.[116] In diesen Fällen fehlt nämlich die Berufsmäßigkeit der Ausübung.

Allerdings werden nach herrschender Meinung auch reine **Heilhilfstätigkeiten**, wie sie auch **Rettungskräfte** sowie medizinische Masseure, Krankenpfleger oder medizinisch-

112 Gesetz über die berufsmäßige Ausübung der Heilkunde ohne Bestallung (Heilpraktikergesetz) vom 17. Februar 1939, zuletzt geändert durch Art. 17e Gesetz vom 23. Dezember 2016 (BGBl. I, S. 3191).

113 Zur Geschichte und der historischen Entwicklung des Arztvorbehalts: Tamm (2008) Plädoyer für die Neuregelung des Heilpraktikergesetzes, VuR 23 (12), S. 465-471.

114 BVerwG, Urteil vom 25. Juni 1970 - Az. I C 53/66, NJW 1970, 1987; BGH, Urteil vom 4. November 1955 - Az. 5 StR 421/55, NJW 1956, 313.

115 Schelling, in Spickhoff (2018) Medizinrecht, 3. Aufl., HeilprG § 1 Rn. 1.

116 Ebd., Rn. 9.

technische Assistenten ausführen, als **erlaubnisfrei** angesehen, sodass deren Ausübung nicht strafbar ist.[117] Denn in diesen Berufen gibt es keine Verrichtung, die nicht auf irgendeine Weise im Dienste der Diagnose oder Therapie der menschlichen Krankheiten, Leiden und Körperschäden steht. Sie deshalb den beschränkenden Vorschriften des HeilprG zu unterwerfen, hieße den Stillstand der gesamten Gesundheitspflege herbeizuführen.[118]

Diese Herausnahme der Heilhilfstätigkeiten vom Anwendungsbereich der primär den Ärzten vorbehaltenen Heilkunde nach § 1 Abs. 2 und § 5 HeilprG setzt jedoch voraus, dass sich beide Tätigkeiten voneinander **klar abgrenzen** lassen und dass zwischen den nichtärztlichen Hilfskräften und den Ärzten ein **Unterordnungsverhältnis** besteht, d.h. dass je nach Art, Schwierigkeitsgrad und Gefährlichkeit der besonderen (Hilfs-)Funktion die Hilfskräfte in der Gesundheitspflege einer mehr oder weniger intensiven Anleitung und Beaufsichtigung durch einen Arzt unterliegen.[119]

Und genau in dieser – gerade nicht so klaren – Abgrenzung zwischen den den Ärzten vorbehaltenen heilkundlichen Maßnahmen und der von den Rettungskräften ausgeübten Hilfsheilkunde besteht das eigentliche Problem: Denn oft müssen Rettungskräfte **invasive Maßnahmen**, die typischerweise dem Arztvorbehalt unterliegen, bereits vor Eintreffen des Notarztes beginnen, wenn nicht gar vollständig durchführen.[120] Ein weiteres Beispiel hierfür ist auch die Applikation von Betäubungsmitteln.

Diese nunmehr seit Jahren diskutierte Problematik spiegelt sich in den Kompetenzbereichen nach § 4 Abs. 2 Nr. 1 Buchstabe c wider.[121] Hier heißt es: Die Ausbildung soll unter anderem den Schüler zur Durchführung „**medizinischer Maßnahmen der Erstversorgung** [...], auch **invasive[r] Maßnahmen** [befähigen], um einer Verschlechterung der Situation" der Patienten bis zum Eintreffen der Notärztin oder des Notarztes oder dem Beginn einer weiteren ärztlichen Versorgung vorzubeugen. Zusätzlich setzt diese Vorschrift voraus, dass ein „**lebensgefährlicher Zustand vorliegt** oder **wesentliche Folgeschäden** zu erwarten sind".

Geht man rein nach dem Wortlaut dieser Regelung (unter Heranziehung von § 4 Abs. 2 Nr. 1 Buchst. b NotSanG), hat zunächst eine Erstbeurteilung durch den Notfallsanitäter zu erfolgen: Er muss entscheiden, ob ein Notarzt oder weiteres Personal überhaupt nachzufordern ist. Unabhängig von dieser Frage müssen dann die erforderlichen Maßnahmen umgesetzt werden. Dies zeigt, dass gerade auch dann, wenn unmittelbares ärztliches Handeln erforderlich ist und somit die Nachalarmierung des Notarztes erfolgt, die Notfallsanitäter eigenständig handeln sollen.

117 BVerwG, Urteil vom 25. Juni 1970 – Az. I C 53/66, NJW 1970, 1987; VGH München, Urteil vom 10. Februar 2011 – Az. 21 B 10.188; VG Trier, Urteil vom 18. August 2010 – Az. 5 K 221/10, BeckRS 2010, S. 52087.

118 Tamm (2008) a. a. O.

119 BVerwG, Urteil vom 25. Juni 1970 – Az. I C 53/66, NJW 1970, 1987.

120 Ausdrückliche Arztvorbehalte finden sich z. B. in den §§ 1 Abs. 1 Satz 1, Abs. 3 ZHG, 218 ff. StGB, 24 IfSG, 7 Abs. 2 TFG, 2 Abs. 1 KastrG, 9 und 11 ESchG, 23 Abs. 1 und 24 Abs. 1, 2 RöV, 13 Abs. 1 BtMG, 48, AMG, 1 Abs. 1 MPVerschrV, § 3 Abs. 1 Nr. 3 TPG § 1901 b Abs. 1 BGB und § 7 GenDG. Arztvorbehalte, die die Aufklärung vor einer Klinischen Prüfung betreffen, sind in den §§ 40 Abs. 2 Satz 1, Abs. 4 Nr. 3, 41 Abs. 1, 2 und 3 AMG, 20 Abs. 1 Nr. 2, Abs. 4 Nr. 4, 21 Nr. 3 MPG geregelt.

121 Dazu näher: Lubrich (2013) Das neue Notfallsanitätergesetz: Mehr Rechtssicherheit für Rettungsfachpersonal?, MedR 31, S. 221-228.

Dabei dürfen nach dem Wortlaut des § 4 NotSanG die in der Ausbildung erlernten und beherrschten Maßnahmen – **auch invasiver Art** –, die eigentlich dem Arzt vorbehalten sind, durchgeführt werden, um eine Verschlechterung der Gesundheitssituation der Patienten zu verhindern.

Und genau an dieser Stelle hat nunmehr der Gesetzgeber reagiert: Mit der Einführung des § 2a NotSanG („Eigenverantwortliche Durchführung heilkundlicher Maßnahmen durch Notfallsanitäterinnen und Notfallsanitäter") wird klargestellt, dass Notfallsanitäter bis zum Eintreffen eines Notarztes oder bis zum Beginn einer weiteren ärztlichen, auch teleärztlichen, Versorgung „heilkundliche Maßnahmen, einschließlich heilkundlicher Maßnahmen invasiver Art" eigenverantwortlich durchführen dürfen, „wenn sie diese Maßnahmen in ihrer Ausbildung **erlernt** haben und **beherrschen** und die Maßnahmen jeweils erforderlich sind, um **Lebensgefahr** oder **wesentliche Folgeschäden** von der Patientin oder dem Patienten **abzuwenden**."

Die Übernahme heilkundlicher Tätigkeiten durch einen Notfallsanitäter ist daher **zeitlich befristet**: Sie besteht nur bis zum Eintreffen einer notärztlichen oder sonstigen ärztlichen Versorgung. Außerdem besteht eine **materiell-rechtliche Beschränkung**: Denn weitere Voraussetzung für die Übernahme der heilkundlichen Tätigkeiten ist, dass sich die Patientin oder der Patient in einem **lebensgefährlichen Zustand** befindet oder dass **wesentliche Folgeschäden** zu befürchten sind, wenn keine unmittelbare Versorgung erfolgt. Das heißt, dass der Patient in einem solch bedrohlichen Zustand sein muss, dass ihm ein Warten auf das Eintreffen ärztlicher Hilfe nicht zugemutet werden kann.

Ferner hat der Gesetzgeber auch eine – auslegungsbedürftige – Einschränkung vorgesehen: Der Notfallsanitäter muss die anzuwendenden heilkundliche Maßnahmen **„beherrschen"** (dazu noch näher unten).

Doch was bringt der neue § 2a NotSanG? Mit dieser Regelung wird endlich klargestellt, wann „gerettet" werden darf, ohne dass es einer Rechtfertigung über § 34 StGB bedarf! Unter den Voraussetzungen dieser Norm dürfen also Notfallsanitäter „ohne Erlaubnis" heilkundliche Maßnahmen vornehmen und müssen nicht mehr befürchten, wegen eines Verstoßes gegen § 5 HeilprG strafrechtlich belangt zu werden.

Durch diese Gesetzesänderung lässt sich jedoch nicht mehr die bisher verbreitete Rechtsmeinung vertreten, wonach § 4 NotSanG lediglich eine **Berufszulassungsnorm** sei, welche keine gesonderte Befugnis des Notfallsanitäters regele.[122] Denn nunmehr hat der Gesetzgeber in § 2a NotSanG – zumindest vorläufig – die bisherige Streitfrage, wann und bis wohin ein Ersthelfer – auch ein ausgebildeter – tätig werden darf und wann entsprechende Tätigkeiten nur von Ärzten durchgeführt werden dürfen, abschließend geklärt. § 2a NotSanG verdrängt als **speziellere Regelung** die Vorschriften im HeilprG.[123]

---

122 So Dittrich (2020) Corona beschert Notfallsanitätern die Heilkunde-Erlaubnis – wann aber kommt die Rechtssicherheit?, GuP 5, S. 189; Tellioglu (2016) Medikamentöse Analgesie durch Notfallsanitäter, S. 178; Tries (2015) a. a. O., S. 16 ff.; Hochstein (2019) Vortrag „Was darf der Notfallsanitäter?" am 30. November 2019 in Stuttgart, https://thomas-hochstein.de/download/kompetenzen-notfallsanitaeter.pdf (Abruf: 12. Mai 2021).

123 So bereits vor Einführung des § 2a NotSanG Heuchemer/Bolsinger (2009) Medikamentengabe durch Rettungsassistenten als Kündigungsgrund?, NZA-RR 24 (8), S. 408-411; siehe auch Heuchemer, in: Heintschel-Heinegg (2020) BeckOK StGB, 47. Ed., § 13 Rn. 48; ArbG Koblenz, Urteil vom 7. November 2008 – Az. 2 Ca 1567/08. Es wäre dennoch aus rechtssystematischen Gründen wünschenswert gewesen, dass der Gesetzgeber das HeilprG und nicht das NotSanG geändert hätte. Denn dadurch

Da der Gesetzgeber in § 2a NotSanG ausdrücklich eine Regelung für die *Notfallsanitäter* getroffen hat, bleibt es bezüglich der *Rettungsassistenten* bei der bisherigen Rechtslage.[124] Im Rahmen des RettAssG bestand in Rechtsprechung und Literatur schon früher Einigkeit, dass invasive Maßnahmen jedenfalls unter den **Voraussetzungen des § 34 StGB** zulässig sind; sofern das Eintreffen des Notarztes nicht abgewartet werden kann, ohne den Patienten schwerwiegenden Gefahren auszusetzen, dürfen diejenigen medizinisch indizierten Maßnahmen ergriffen werden, die in der Situation erforderlich sind und vom Anwender beherrscht werden.[125] Rettungsassistenten dürfen daher, anders als Notfallsanitäter, nur unter den Voraussetzungen des § 34 StGB heilkundliche Maßnahmen durchführen.

Wir können also festhalten:

Ein Notfallsanitäter macht sich nach § 5 HeilprG nicht (mehr) strafbar, wenn er lediglich *hilfsheilkundliche Maßnahmen* ausübt oder bei Ausübung *heilkundlicher Maßnahmen,* die eigentlich dem Arzt vorbehalten sind, die Voraussetzungen des § 2a NotSanG vorliegen.

BEISPIEL[126]

Notfallsanitäter Anton, der nach seiner Ausbildung zum Notfallsanitäter nunmehr schon seit zwei Jahren beim DRK arbeitet und regelmäßig Einsätze fährt, befindet sich im Dienst gemeinsam mit einem Kollegen, dem Rettungssanitäter Bruno. Sie erhalten über Funk den Auftrag, sich mit ihrem Rettungswagen zu einem Verkehrsunfall zu begeben. Als Anton und Bruno bei dem Verletzten Carlo ankommen, sitzt dieser einige Meter neben dem völlig zerstörten Auto seines Vaters, mit dem er aufgrund hoher Geschwindigkeit von der Straße abgekommen ist und einen Baum „umgelegt" hat. Carlo ist bei Bewusstsein und scheint auf den ersten Blick unverletzt zu sein. Als Bruno den Carlo anspricht und fragt, wie es ihm gehe und ob er Schmerzen habe, gibt dieser zunächst nur Laute von sich. Plötzlich sagt er in fast unverständlichen Worten: „Ich habe mich voll mit Alkohol gepumpt!"

Nachdem Carlo sich in den Rettungswagen begeben hat, wollen Anton und Bruno seinen Blutdruck und Puls messen, den Körper nach Verletzungen absuchen, ein EKG anlegen und feststellen, wie hoch seine Sauerstoffsättigung ist. Plötzlich verdreht Carlo die Augen und lässt den Kopf hängen. Sofort überprüft Anton Atmung und Puls des

wäre die gesetzliche Verankerung dieses Spezialitätsverhältnisses im HeilprG durch eine Regel-Ausnahme-Bestimmung klarer geworden.

124 M. E. nicht vertretbar wäre der Rückschluss, wonach sich für Rettungsassistenten durch die Reform des NotSanG ein faktisches Verbot der Anwendung heilkundlicher Maßnahmen ergeben würde, weil der Gesetzgeber diesbezüglich – obwohl ihm das Rechtsproblem bekannt ist – keine Stellung bezogen hat. Hätte der Gesetzgeber mit der Einführung des § 2a NotSanG an der rechtlichen Beurteilung der gesetzlichen Grundlagen für das Handeln von Rettungsassistenten etwas ändern wollen, wäre eine entsprechende Regelung notwendig gewesen, zumal sich die rechtlichen Voraussetzungen des § 34 StGB als Rechtsgrundlage für das Handeln von Rettungsassistenten nicht geändert haben.

125 Dazu näher Brose (2014) Aufgaben und Befugnisse nichtärztlichen Rettungsdienstpersonals, VersR 65 (28), S. 1172-1178.

126 Nach Radtke/Schwer (2003) Der praktische Fall – Strafrecht: Anwendbarkeit der Regeln über den ärztlichen Heileingriff auf medizinisches Hilfspersonal, JuS 43 (6), S. 580-587.

Carlo, welche beide ausgesetzt haben. Schnell schließen Anton und Bruno das EKG an, auf dem ein Kammerflimmern (Kreislaufstillstand) zu erkennen ist.

Unvermittelt nimmt Notfallsanitäter Anton daraufhin die Paddels des nicht-halbautomatischen Defibrillators – dem einzig verfügbaren Gerät dieser Art auf dem Rettungswagen –, gibt Gel darauf, legt sie auf den Brustkorb und will Carlo einen Stromstoß von zunächst 200 Joule geben. Beim Laden des Defibrillators auf die erforderliche Stromstärke wirft der Rettungssanitäter Bruno plötzlich ein, dass nach der „Notkompetenz" als Empfehlung der Bundesärztekammer eine Defibrillation von ihm nur mit einem Halbautomaten durchgeführt werden darf. Daraufhin sagt Anton: „Soll ich ihn etwa sterben lassen?", und gibt den Stromstoß ab. Auf dem EKG stellt sich danach wieder ein unregelmäßiger Herzrhythmus ein. Carlo kommt wieder zu Bewusstsein.

Es ist davon auszugehen, dass die Defibrillation bei Kammerflimmern das erste und effektivste Mittel der Wahl ist.

Hat sich Anton strafbar gemacht?

Um den Fall zu lösen, müssen wir zunächst prüfen, nach welchen Vorschriften Anton sich strafbar gemacht haben könnte.

Anton könnte sich – wie wir oben gesehen haben (Heilbehandlung als Körperverletzung!) – wegen gefährlicher Körperverletzung strafbar gemacht haben, indem er mit dem nicht-halbautomatischen Defibrillator Carlo einen Stromstoß von 200 Joule gab (§§ 223, 224 StGB).

Wie schon erwähnt, erfüllt jede in die körperliche Unversehrtheit eingreifende ärztliche Behandlungsmaßnahme den äußeren Tatbestand einer **Körperverletzung** – hier qualifiziert als gefährliche Körperverletzung (§ 224 Abs. 1 Nr. 2[127]) – und bedarf daher einer Rechtfertigung. Dies gilt auch für ärztliche Maßnahmen eines Notfallsanitäters: Nur so wird das Selbstbestimmungsrecht des Patienten nach Art. 2 i.V.m. 1 Abs. 1 GG ausreichend berücksichtigt.

Anton könnte jedoch **gerechtfertigt** sein. In Betracht kommt zunächst eine **mutmaßliche Einwilligung**. Die mutmaßliche Einwilligung kommt als Rechtfertigungsgrund dann zum Zuge, wenn die Einwilligung des Betroffenen nicht oder nicht rechtzeitig eingeholt werden kann, dieser aber nach Sachlage vermutlich eingewilligt hätte. Diese Voraussetzungen liegen hier vor; entgegenstehende Anhaltspunkte sind nicht gegeben.

Anton könnte sich aber nach § 5 HeilprG strafbar gemacht haben: Denn die Heilbehandlung (hier: invasive Maßnahme) stellt hier eine „heilkundliche Maßnahme" nach § 1 Abs. 2 HeilprG dar. Anton könnte sich jedoch auf **§ 2a NotSanG** berufen: Demnach darf Anton heilkundliche Maßnahmen invasiver Art eigenverantwortlich durchführen, wenn er diese Maßnahmen in seiner Ausbildung erlernt hat und beherrscht und die Maßnahmen jeweils erforderlich sind, um Lebensgefahr oder wesentliche Folgeschä-

127 Nicht geklärt ist die Frage, ob die Einschränkung für Ärzte, wonach § 224 Abs. 1 Nr. 2 StGB dann nicht in Betracht kommt, wenn das „gefährliche Werkzeug" *lege artis*, also kunstgerecht eingesetzt wird, auch auf Rettungskräfte übertragbar ist. Da dies m. E. mit dem Arztvorbehalt zusammenhängt, dürfte das wohl eher zu verneinen sein.

den von dem Patienten abzuwenden. Carlo schwebte in Lebensgefahr, er befand sich in einem Zustand, in welchem nach den konkreten Umständen der Eintritt seines Todes wahrscheinlich war. Der Kreislaufstillstand hätte zum Tode des Carlo geführt. Bei der Defibrillation, die bei einem Kammerflimmern geeignet ist, das Herz wieder in einen Rhythmus zu versetzen, handelt es sich um eine heilkundliche Maßnahme nach § 2a NotSanG. Bei einem Kammerflimmern ist die Defibrillation das erste Mittel der Wahl und soll auch schon eingesetzt werden, wenn kein Arzt vor Ort ist.[128]

Fraglich ist, ob Anton diese invasive Maßnahme „beherrscht": In § 2a NotSanG hat der Gesetzgeber nicht klargestellt, was er sich konkret unter diesem Begriff vorstellt. Es wurde weder definiert, ob hierfür eine gewisse Anzahl präklinischer Notfalleinsätze oder ein bestimmter – etwa in Berufsjahren zu ermittelnder – Erfahrungsschatz erforderlich ist. Auch eine Klarstellung dahingehend, dass der bloße Abschluss der Berufsausbildung zum Notfallsanitäter ausreicht, erfolgte nicht.

M.E. setzt das Beherrschen einer heilkundlichen Maßnahme eine sichere Handlungskompetenz voraus. Dazu gehört zum einen das kognitive Erfassen des Eingriffs nebst typischen Komplikationen und zum anderen das Vorhandensein einer handwerklichen Routine nebst Bewältigungsstrategien für Komplikationsfälle.[129] Dabei darf auch ein Beurteilungsspielraum des Notfallsanitäters nicht außer Acht gelassen werden: Denn entscheidend ist stets der konkrete Einsatz und ob der Notfallsanitäter in der Ausübung der konkreten heilkundlichen Maßnahme routiniert ist. Anton ist ausgebildeter Notfallsanitäter und nunmehr seit zwei Jahren tätig. Er fährt regelmäßig Einsätze und hat daher in seiner praktischen Berufsausübung Erfahrung gesammelt. Mangels entgegenstehender Anhaltspunkte kann daher davon ausgegangen werden, dass er die Maßnahme Defibrillation beherrscht. Denn selbst im Zweifel, d.h. wenn die Frage, ob der Notfallsanitäter die Maßnahme beherrscht, nicht abschließend geklärt werden kann, ist – in dubio pro reo – zugunsten des Notfallsanitäters hiervon auszugehen.

Somit ist Anton gemäß § 2a NotSanG gerechtfertigt und daher auch nicht nach der Vorschrift des § 5 HeilprG strafbar. Auf § 34 StGB kommt es nunmehr nicht mehr an.

2.3.1.5 Der Weg zum neuen § 2a NotSanG

Die Einführung des § 2a NotSanG ist der vorläufige Schlusspunkt einer Entwicklung, die auf eine Gesetzesinitiative des Bundesrates im Oktober 2019 zurückgeht:

Der Bundesrat wollte „rechtliche Klarheit für Notfallsanitäter schaffen" und beschloss am 11. Oktober 2019, einen entsprechenden Gesetzentwurf beim Bundestag einzubringen.[130] Darin schlugen die Länder eine Änderung des NotSanG vor, die es Einsatzkräften erlauben sollte, mit „invasiven Maßnahmen das Leben eines Menschen zu retten, ohne dass ein Arzt dabei ist."[131] Dazu sollte § 1 Abs. 1 NotSanG durch folgenden Satz ergänzt

128 Radtke/Schwer (2003) a. a. O., S. 584.
129 So auch Tries (2021) Was bedeutet „beherrschen" in § 2a NotSanG? https://www.skverlag.de/rettungsdienst/meldung/newsartikel/was-bedeutet-beherrschen-in-2a-notsang.html (Abruf: 12. Mai 2021).
130 Vgl. BR-Drucksache 428/19, https://www.bundesrat.de/drs.html?id=428-19%28B%29 (Abruf: 12. Mai 2021).
131 Vgl. https://www.bundesrat.de/DE/plenum/bundesrat-kompakt/19/981/06.html (Abruf: 12. Mai 2021).

werden: „Personen mit einer Erlaubnis nach Satz 1 sind im Rahmen der ihnen nach § 4 Absatz 2 Nummer 1 Buchstabe c vermittelten Kompetenz zur Ausübung heilkundlicher Tätigkeiten berechtigt."

Der Gesetzentwurf wurde über die Bundesregierung dem Bundestag zugeleitet. Nach wenigen Wochen und viel Hin und Her entschieden die Regierungsparteien allerdings, die entsprechenden Anträge zurückzuziehen. Im Gesundheitsausschuss wurden aber die Anträge fortgehend diskutiert.

Aufgrund der Corona-Pandemie wurde dann am 27. März 2020 § 5a Abs. 1 S. 1 Nr. 4 Infektionsschutzgesetz (IfSG) eingeführt.[132] Hiermit wird Notfallsanitätern unter bestimmten Voraussetzungen die Ausübung der Heilkunde bei Vorliegen einer epidemischen Lage von nationaler Tragweite gestattet, um Ärzte von Behandlungen zu entlasten, bei denen ein ärztliches Tätigwerden nicht zwingend ist.[133] § 5a Abs. 1 S. 2 Nr. 1 und 2 IfSG setzen u.a. voraus, dass der Gesundheitszustand des Patienten nicht zwingend eine ärztliche Behandlung in der epidemischen Ausnahmesituation erfordert, es sich aber um eine heilkundliche Maßnahme handelt, die Ärzten vorbehalten ist. Diese Norm stellt daher eine **temporäre, sektorale Heilkundeermächtigung** dar, die auf den Bereich der in der Ausbildung vorgesehenen Kompetenzen beschränkt ist.[134] Hierunter fallen die in § 4 Abs. 2 Nr. 1 Buchstabe c und Nr. 2 Buchstabe c NotSanG vorgesehenen Maßnahmen.

Im Januar 2021 befasste sich dann der Bundestag mit einem Gesetzentwurf der Bundesregierung u.a. zur Reform der technischen Assistenzberufe in der Medizin (sog. MTA-Reform-Gesetz). Diese Reform ist ein sogenanntes Artikel-Gesetz: Sie ändert gleichzeitig mehrere Gesetze. Artikel 12 des MTA-Reform-Gesetz beschäftigt sich mit dem NotSanG und führt u.a. § 2a NotSanG ein.[135] Am 28. Januar 2021 wurde dann die Vorabfassung im Bundestag beschlossen.[136] Zwei Wochen später, am 12. Februar 2021, stimmte der Bundesrat dem Gesetzesentwurf des Bundestages, nach wenigen Änderungen, zu.[137]

2.3.1.6 Die bisherige Rechtsprechungstendenz

Bei aller Rechtsunsicherheit, die in der Abgrenzung zwischen erlaubter rettungsdienstlicher Tätigkeit und nicht erlaubter Ausübung von heilkundlichen Maßnahmen, die den Ärzten vorbehalten ist, im Laufe der Jahre entstanden ist, besteht dennoch kein Grund zur Panik. Denn bisher gibt es in diesem Spannungsfeld kaum Rechtsprechung.

In einer viel beachteten Entscheidung des **Arbeitsgerichts Koblenz** aus dem Jahr 2008, bei der es um die Kündigung eines Rettungsassistenten wegen Überschreitung seiner

132 Gesetz zum Schutz der Bevölkerung bei einer epidemischen Lage von nationaler Tragweite vom 27. März 2020 (BGBl. I Nr. 14, S. 587).
133 Siehe dazu: Dittrich (2020) a. a. O.
134 Ebd., S. 190.
135 Vgl. BT-Drucksache 19/24447, https://www.bundesgesundheitsministerium.de/fileadmin/Dateien/3_Downloads/Gesetze_und_Verordnungen/GuV/M/MTA-Reformgesetz-BT-181120.pdf (Abruf: 12. Mai 2021).
136 Vgl. BT-Drucksache 19/26249, https://dip21.bundestag.de/dip21/btd/19/262/1926249.pdf (Abruf: 12. Mai 2021).
137 Vgl. BR-Drucksache 83/21, https://www.bundesrat.de/SharedDocs/beratungsvorgaenge/2021/0001-0100/0083-21.html (Abruf: 12. Mai 2021).

Notkompetenzen in zwei Fällen ging, heißt es hierzu (s.a. die arbeitsrechtlichen Fälle in Kap. 5.1.3):[138]

> *„Auch soweit die Bekl. [Rettungsdienstorganisation] geltend macht, dass der Kl. [Rettungsassistent] gegen § 5 HeilprG verstoßen hätte, kann dem nicht gefolgt werden. Denn § 3 RettAssG ist beim Vorliegen seiner Voraussetzungen das speziellere Gesetz und geht dem Heilpraktikergesetz in diesem Fall vor. Der § 3 RettAssG gibt dem Rettungsassistenten die Vorgabe, am Notfallort bis zur Übernahmebehandlung durch den Arzt lebensrettende Maßnahmen bei Notfallpatienten durchzuführen, die Transportfähigkeit solcher Patienten herzustellen, die lebenswichtigen Körperfunktionen während des Transports zum Krankenhaus zu beachten und aufrechtzuerhalten. Während das Heilpraktikergesetz beabsichtigt, einen Qualitätsstandard bei der medizinischen Versorgung der Bevölkerung zu sichern und die Ausbildung der Heilkunde grundsätzlich nur Personen mit staatlicher Erlaubnis vorzubehalten, beabsichtigt das Rettungsassistentengesetz die Gewährleistung qualifizierter Hilfe bei Notfällen und schafft hierfür ein eigenständiges Berufsbild."*[139]

Allerdings handelt es sich hierbei um eine bisher vereinzelt gebliebene Entscheidung, aus welcher jedenfalls die Annahme folgt, dass im Rahmen einer arbeitsgerichtlichen Auseinandersetzung eine außerordentliche Kündigung wegen des vermeintlichen Überschreitens der nicht-ärztlichen Notkompetenz eher nicht in Betracht kommt. Ob sich hieraus – wie einige Stimmen aus der Rechtsliteratur dies fordern[140] – auch ergibt, dass allein aus der Garantenpflicht eines Notfallsanitäters eine faktische Aufhebung des Arztvorbehalts folgt, mag ich bezweifeln: Denn allein aus dem Umstand, dass den Notfallsanitätern eine Garantenpflicht für das Wohl und Wehe des Patienten obliegt, folgt für sich genommen noch nicht, was der Notfallsanitäter alles dabei tun darf, um den Pateinten zu retten. Vor diesem Hintergrund bleibt es m.E. dabei, dass die Garantenpflicht auf den vorausgesetzten und beherrschten Ausbildungsstand beschränkt wird,[141] sodass derzeit – trotz des neuen § 2a NotSanG – faktisch der Notfallsanitäter „weniger tun darf, als er nach der Ausbildung kann".[142]

Nichtdestotrotz ist an dieser Stelle auf einen wichtigen **medizinisch-rechtlichen Grundsatz** hinzuweisen, der auch für den Rettungsdienst gilt:

Die Anwendung einer medizinischen, insbesondere einer invasiven Maßnahme gemäß § 2a NotSanG erfordert, dass diese **ex ante** – d.h. unter Zugrundelegung der dem Notfallsanitäter zum Zeitpunkt der Heilbehandlung zur Verfügung stehenden Fakten – erforderlich und geeignet erscheint, um schweren Schaden vom Patienten abzuwenden,

138 S. hierzu die sehr interessante Besprechung von Heuchemer/Bolsinger (2009) Medikamentengabe durch Rettungsassistenten als Kündigungsgrund? NZA-RR 14 (8), S. 408-411.

139 ArbG Koblenz, Urteil vom 7. November 2008 - Az. 2 Ca 1567/08.

140 So Heuchemer, in: Heintschel-Heinegg (2020) BeckOK StGB, 47. Ed., StGB § 13 Rn. 48.2; Heuchemer/Bolsinger (2009) Medikamentengabe durch Rettungsassistenten, MedR 27, S. 524-528.

141 Bosch, in: Schönke/Schröder (2019) Kommentar StGB, 30. Aufl., StGB, § 13 Rn. 28a.

142 So richtig Hochstein (2019) a. a. O.

welcher beim Abwarten auf das Eintreffen des Notarztes drohen würde.[143] Dass sich erst im Nachhinein herausstellt, dass die Maßnahme nicht erforderlich war, ändert an der Beurteilung der Sach- und Rechtslage nichts.[144] Das gilt entsprechend auch für Rettungsassistenten, wenn sie nach § 34 StGB handeln.

2.3.1.7 Die Abgrenzung der einzelnen Maßnahmen in § 4 NotSanG

Die Notfallsanitäterausbildung soll Schüler nach § 4 Abs. 2 Nr. 1 NotSanG zur **eigenverantwortlichen Ausführung** bestimmter Maßnahmen befähigen.

Dazu zählen nach **§ 4 Abs. 2 Nr. 1 Buchstabe c NotSanG** auch medizinische Maßnahmen der Erstversorgung bei Patienten im Notfalleinsatz und das Anwenden von in der Ausbildung erlernten und beherrschten invasiven Maßnahmen (sog. 1c-Maßnahmen).

Aus dem Wortlaut und aus dem systematischen Zusammenhang dieser Norm folgen mehrere Erkenntnisse:

- **Erstens:** Jede invasive Maßnahme (1c-Maßnahme) ist auch eine medizinische Maßnahme, doch nicht jede medizinische Maßnahme muss auch invasiv sein; damit erfasst der Begriff „medizinisch" weit mehr Maßnahmen als der engere Begriff „invasiv".
- **Zweitens:** Soweit es also um medizinische Maßnahmen geht, die aber nicht invasiv sind, d.h. nicht mit einem körperlichen Eingriff (Integrität des Patienten) einhergehen, kann der Notfallsanitäter – unter Zugrundelegung der verwaltungsrechtlichen Definition von heilkundlichen Maßnahmen in § 1 Abs. 2 HeilprG – diese nur dann durchführen, soweit er dem Notarzt dabei assistiert oder diese ärztlich veranlasst worden sind (2a- und 2b-Maßnahmen). Insoweit handelt es sich um hilfsheilkundliche Maßnahmen, die auch nicht zwingend unter den Arztvorbehalt fallen (s.u.).
- **Drittens:** Geht es hingegen um medizinische Maßnahmen, die dem Arztvorbehalt unterliegen, insbesondere invasive Maßnahmen, so müssen zusätzlich die in § 4 Abs. 2 Nr. 1 Buchstabe c NotSanG konkretisierten Voraussetzungen eines rechtfertigenden Notstandes (§ 34 StGB) gegeben sein. Voraussetzung ist, dass entweder ein **lebensgefährlicher Zustand** vorliegt oder **wesentliche Folgeschäden** zu erwarten sind.

Typische 1c-Maßnahmen sind – unter Zugrundlegung des Bayerischen Maßnahmenkatalogs:[145]

---

143 Zur Vertiefung: Ob z. B. die Applikation von blutdrucksenkenden Medikamenten und Schmerzmitteln ohne die Hinzuziehung eines Notarztes nach Aufklärung des Patienten und seiner Einwilligung erfolgen kann, hängt im Einzelfall davon ab, ob der Zustand des Patienten eine Hinzuziehung eines Notarztes nach dem Notarztindikationskatalog erfordert und ob diese Maßnahmen ex ante geeignet erscheinen, zu einer erheblichen Besserung des Zustands des Patienten in kurzer Zeit zu führen. Nach der Empfehlung „Notkompetenz II" der Bundesärztekammer vom 20. Oktober 2003/11. März 2004 darf ein Rettungsassistent „im Rahmen der Notkompetenz" Glukose beim hypoglykämischen Schock sowie Nitratspray bei einem akuten Koronarsyndrom verabreichen.

144 LG München I, Urteil vom 7. Mai 2014 – Az. 15 O 17872/09, BeckRS 2014, S. 11449.

145 Stand: 15. Februar 2018, siehe http://www.aelrd-bayern.de/images/stories/pdf/notsan/Massnahmenkatalog_1c_NotSan_15-03-2018.pdf (Abruf: 12. Mai 2021).

Abb. 9: Sog. 1c- und 2c-Maßnahmen

- Applikationswege für Infusionen und Medikamente
- Defibrillation
- Kardioversion
- endobronchiales Absaugen
- Laryngoskopie
- Maskenbeatmung
- supraglottische Atemwegssicherung
- Umgang mit Tracheostoma
- Thoraxentlastungspunktion
- Geburtsbegleitung
- Reposition
- Beckenschlinge
- Tourniquet
- Medikamentengabe.[146]

Neben die eigenverantwortliche Durchführung heilkundlicher 1c-Maßnahmen beim Patienten tritt die Ausführung von heilkundlichen Maßnahmen **„im Rahmen der Mitwirkung"** (§ 4 Abs. 2 Nr. 2 NotSanG):

Unproblematisch (s. o.) sind **Assistenz- und ärztlich veranlasste Maßnahmen**, die nach § 4 Abs. 2 Nr. 2 Buchtstabe a und b NotSanG ausdrücklich genannt werden. Diese setzen ohnehin voraus, dass der Notarzt vor Ort ist und entweder ärztliche Maßnahmen selbst

146 Bayern hat auch einen *Medikamentenkatalog* herausgegeben: Darunter fallen etwa Amiodaron, Atropinsulfat, Diazepam, Epinephrin, Fentanyl (BtM), Flumazenil, Glukose, Lorazepam, Morphin (BtM) usw. Vgl. hierzu: http://www.aelrd-bayern.de/images/Medikamente_NotSan_20-04-2018n.pdf (Abruf: 12. Mai 2021).

durchführt und dabei von einem Notfallsanitäter unterstützt wird oder konkrete Weisungen erteilt. Diese Tätigkeiten sind vom Anwendungsbereich des HeilprG ausgenommen (sog. hilfsheilkundliche Maßnahmen).[147]

Problematisch sind die in **§ 4 Abs. 2 Nr. 2 Buchstabe c NotSanG** genannten Maßnahmen: Die **Ärztlichen Leiter Rettungsdienst (ÄLRD)** sollen diese bei bestimmten notfallmedizinischen Zustandsbildern und -situationen **standardmäßig** vorgeben, überprüfen und verantworten (sog. Vorabdelegation ärztlicher Leistungen). Der Notarzt ist dabei allerdings nicht vor Ort.

In diesem Zusammenhang besteht das Problem darin, dass eine „Vorabdelegation" ärztlicher Maßnahmen nur zulässig ist, wenn **Standard Operating Procedures (SOP)** weitgehend alle Behandlungsoptionen erfassen.[148] Diese sind so bestimmt, so genau, ja so präzise zu formulieren, dass sie möglichst keinen Bewertungsspielraum zulassen. Andernfalls würde die Vorabdelegation zu noch mehr Rechtsunsicherheit führen: Überschreitet nämlich der Notfallsanitäter die Vorabdelegation, kann sein Handeln nur noch unter den strengeren Anforderungen des § 34 StGB gerechtfertigt sein.

Aufgrund der Verteilung der Gesetzgebungskompetenz sind die Bundesländer dafür zuständig, die entsprechenden Rechtsgrundlagen zu schaffen. Einzelne Bundesländer haben die Vorabdelegation ärztlicher Maßnahmen im Gesetz auch aufgegriffen. So sieht **Bayern** in Art. 12 BayRDG Kompetenzen der Ärztlichen Leiter im Rettungsdienst vor. Die ÄLRD sollen demnach für ihren Rettungsdienstbereich Aufgaben im Rahmen des § 4 Abs. 2 Nr. 2 Buchstabe c NotSanG auf Notfallsanitäter delegieren, soweit sie eine persönliche ärztliche Kenntnis des Patienten nicht erfordern.[149]

Typisierend hat Bayern in diesem Zusammenhang folgende **Zustandsbilder vorab delegiert** (sog. Vorabdelegation):[150]

- Hypoglykämie (i. v. Zugang, Glukosegabe)
- Verdacht auf Sepsis (i. v. Zugang, Infusionstherapie)
- isolierte Verbrennung/Verbrühung (i. v. Zugang, Infusion, Analgesie)
- isolierte Extremitätenverletzung (i. v. Zugang, Infusion, Analgesie, achsengerechte Lagerung)
- verletzte Person (i. v. Zugang, Infusion).

---

147 BVerwG, Urteil vom 25. Juni 1970 - Az. I C 53/66.

148 In der Begründung des Bayerischen Landtages heißt es: „Die standardmäßig vorgegebenen heilkundlichen Maßnahmen werden im medizinischen Sprachgebrauch als sog. standardisierte Handlungsanweisungen oder Standard Operating Procedures (SOP) bezeichnet. Sie stellen verbindliche textliche Beschreibungen der Abläufe in der notfallmedizinischen Versorgung dar und beziehen sich auf wissenschaftliche Leitlinien und Empfehlungen der medizinischen Fachgesellschaften. Zur Visualisierung der einzelnen Prozesse werden hierbei in der Regel Algorithmen hinterlegt. Von einer Delegation mit Hilfe von SOP ist nur dann auszugehen, wenn durch eine SOP weitgehend alle Behandlungsoptionen abgedeckt werden, also im Grunde keine eigenständigen Entscheidungsfreiräume für eine Behandlung durch den Notfallsanitäter mehr bestehen. Dort, wo SOP Spielräume offenlassen (z. B. bei atypischen Verläufen in der Diagnostik), liegt zumindest auch eine Behandlungsentscheidung des Notfallsanitäters selbst vor, die eine Delegation ausschließt." Drucksache des Bayerischen Landtags, Drs. 17/8893.

149 In anderen Bundesländern ist die Rechtslage weniger deutlich: Nordrhein-Westfalen hat zwar im Gesetz einen Ärztlichen Leiter Rettungsdienst verankert. Der Ärztliche Leiter hat den Rettungsdienst nach § 7 Abs. 3 RettG NRW in medizinischen Belangen und Angelegenheiten des Qualitätsmanagements zu leiten und zu überwachen.

150 Vgl. http://www.aelrd-bayern.de/images/stories/pdf/notsan/Algorithmen_2c_NotSan_15-03-2018-2.pdf (Abruf: 12. Mai 2021).

Diese Vorgehensweise ist zu begrüßen und wurde inzwischen auch in anderen Bundesländern umgesetzt (z.B. Hamburg RDG § 16 Abs. 4). Dass dabei das Land Bayern bei der Bestimmung der Vorabdelegation restriktiver als andere Bundesländer vorgeht, ändert nichts daran, dass eine genaue, wenn auch engere Regelung in diesem Kontext – im Hinblick auf die dadurch erreichte Rechtssicherheit – immer besser ist als gar keine Regelung.

Zu welchen Problemen eine unklare Beschreibung von Zustandsbildern im Rahmen von Handlungsempfehlungen oder gar Vorabdelegationen führen kann, zeigt folgender Fall:

BEISPIEL

Beispiel nach LAG Bremen, Urteil vom 16. Juli 2014:[151]
Zwei Rettungsassistenten wurden von ihrer Rettungsdienstorganisation gekündigt, weil sie einer Patientin nach einer Panikattacke – komplikationslos und ohne Folgewirkungen – 2,5 mg Diazepam verabreicht haben, ohne den Notarzt zu alarmieren. Die Kündigung wurde auch damit begründet, dass die Rettungskräfte bei ihrem Einsatz die Vorgaben der ÄLRD nicht eingehalten hätten. Doch das LAG Bremen stellte fest, dass diese vorformulierten Vorgaben nicht bestimmt und präzise genug gewesen seien, sodass eine Kündigung hierauf nicht gestützt werden könne.

2.3.2 Die Einwilligung des Patienten

Die frühere Rechtsprechung, nach welcher in lebensbedrohlichen Situationen der einer Behandlung entgegenstehende Wille des einsichtsfähigen Patienten unbeachtlich sein kann,[152] ist mittlerweile überholt.

Rettungskräfte bedürfen daher stets der (mutmaßlichen) Einwilligung des Patienten: In einigen Fällen sind andere Personen als der Patient befugt, die Einwilligung zu erteilen (Betreuer, Erziehungsberechtigte usw.).

2.3.2.1 Der Patientenwille hat Vorrang

Die höchstrichterliche Rechtsprechung hat das Recht der Patienten „zur Abwehr gegen nicht gewollte Eingriffe in ihre körperliche Unversehrtheit und in den unbeeinflussten Fortgang ihres Lebens und Sterbens" vollumfänglich anerkannt.[153] Das BVerfG hat dies in mehreren Entscheidungen zum Ausdruck gebracht und klargestellt, dass die **Zwangsbehandlung** eines einsichtsfähigen Patienten schlichtweg **nicht in Betracht** kommt.[154]

151 Az. 3 Sa 97/13.
152 BGH, Urteil vom 26. Oktober 1982 - Az. 1 StR 413/82, MedR 1983, S. 29 ff.
153 BGH, Urteil vom 25. Juni 2010 (2 StR 454/09), NJW 2010, S. 2963 ff.
154 BVerfG, Beschluss vom 23. März 2011 (2 BvR 882/09), NJW 2011, S. 2113 ff. (S. 2116); sowie Beschluss vom 20. Februar 2013 (2 BvR 228/12) NJW 2013, S. 2337 ff. (S. 2338).

Der Gesetzgeber hat auch reagiert: Mit Schaffung des § 630d BGB hat der Bundestag im Jahr 2013 die Einwilligung des Patienten, die Patientenverfügung, die Einwilligung des Berechtigten sowie die mutmaßliche Einwilligung als Legitimation und zugleich Schranke ärztlichen sowie nicht-ärztlichen Handelns explizit geregelt.

§ 630d BGB – eine Vorschrift, die entsprechend auch im Rettungsdienst Anwendung findet[155] – lautet wie folgt:

> *(1) Vor Durchführung einer medizinischen Maßnahme, insbesondere eines Eingriffs in den Körper oder die Gesundheit, ist der Behandelnde verpflichtet, die **Einwilligung des Patienten** einzuholen. Ist der Patient einwilligungsunfähig, ist die Einwilligung eines hierzu Berechtigten einzuholen, soweit nicht eine Patientenverfügung nach § 1901a Absatz 1 Satz 1 die Maßnahme gestattet oder untersagt. Weitergehende Anforderungen an die Einwilligung aus anderen Vorschriften bleiben unberührt. Kann eine Einwilligung für eine unaufschiebbare Maßnahme nicht rechtzeitig eingeholt werden, darf sie ohne Einwilligung durchgeführt werden, wenn sie dem **mutmaßlichen Willen des Patienten** entspricht.*
>
> *(2) Die Wirksamkeit der Einwilligung setzt voraus, dass der Patient oder im Fall des Absatzes 1 Satz 2 der zur Einwilligung Berechtigte vor der Einwilligung nach Maßgabe von § 630e Absatz 1 bis 4 **aufgeklärt** worden ist.*
>
> *(3) Die Einwilligung kann jederzeit und ohne Angabe von Gründen formlos widerrufen werden.*

Der absolute **Vorrang des Willens des einsichtsfähigen Patienten** hat somit allgemeine Gültigkeit in der Rechtsordnung.

Im Falle der Einwilligungsfähigkeit liegt die Entscheidungskompetenz beim Patienten (vgl. auch § 630d Abs. 1 S. 1 BGB).

2.3.2.2 Aufklärung des Patienten

Die Wirksamkeit einer Patienteneinwilligung setzt aber eine **ordnungsgemäße Aufklärung** voraus:

Die Aufklärung muss **vollständig**, **verständlich**, **rechtzeitig** und **angemessen** sein. Dem Patienten muss insbesondere erklärt werden, was der Notfallsanitäter beabsichtigt und was die geplanten Maßnahmen als Nebenwirkungen (oder Wechselwirkungen etwa mit bereits eingenommenen Medikamenten) mit sich bringen können.

155 Auch wenn zwischen Notfallsanitäter und Patient kein Behandlungsvertrag entsteht, siehe dazu Kapitel 3.3.

BEISPIEL

So könnte der Notfallsanitäter bei der Gabe von Nitrolingualspray sagen: „Ich sprühe Ihnen ein Spray unter die Zunge, hiermit beabsichtige ich, Ihnen den Blutdruck zu senken und das Engegefühl auf der Brust [zu] reduzieren. Dieses Spray jedoch kann Schwindel verursachen und ihnen einen heißen Kopf machen."[156]

Der Patient muss darüber hinaus auch verstehen, wie die Arbeitsdiagnose des Notfallsanitäters lautet und welche konkreten Maßnahmen vorgenommen werden sollen. Hierbei ist auf eine **verständliche Sprache** zu achten; **medizinische Fachbegriffe** sind zu vermeiden.

Der Patient muss insbesondere rechtzeitig aufgeklärt werden. Dies wiederum hängt davon ab, wie zeitkritisch der Einsatz ist: Bei einer Tourniquet-Anlage, die auch in der Notfallsanitäter-Ausbildung erlernt wird, ist dies beispielsweise beinahe unmöglich, da diese Maßnahme sofort stattfinden muss. Dann ist aber auch hier die Aufklärung so früh wie möglich durch den Notfallsanitäter oder den Notarzt durchzuführen. Im Zweifel während des Anlegens des Tourniquets oder direkt im Anschluss.[157]

Muss die Aufklärung eines Patienten im Rettungsdienst schriftlich erfolgen? Im Rettungsdienst ist es meist nicht möglich, den Patienten – wie bei geplanten Interventionen im Krankenhaus – schriftlich aufzuklären.

Daher genügt im Rettungsdienst eine *mündliche Aufklärung*. Diese Aufklärung muss aber zwingend vom Rettungsdienstmitarbeiter im Protokoll *dokumentiert* werden, weil vor Gericht lediglich eine dokumentierte Aufklärung als tatsächlich erfolgt gilt. Enthält die Einsatzdokumentation keinen Hinweis auf eine erfolgte Aufklärung, gestaltet sich die Beweissituation für die Rettungskraft als schwierig.

2.3.2.3 Die mutmaßliche Einwilligung

Im Falle **fehlender Einwilligungsfähigkeit** ist – wenn Personen, die anstelle des Patienten entscheiden dürfen, nicht erreichbar sind (wie z.B. die gesetzlichen Vertreter) – der **mutmaßliche Wille** des Patienten maßgeblich.

Hinweise für das Fehlen der Einwilligungsfähigkeit können sich sowohl aus psychischen als auch somatischen Befunden ergeben:

Psychische Ursachen:

- Störungen der Orientierung (z.B. Delir, Demenz),
- Störungen des formalen oder inhaltlichen Denkens (z.B. Schizophrenie, wahnhafte/paranoide Gedanken),
- Störungen der Affektivität (z.B. Manie),

156 Melzer (o. J.) Der Behandlungsvertrag im Rettungsdienst, https://rechtsprobleme-im-rd.de/wissenswertes/der-behandlungsvertrag-im-rettungsdienst.html (Abruf: 14. Mai 2021).

157 Ebd.

- Störungen des Antriebs (z.B. Depression),
- Psychosen,
- Suizidalität.

Somatische Ursachen:

- Bewusstseinsstörung,
- erhebliche Beeinträchtigung des Bewusstseins in Zusammenhang mit z.B.
  - Alkohol oder Drogen,
  - Arzneimitteln,
  - Trauma,
  - Schlaganfall,
  - Infektionen,
  - malignen oder systemischen Erkrankungen,
  - Stoffwechselstörungen wie Hypoglykämie,
  - Hypoxie,
  - Krampfanfall.

2.3.2.4 Patientenverfügung

Ansonsten sind die Bestimmungen in einer **Patientenverfügung** relevant (zur Relevanz der Patientenverfügung s.a. Kap. 2.3.6):

Primär kommt es gem. § 630d Abs. 1 S. 2 BGB darauf an, ob eine Patientenverfügung nach § 1901a Abs. 1 BGB die Maßnahme gestattet oder untersagt.

Aufgrund der Bezugnahme auf die Legaldefinition der Patientenverfügung in § 1901a Abs. 1 BGB setzt dies eine schriftliche Festlegung eines einwilligungsfähigen Volljährigen für den Fall seiner Einwilligungsunfähigkeit voraus, in welcher er in bestimmte, zum Zeitpunkt der Festlegung noch nicht unmittelbar bevorstehende Untersuchungen seines Gesundheitszustands, Heilbehandlungen oder ärztliche Eingriffe einwilligt oder sie untersagt. Im konkreten Fall gestattet oder untersagt eine solche Patientenverfügung die Maßnahme dann, wenn die getroffenen Festlegungen auf die aktuelle Lebens- und Behandlungssituation zutreffen.

Eine Patientenverfügung ist selbstverständlich auch im Rahmen der **notfallmedizinischen Versorgung** des Patienten zu beachten, sobald geklärt ist, ob sie wirksam sowie für die Behandlungs- und Lebenssituation einschlägig ist. Bis dahin gilt freilich eine uneingeschränkte Hilfspflicht (§ 323c StGB oder gar § 13 StGB bei gegebener Garantenpflicht). Daher sind **unaufschiebbare Maßnahmen** zu treffen, bis zweifelsfrei geklärt ist, dass weitere Maßnahmen dem Willen oder dem mutmaßlichen Willen des Patienten nicht entsprechen.[158] Mit anderen Worten: „Im Zweifel hat der Lebensschutz Vorrang!“

Zu weit geht es aber anzunehmen, dass (Not-)Ärzte und nicht-ärztliches Rettungspersonal medizinisch indizierte lebenserhaltende Maßnahmen stets so lange durchzuführen

---

158 Lippert (2014) Der Wille des Patienten in der präklinischen Notfallmedizin, GesR 12, S. 710-713, hier S. 712.

haben, bis ein Betreuer bzw. Bevollmächtigter über die Fortführung der Maßnahme entscheiden kann. In der notfallmedizinischen Praxis ist es keine Seltenheit, dass eine Patientenverfügung eine eindeutige, für die eingesetzten (Not-)Ärzte definitiv erkennbare Aussage zu dem vom bewusstlosen Patienten gewünschten Verfahren gibt.[159]

BEISPIEL

Wenn beispielsweise ein Patient mit amyotropher Lateralsklerose (ALS) in einer Patientenverfügung verfügt hat, im Endstadium bzw. im Sterbeprozess keine Beatmung zu wünschen, kann die Relevanz dieser Anordnung durch ein kurzes Gespräch mit den Angehörigen bestätigt werden. Sobald die Einschlägigkeit der Patientenverfügung für die gegebene Lebens- und Behandlungssituation feststeht, ist sie für alle Rettungskräfte gleichermaßen verbindlich.

Notfallsanitäter sind verpflichtet, die **Lebenssituation** und die **Selbstbestimmung der Patienten** zu berücksichtigen (§ 4 Abs. 1 S. 3 NotSanG). Notfallmedizinisches Personal kann Informationen über die aktuelle Lebenssituation der Patienten nicht nur durch beim Patienten befindliche Arztbriefe, sondern auch durch das Gespräch mit vertrauten Personen erlangen, auch wenn sie nicht Betreuer oder Vorsorgebevollmächtigte sind. Insbesondere können häufig Angehörige und Pflegepersonal Auskünfte zu der Krankengeschichte und den Wünschen des Patienten geben.

Während die Ablehnung eines Eingriffs in einer Patientenverfügung – sofern diese für die konkrete Lebens- und Behandlungssituation einschlägig ist – stets relevant ist, vermag die Einwilligung eine Maßnahme nur dann zu rechtfertigen, wenn der Patient vor Abfassung der Patientenverfügung **aufgeklärt** wurde oder auf Aufklärung verzichtet hat.

2.3.2.5 Einwilligung eines berechtigten Dritten

Um Wertungswidersprüche zu vermeiden, muss der Einwilligung eines berechtigten Dritten (z.B. eines Betreuers; s. Kap. 2.3.7) auch strafrechtlich rechtfertigende Wirkung zukommen. Es könnte zum Beispiel die nicht seltene Situation eintreten, dass der Notfallsanitäter und der Betreuer, die beide den Patienten sehr gut kennen, nach ausführlicher Diskussion zu unterschiedlichen Ergebnissen kommen. Wenn der Notfallsanitäter zutreffend erkennt, dass der mutmaßliche Wille des Patienten tatsächlich in eine andere Richtung geht, als der Betreuer trotz Prüfung der Sachlage nach bestem Wissen und Gewissen meint (und kein Fall des § 1904 BGB gegeben ist, infolge dessen das Betreuungsgericht entscheiden müsste), so wäre der Notfallsanitäter zivilrechtlich an die Entscheidung des Betreuers gebunden, während er strafrechtlich dem mutmaßlichen Willen des Patienten verpflichtet wäre. Vor diesem Hintergrund muss § 630d Abs. 1 S. 2 BGB so interpre-

159 Borasio/Heßler/Jox/Meier (2011) Patientenverfügung, S. 33 f.

tiert werden, dass die **Einwilligung des Berechtigten** einen auch **strafrechtlich relevanten Erlaubnistatbestand** darstellt.[160]

Für den Fall eines vom mutmaßlichen Patientenwillen getragenen Behandlungsabbruchs ist primär das Einvernehmen von Arzt und Betreuer/Vorsorgebevollmächtigtem bzw. eine Genehmigung des Betreuungsgerichts anzustreben (§ 1904 Abs. 1, 4, 5 BGB).

Ist in einer Akutsituation eine sofortige Entscheidung geboten, so kann der mutmaßliche Patientenwille in Anwendung des § 1904 Abs. 1 S. 2 BGB allerdings auch unmittelbar ärztliches Unterlassen rechtfertigen, sofern er eindeutig feststellbar ist. Das ist zum Beispiel der Fall, wenn der Patient einen Kreislaufstillstand erleidet, der anwesende Arzt sofort mit der Behandlung beginnen müsste, die Patientenverfügung allerdings eine solche Situation positiv erfasst und der Betreuer mit einem Abbruch der Behandlung einverstanden ist.

Anders stellt sich die Situation in Bezug auf das Unterlassen dar:

Da **invasive Maßnahmen** einer positiven Rechtfertigung bedürfen, sind sie auch ohne eine Entscheidung des Berechtigten zu unterlassen, sobald ein dahingehender mutmaßlicher Patientenwille zweifelsfrei festgestellt werden kann. Eine nicht-invasive Grundbehandlung darf hingegen durchaus so lange erfolgen, bis eine Entscheidung des Berechtigten vorliegt.

2.3.3 Die Einwilligung eines Minderjährigen

Besonders problematisch ist die rechtliche Beurteilung von Fällen, in denen die Patienten noch nicht „volljährig" sind, also nicht das 18. Lebensjahr erreicht haben (sog. Minderjährige). Minderjährige sind rechtlich noch nicht „selbstständig" genug, um Entscheidungen eigenverantwortlich zu treffen. Vor allem im Zivilrecht, d.h. wenn es etwa um den Abschluss von Verträgen geht, fehlt den Minderjährigen die (volle) Geschäftsfähigkeit (vgl. §§ 2, 106 BGB). Etwas differenziert ist dagegen die Stellung von Minderjährigen im Strafrecht zu beurteilen, weil bei Eingriffen in die **körperliche Unversehrtheit** sich der Minderjährige nach Maßgabe seiner **Einsichtsfähigkeit** verselbstständigt. Mit anderen Worten:

Auch ein Minderjähriger kann u. U. einsichtsfähig sein und daher rechtswirksam einwilligen. Einsichtsfähig ist der Minderjährige, wenn er das erforderliche Mindestmaß an geistiger Reife und Urteilsfähigkeit besitzt, um die Tragweite des Rechtsgutsverzichts einschätzen zu können.[161]

Allerdings ist nirgends gesetzlich festgelegt, wann ein Minderjähriger einsichtsfähig ist. Ob das der Fall ist, richtet sich – wie die Gerichte immer wieder formulieren – „nach den Umständen des Einzelfalles". Wichtig ist aber die Konsequenz: Besitzt der Minderjährige nämlich die erforderliche Einsichtsfähigkeit, ist der Eingriff in seine körperliche Unversehrtheit nicht rechtswidrig.

160 Schwab, in: MüKo BGB, 5. Aufl., 2008, § 1901a, Rn. 38.
161 BGH, Urteil vom 5. Dezember 1958 - Az. VI ZR 266/57. NJW 1959, S. 811.

Vergleicht man die rechtliche Behandlung des Minderjährigen bei Eingriffen in die körperliche Integrität mit seiner Rechtsstellung in anderen Bereichen, so ist die Anerkennung eines positiven Alleinentscheidungsrechts des Minderjährigen mit unmittelbarer Wirkung nach außen unter Ausschluss seiner Eltern und ohne gerichtliche Kontrollmöglichkeit im Vorfeld der Verfügung eher die Ausnahme. Es folgen nur vereinzelte Beispiele:

Ein Minderjähriger ist erst mit 16 Jahren (§ 2229 BGB) rechtlich fähig, ein Testament zu errichten. Ist etwa die Errichtung eines Testaments wichtiger als die Entscheidung über eine medizinische Behandlung? Im Bereich der religiösen Kindererziehung findet sich eine gestufte Selbstbestimmung über eine negative bis hin zu einer positiven Entscheidungsbefugnis ab 14 Jahren (§ 5 RelKErzG).

Demgegenüber gibt es höchstpersönliche Bereiche, über die der Minderjährige ungeachtet seiner persönlichen Reife nicht verfügen kann:

Im medizinischen Bereich sind dem Minderjährigen zukunftsgerichtete Verfügungen nicht zugänglich. Die Errichtung einer **Patientenverfügung** ist einwilligungsfähigen Volljährigen vorbehalten (§ 1901a BGB). Allgemein anerkannt ist auch, dass ein Minderjähriger nicht über **lebensbeendende Maßnahmen** bzw. Maßnahmen der **Sterbehilfe** entscheiden darf. Schließlich darf ein Minderjähriger – auch für den Fall, dass die Eltern ihr Kind in einer psychiatrischen Anstalt behandeln lassen wollen – keine **Zwangsbehandlung** verhindern.

Mit anderen Worten: Der Gesetzgeber geht in vielen Fällen davon aus, dass der Minderjährige in der Regel aufgrund seines Alters die Tragweite der damit verbundenen Rechtsfolgen nicht vollständig absehen kann.

Bejaht man in einigen Fällen eine Verfügungsbefugnis des einsichtsfähigen Minderjährigen über seine körperliche Integrität, stellt sich die praktische Anschlussfrage, wie sichergestellt ist, ob deren Voraussetzung vorliegt.

Meine Empfehlung ist daher, in der Regel – wenn die Zeit dafür noch vorhanden ist – den Versuch zu starten, die **Eltern (oder zumindest ein Elternteil) zu kontaktieren**. Gelingt dies, setzt sich der Wille der Eltern grundsätzlich durch. Erreicht man die Eltern nicht, kommt es in erster Linie für die Rettungskräfte darauf an, ob sie den Eindruck haben, es mit einem Jugendlichen zu tun zu haben, der die Tragweite des Eingriffs versteht. Ist das der Fall, d.h. kann er den Erläuterungen der medizinischen Fachkräfte ohne Weiteres folgen, dann ist von der Einsichtsfähigkeit des Minderjährigen auszugehen.

Eine Faustformel kann an dieser Stelle weiterhelfen: Etwa ab einem Alter von **16 Jahren** kann man in den meisten – unkomplizierten – Fällen davon ausgehen, dass der Minderjährige die Tragweite eines Heileingriffs versteht. Mit 16 Jahren ist ein Jugendlicher nämlich testierfähig und – seit zwei Jahren! – auch strafmündig (vgl. § 19 StGB). Vor diesem Hintergrund kann angenommen werden, dass wer kognitiv in der Lage ist, das Unrecht seiner Taten einzusehen, auch intellektuell die Fähigkeit besitzt zu verstehen, dass ohne die Verabreichung eines bestimmten Medikaments sich das eigene Wohlbefinden bald deutlich verschlechtern wird.

Die Faustformel kann daher ergänzt werden:

Je älter ein Minderjähriger ist, d.h. je näher er der Volljährigkeit kommt, umso eher ist von seiner Einsichtsfähigkeit auszugehen.

Aber Achtung: Diese Faustformel soll nur eine Hilfestellung sein. Es gibt durchaus Fälle, in denen auch ein 16- oder gar 17-Jähriger offensichtlich nicht in der Lage ist, das Ausmaß einer medizinischen Behandlung zu verstehen. In diesen Fällen muss nach dem **mutmaßlichen Willen der Erziehungsberechtigten** im Zweifel die Behandlung vorgenommen werden, wenn eine Nichtbehandlung zu einer Verschlechterung des Zustandes des Patienten führen würde („in dubio pro vita“).

Zum Schutz der körperlichen Integrität eines Minderjährigen müssen Eltern auch in der Lage sein, gegen den Willen ihres einsichtsfähigen Kindes zu dessen Wohl einen Eingriff zu veranlassen. Der mögliche Eltern-Kind-Konflikt ist insoweit durch § 1666 BGB erfasst und lösbar.

Denkbar ist aber auch die umgekehrte Konstellation, nämlich, dass die Eltern gegen das **Kindeswohl** verstoßen:

BEISPIEL:

Beispiel nach AG Nordenham, Urteil vom 8. Juni 2007:[162]
Ein zehnjähriges Kind erleidet bei einem Sturz eine tiefe und blutende Wunde an einem stark verrosteten Dachbalken. Die behandelnden Ärzte Dr. Klitschko und Dr. Mandela erfahren, dass das Kind nicht gegen Tetanus geimpft ist. Daraufhin schlagen die Ärzte eine Impfung vor, welche die Mutter Eva Herrmann, eine erklärte Impfgegnerin, am Telefon ablehnt. Die Ärzte spritzen dem Kind dennoch die erforderlichen Impfstoffe. Eine Entscheidung des Familiengerichts holen sie nicht ein. Die Mutter zeigt die Ärzte wegen Körperverletzung an.

Strafbarkeit der Ärzte?
Die sorgeberechtigten Eltern (vgl. Art. 6 Abs. 2 GG – das „natürliche Elternrecht“) haben ihre Entscheidungen immer am Kindeswohl auszurichten, welches in aller Regel mit der medizinischen Indikation einer Maßnahme einhergeht. Verweigern die Eltern die Erteilung der Einwilligung in eine medizinisch indizierte Behandlung (hier: Tetanusspritze) und wird dadurch das Kindeswohl gefährdet, entscheidet darüber das Familiengericht (vgl. § 1666 BGB). Fehlt für die Einholung einer solchen Entscheidung die Zeit, kann der Arzt die medizinische Behandlung selbst vornehmen. Lediglich in der Begründung dieses Ergebnisses sind sich die Juristen nicht einig:[163] Überzeugend ist die Auffassung, die in diesem Fall einen **rechtfertigenden Notstand nach § 34 StGB** annimmt und von einer **hypothetischen Genehmigung des Familiengerichts** ausgeht. Mit anderen Worten: Wenn nach gewöhnlichen Umständen von einer Genehmigung des Fami-

162 5 Cs 135 Js 59229/04, MedR 2008, S. 225 ff. – stark verkürzt und leicht abgeändert.
163 Siehe dazu: Gleixner-Eberle (2014) Die Einwilligung in die medizinische Behandlung Minderjähriger, S. 311.

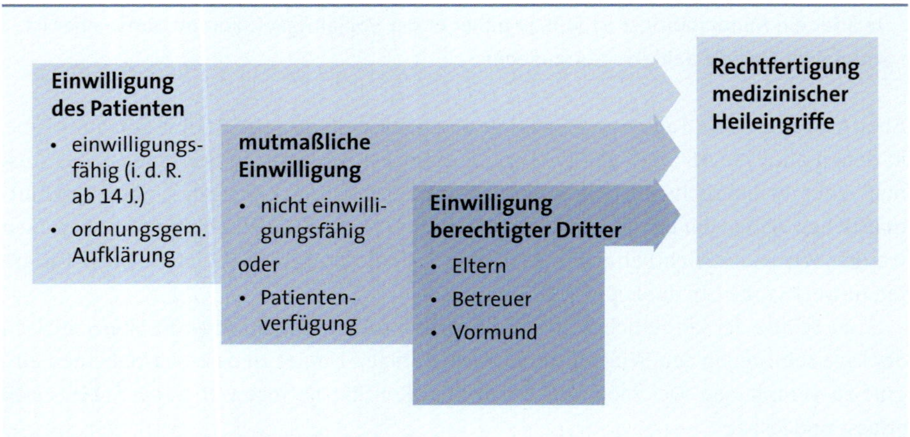

Abb. 10: Einwilligung des Patienten

liengerichts auszugehen ist, schadet es nicht, wenn diese aus zeitlichen Gründen nicht eingeholt werden kann.

Diese Entscheidung ist auch für den **Rettungsdienst** wegweisend: In solchen Situationen müssen Notfallsanitäter bzw. Notärzte, falls die Zeit hierzu fehlt, entgegen dem Willen des anwesenden Elternteils handeln. Wenn es zeitlich möglich ist, dann ist das Familiengericht zu kontaktieren: Die entsprechenden Rufnummern finden Sie auf den Homepages der Amtsgerichte. Außerhalb der Öffnungszeiten sind dann die Bereitschaftsrichter zuständig, die ebenfalls telefonisch erreichbar sein müssen. Ist das nicht der Fall, ist eine Entscheidung eigenständig zu treffen.

2.3.4 Strafbare Unterlassung im Rettungsdienst

Jedermann kann sich sowohl wegen **aktiven Tuns** als auch wegen **Unterlassens** strafbar machen. Im Strafrecht wird zwischen **echten** und **unechten Unterlassungsdelikten** unterschieden (s. u.). Echte Unterlassungsdelikte sind die Straftaten, bei denen schon in der entsprechenden Strafnorm das Unterlassen als Tatbestandsmerkmal enthalten ist („Wer es unterlässt ", z. B. die Nichtanzeige geplanter Straftaten nach § 138 StGB) oder – die im medizinischen Bereich sehr oft bemühte, aber in der Rechtspraxis kaum anwendbare – **unterlassene Hilfeleistung** (§ 323c StGB, s. u. Kap. 2.3.4.2).

2.3.4.1 Garantenstellung im Rettungsdienst, § 13 StGB

Regelmäßig können die sogenannten Begehungsdelikte (also der Großteil der im StGB geführten Straftaten) auch als **unechte Unterlassungsdelikte** begangen werden. Dies ist dann der Fall, wenn der tatbestandliche „Erfolg“ auf dem Unterlassen beruht, das Unterlassen also für das Ergebnis – etwa den Tod des Patienten – ursächlich gewesen ist und der Unterlassende die rechtliche Pflicht hatte, dafür Sorge zu tragen, dass eben dieser „Erfolg“

nicht eintritt. Dann ergibt sich die Strafbarkeit aus einer Kombination des Begehungsdeliktes (hier § 212 StGB – Totschlag) mit der in § 13 StGB geregelten Pflicht zum Handeln: Daher wäre der Täter wegen „Totschlages durch Unterlassen“ zu bestrafen.

BEISPIEL

Ein Rettungsdienstmitarbeiter kann sich wegen eines Tötungsdelikts nicht nur durch eine aktive Tötungshandlung wie einen Schlag, einen Stich oder einen Schuss schuldig machen. Er kann auch durch das schlichte Unterlassen einer gebotenen Rettungshandlung, etwa die Verweigerung, eine schwere Blutung zu stillen, eine strafbare Tötung begehen. Ähnlich verhält es sich, wenn ein Anrufer einen Notfall an die Leitstelle meldet und der Leitstellendisponent nichts unternimmt. Stirbt der Patient und lässt sich dieser strafrechtliche Erfolg auf das Nichthandeln des Disponenten zurückführen, kommt eine Tötung durch Unterlassen in Betracht (§§ 13, 212 StGB), wenn er den Tod des Patienten zumindest in Kauf genommen hat.

Allerdings setzt die Strafbarkeit eines Unterlassens voraus, dass den Unterlassungstäter eine **Garantenpflicht** trifft (vgl. § 13 StGB). Sieht ein Vater, wie sein zwölfjähriger Sohn von zwei weiteren Jugendlichen zusammengeschlagen wird, muss er einschreiten und darf nicht einfach nur zusehen, wie sein Sohn verletzt wird. Andernfalls macht er sich eventuell wegen Körperverletzung durch Unterlassen strafbar. Den Vater trifft eine gesetzliche Garantenpflicht nach § 1626 BGB. Besteht hingegen eine Garantenstellung nicht, so bleibt nur noch Raum für eine Strafbarkeit nach § 323c StGB wegen unterlassener Hilfeleistung.

Eine Garantenpflicht kann aus unterschiedlichen Gründen entstehen: Sie kann – wie im Beispiel der elterlichen Pflicht – ausdrücklich **rechtlich normiert** sein, aus **Lebens- oder Gefahrgemeinschaften** resultieren oder aus einem **pflichtwidrigen Vorverhalten** begründet sein (sog. Ingerenz). Wer zum Beispiel einen Verkehrsunfall verursacht, muss dafür sorgen, dass andere Verkehrsteilnehmer, die dadurch verletzt wurden, behandelt werden, und auch Erste Hilfe leisten. Andernfalls kommt eine Unterlassungsstrafbarkeit in Betracht.

In der **Notfallmedizin** ergibt sich die Garantenpflicht des Personals aus der **Übernahme seiner Aufgaben**: Im Rettungsdienst entsteht damit eine Garantenstellung der Rettungskraft für den Patienten durch **Übernahme einer notfallmedizinischen Behandlung**. Dabei muss der Notfallsanitäter/Rettungsassistent seine erlernten und beherrschten Fertigkeiten in vollem Umfang (auch bei invasiven Behandlungsmethoden) anwenden, um seiner Garantenpflicht zu genügen.[164] Für das **Leitstellenpersonal** entsteht die Garantenpflicht zu einem früheren Zeitpunkt, nämlich mit Kenntnisnahme der Notfallsituation: Ein Leitstellendisponent, der nach einem Notruf einfach nicht reagiert und nicht dafür sorgt, dass Hilfe geleistet wird, macht sich daher wegen Unterlassens (§ 13 StGB) und nicht lediglich wegen unterlassener Hilfeleistung (§ 323c StGB) strafbar.

Nicht geklärt ist jedoch, wann, d.h. ab **welchem Zeitpunkt, eine Garantenstellung des Rettungsdienstpersonals entsteht**. Der früheste denkbare Zeitpunkt wäre die Annahme

164 vgl. Heuchemer/Bolsinger (2009) Medikamentengabe durch Rettungsassistenten, MedR 27, S. 524-528.

des Einsatzes nach entsprechender Weisung der Leitstelle. Der späteste Zeitpunkt hingegen wäre die Verbringung des Patienten in den Rettungswagen. Meines Erachtens ist von einer tatsächlichen Übernahme einer Garantenstellung erst mit **Beginn der Behandlung des Patienten** auszugehen: Denn erst wenn die Rettungskräfte wissen, welche medizinischen Maßnahmen erforderlich sind, können sie diese auch in strafrechtlich vorwerfbarer Weise unterlassen.

Der BGH hat sich im folgenden Fall unter anderem auch mit dieser Fragestellung beschäftigt:

BEISPIEL

Beispiel nach BGH, Beschluss vom 25. April 2001:[165]
Die Rettungssanitäter Anton und Bruno zogen, nachdem sie mit ihrem Rettungsfahrzeug am Einsatzort eingetroffen waren, den auf dem Boden sitzenden, angetrunkenen Patienten Panzer, der nicht allein aufstehen konnte, hoch und verbrachten ihn in grober Art und Weise in das Innere des Rettungswagens. Dort wollten sie Panzer, der sich weigerte, ins Krankenhaus gefahren zu werden, auf den im Rettungswagen befindlichen Transportstuhl setzen. Dabei titulierte der Anton den Panzer mit den Worten „besoffene Sau", weshalb dieser mit der Faust nach ihm schlug und ihn an der Lippe traf, die aufplatzte und blutete. Daraufhin versetzte Anton dem Panzer eine Ohrfeige, wobei dessen Brille herabfiel und dieser sich eine Abschürfung am Nasenrücken zuzog.

Bruno, der das Geschehen beobachtet hatte, griff nicht ein, obwohl er die Tätlichkeiten des Kollegen voraussehen konnte, und begab sich stattdessen zum Funkgerät im Inneren des Patientenraums und forderte per Funk bei der Rettungsleitstelle eine Polizeistreife mit den Worten „er schlägt uns hier und meinen Kollegen bisschen blutig und so" an. Währenddessen versetzte – wie Bruno wahrnehmen konnte – der Anton dem Panzer mindestens einen Fußtritt sowie mehrere Faustschläge in den Bauch. Auch hierbei griff Bruno nicht ein und hinderte den Anton nicht an dessen (weiteren) Schlägen.

Strafbarkeit des Bruno?
Der BGH hat im vorliegenden Fall klargestellt, dass Anton und Bruno gegenüber Panzer eine **Garantenstellung** gehabt hätten. Mit „dem Ergreifen ihrer Schutzaufgabe als Rettungssanitäter" sei „für beide Angeklagte ein Obhutsverhältnis gegenüber dem Betroffenen, das wesentlich von der Pflicht bestimmt war, diesen vor weiteren gesundheitlichen Beeinträchtigungen zu bewahren", entstanden. Entstehungsgrund der Garantenstellung war die **tatsächliche Übernahme der Gewähr für das Rechtsgut Gesundheit**. Dies galt für den Bruno auch für den Schutz des Panzer vor Schlägen des Anton während der gemeinsamen Ausübung der Rettungsmaßnahmen. Daher hat sich Bruno hier wegen Körperverletzung durch Unterlassen strafbar gemacht.[166]

165 Az. 1 StR 130/01 - leicht abgeändert.
166 Im echten Fall verwies der BGH die Sache zur weiteren Klärung des Sachverhalts an das Landgericht zurück.

Doch nur, weil ein Notfallsanitäter infolge seiner Ausbildung ein besonderes Fachwissen hat, entsteht für ihn **keine Dauer-Garantenpflicht** gegenüber Jedermann. Wenn ein Notfallsanitäter allerdings Hilfe leistet (z.B. in einem privat erlebten Unglücksfall), werden höhere Ansprüche an die Qualität seiner Hilfeleistung gestellt. Der Haftungsmaßstab wird nach oben angepasst.

Es werden zwei Formen der Garantenstellung unterschieden: die des **Beschützergaranten** und die des **Überwachergaranten.** Der Beschützergarant steht dafür ein, dass Gefahren von einer bestimmten Person abgewendet werden. Der Überwachergarant sorgt hingegen dafür, dass sich von einer Person ausgehende Gefahren für Dritte nicht realisieren.

Im Rettungsdienst kommen beide Formen der Garantenstellung in Betracht: Als Beschützergarant sorgt die Rettungskraft dafür, dass Gefahren vom Patienten abgewendet werden (z.B. indem er eine Blutung stillt). Als Überwachergarant verhindert er, dass der Patient gefährlich für Dritte wird (z.B. indem er einen MRSA-befallenen Patienten in der Klinik vorankündigt).

2.3.4.2 Unterlassene Hilfeleistung, § 323c StGB

Wie bereits oben erläutert, ist die **unterlassene Hilfeleistung** ein **echtes Unterlassungsdelikt.** Dieser Straftatbestand kommt nur in Betracht, wenn eine Strafbarkeit als Garant nicht einschlägig ist.

Bestraft wird nach § 323c StGB, „wer bei Unglücksfällen oder gemeiner Gefahr oder Not nicht Hilfe leistet, obwohl dies erforderlich und ihm den Umständen nach zuzumuten, insbesondere ohne erhebliche eigene Gefahr und ohne Verletzung anderer wichtiger Pflichten möglich ist".

Sinn und Zweck dieser Norm ist die Sicherung des **Mindestmaßes an mitmenschlicher Solidarität** innerhalb der Gesellschaft.

Zentrale Voraussetzung ist eine spezifische Gefahrenlage, die in einem Unglücksfall, einer Lage gemeiner Gefahr oder Not bestehen kann.

Doch wann ist eine solche Situation gegeben? Höchst umstritten ist, ob ein **Suizidversuch** ein Unglücksfall darstellt.

BEISPIEL

Rettungssanitäter Anton und Notfallsanitäter Bruno befinden sich im Einsatz: Die Situation ist sehr kritisch, denn eine 26-jährige Frau droht damit, sich das Leben zu nehmen. Sie schreit die anwesenden Polizisten an: „Ich werde mir die Pulsader aufschneiden!", und hantiert mit einem Küchenmesser. Hintergrund ihrer Aktion ist ein familienrechtlicher Streit mit dem Jugendamt, das die Vormundschaft über ihre dreijährige Tochter beantragt hat. Anton fragt sich, ob die junge Frau nicht einfach selbst entscheiden darf, ob sie leben oder eben nicht mehr leben möchte. Ist das ein Fall für den Rettungsdienst?

Nach Ansicht vieler Juristen handelt es sich bei einer durch **eigenverantwortlichen Suizid(-versuch)** verursachten Gefahrenlage nicht um einen Unglücksfall im Sinne des

§ 323c StGB.[167] Der BGH erkennt demgegenüber bislang auch in einem frei verantwortlichen Suizid einen Unglücksfall.[168, 169] Hauptargument: Bei Suizidenten kann man vor Ort nicht ausschließen, dass diese doch nicht in der Lage sind, eigenverantwortlich zu handeln.

Allerdings ist allgemein anerkannt, dass wenn aufgrund konkreter Umstände erkennbar ist, dass mit dem Suizidversuch nur an die Hilfe anderer appelliert wird, nicht aber das Leben beendet werden soll, ein Unglücksfall hingegen bejaht wird. Ein solcher Fall liegt hier vor, sodass Anton und Bruno Hilfe leisten müssen.

Generell lässt sich diesbezüglich folgender Grundsatz aufstellen: Bei einem Suizid(-versuch) können Rettungskräfte in aller Regel nicht beurteilen, ob es sich um einen Freitod handelt. Vor diesem Hintergrund ist dem Suizidenten zu helfen!

Unter **gemeiner Not** im Sinne des § 323c StGB ist jede die Allgemeinheit betreffende Notlage zu verstehen, zum Beispiel infolge von **Naturkatastrophen** oder **Großschadensereignissen** bei Industrieunfällen oder Bränden.

Hilfe muss allerdings nur geleistet werden, soweit dies erforderlich, möglich und zumutbar ist. **Erforderlichkeit** besteht dann, wenn ohne die Hilfeleistung die Gefahr eines (ggf. weiteren oder größeren) Schadens besteht. Die **Zumutbarkeit** ist einzelfallabhängig. Bewertungsmaßstäbe sind insbesondere die Gefahren für den Helfenden innerhalb der Notfallsituation, aber auch seine physischen und geistigen Kräfte.

BEISPIEL

Es wird einem Notfallsanitäter zum Beispiel kaum zumutbar sein, einen Patienten aus einem brennenden Auto zu befreien. Hier gilt: Das eigene Leben geht vor.

2.3.4.3 Aussetzung, § 221 StGB

Ferner ist an eine Strafbarkeit wegen **Aussetzung** nach § 221 Abs. 1 Nr. 2 StGB zu denken. Der Straftatbestand der Aussetzung ist für das Rettungsdienstpersonal relevant, weil **Notfallpatienten** nicht selten im Sinne dieser Vorschrift als „hilflos" anzusehen sind. In einer hilflosen Lage ist nämlich jeder, der der abstrakten Gefahr des Todes oder einer schweren Gesundheitsschädigung ohne die Möglichkeit eigener oder fremder Hilfe ausgesetzt ist.[170] Unerheblich ist dabei, ob die Hilflosigkeit verschuldet oder unverschuldet ist:[171] Daher ist

167 Gallas (1960) Strafbares Unterlassen im Fall einer Selbsttötung, JZ 15 (22), S. 686-692, hier S. 691; Kauczor (1962) Ist das Nichteingreifen bei fremdem Selbstmord gemäß § 330c StGB strafbar?, NJW 15, S. 479 ff.; Ranft (1987) Rechtsprechungsbericht zu den Unterlassungsdelikten, JZ 42, Teil 2 S. 908-916, hier S. 913.

168 BGH, Urteil vom 10. März 1954 - Az. G SSt 4/53, BGHSt 6, 147, 152 ff.; BGH, Urteil vom 15. Mai 1959 - Az. 4 StR 475/58, BGHSt 13, 162, 169; BGH, Urteil vom 4. Juli 1984 - Az. 3 StR 96/84, BGHSt 32, 367, 375 f.

169 Er neigt aber in jüngerer Zeit insb. bei Ärzten dazu, die Zumutbarkeit der Hilfeleistung zu verneinen, soweit der Hilfsbedürftige bis zuletzt bei klarem Bewusstsein blieb und sich artikulieren konnte (vgl. etwa BGH, Urteil vom 25. Juni 2010 - Az. 2 StR 454/09; zum Ganzen auch: Gaede, in: Kindhäuser/Neumann (2017) Nomos-Kommentar StGB, 5. Aufl., StGB § 323c).

170 Hardtung, in: MüKo StGB, 3. Aufl., 2017, StGB § 221 Rn. 7.

171 Eser/Sternberg-Lieben, in: Schönke/Schröder (2019) Kommentar StGB, 30. Aufl., StGB § 221 Rn. 2.

hilflos auch jemand, der wegen erheblichen Alkohol- oder Drogenkonsums nicht mehr in der Lage ist, aus einer gefährlichen Situation herauszukommen.

Rettungskräfte fallen wegen der bestehenden Garantenpflicht nach Übernahme der Obhut des Patienten in den Täterkreis der Aussetzung, und zwar unter dem Aspekt des *Im-Stichlassens*.

Denkbar wäre eine Strafbarkeit nach § 221 Abs. 1 Nr. 2 StGB etwa dann, wenn Rettungskräfte einen sichtlich erheblich alkoholisierten Jugendlichen wenige hundert Meter vom Elternhaus aussteigen lassen und dieser sich dann auf einer Bundesstraße zum Schlafen legt und dabei zu Tode kommt.[172] Eine Aussetzung würde zudem auch vorliegen, wenn ein Notfallsanitäter einen Notfallpatienten zunächst behandelt, dann aber – ohne Anlass – einfach liegen lässt und ihn dadurch der Gefahr des Todes oder einer schweren Gesundheitsschädigung aussetzt.[173]

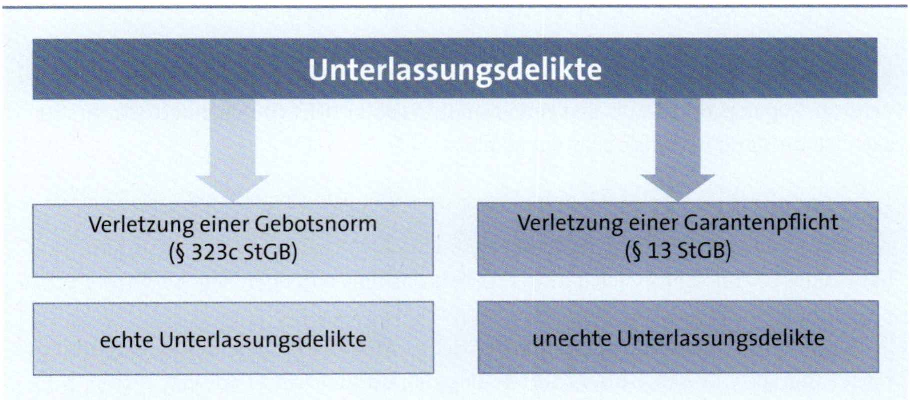

Abb. 11: Unterlassungsdelikte

2.3.5 Verstöße gegen das Betäubungsmittelgesetz (BtMG)

Während die Verschreibung von Betäubungsmitteln – zum Beispiel Morphin – nur von Ärzten, Zahnärzten und Tierärzten vorgenommen werden darf, dürfen die Verabreichung und die Überlassung zum unmittelbaren Verbrauch im Rahmen der Behandlung auch durch Hilfskräfte erfolgen.[174]

Hilfskräfte des Arztes dürfen daher zwar keine Betäubungsmittel verschreiben, wohl aber darf die Verabreichung und die Überlassung zum unmittelbaren Verbrauch auch durch ausgebildete, eingewiesene und kontrollierte Hilfskräfte des Arztes **auf Anweisung**

172 Landgericht Kiel, Urteil vom 27. September 2008 – Az. 8 Ks 6/08.
173 Kern/Rehborn, in: Laufs/Kern/Rehborn (2019) Handbuch des Arztrechts, 5. Aufl., § 20 Notarzt/Rettungsdienst, Rn. 81, 82.
174 Weber (2017) Betäubungsmittelgesetz/Arzneimittelgesetz, 5. Aufl., BtMG § 13 Rn. 8-9.

des Arztes hin vorgenommen werden.[175] Entsprechendes gilt für ausgebildete Notfallsanitäter/Rettungsassistenten, die auf Anweisung des (Not-)Arztes handeln (vgl. § 4 Abs. 2 Nr. 2 Buchst. b NotSanG).[176] Ob dies auch dann in Betracht kommt, wenn sie eigenständig Maßnahmen durchführen, die vom Ärztlichen Leiter Rettungsdienst oder einem sonst verantwortlichen Arzt bei bestimmten notfallmedizinischen Zustandsbildern und -situationen standardmäßig vorgegeben, überprüft und verantwortet werden, ist nicht abschließend geklärt. Im Hinblick auf den insoweit klaren Wortlaut des § 4 Abs. 2 Nr. 2 Buchstabe c NotSanG haben sich einige Juristen dafür ausgesprochen,[177] andere wiederum dagegen.[178]

BEISPIEL[179]

Der nach einem schweren Verkehrsunfall wiederbelebte Carlo beschwert sich über „starke Schmerzen", die ihn „fast umbringen" würden. Man solle ihm gefälligst helfen. Rettungssanitäter Bruno kontaktiert über Funk die Leitstelle und fragt nach, wann der bereits hinzugerufene Notarzt endlich eintreffen wird. Die Leitstelle hat darauf keine eindeutige Antwort: „Es kann noch mehrere Minuten dauern."

Notfallsanitäter Anton nimmt aus dem Rettungswagen eine Ampulle Morphin heraus, zieht das Medikament in einer Spritze auf und spritzt es nach Anlegung eines venösen Zugangs dem Carlo. Erst zehn Minuten später trifft der alarmierte Notarzt tatsächlich an. Carlo hat keine Schmerzen mehr.

Strafbarkeit des Anton?
Anton könnte sich gemäß § 29 Abs. 1 Nr. 6b BtMG strafbar gemacht haben. Eine Strafbarkeit des Anton könnte sich daraus ergeben, dass er – entgegen dem § 13 Abs. 1 BtMG – Betäubungsmittel verabreicht hat.

Bei Morphin handelt es sich um eines der in Anlage III bezeichneten Betäubungsmittel. Gemäß § 13 Abs. 1 BtMG dürfen diese Betäubungsmittel nur von Ärzten, Zahnärzten und Tierärzten und nur dann verschrieben oder im Rahmen einer ärztlichen, zahnärztlichen oder tierärztlichen Behandlung einschließlich der ärztlichen Behandlung einer Betäubungsmittelabhängigkeit verabreicht oder einem anderen zum unmittelbaren Verbrauch überlassen werden, wenn ihre Anwendung am oder im menschlichen oder tierischen Körper begründet ist. Aufgrund der Tatsache, dass Anton kein Arzt ist, kommt hier nur die Alternative in Betracht, dass das Betäubungsmittel im Rahmen einer ärztlichen Behandlung verabreicht worden ist. Fraglich ist somit, ob das Verabreichen des Morphins durch Anton eine Verabreichung im Rahmen einer ärztlichen Behandlung darstellt. Dies hängt davon ab, wie man den Begriff der **„ärztlichen Behandlung"** definiert. Wenn man den Begriff der „ärztlichen Behandlung" weit aus-

175 BT-Drucks. 8/3551, S. 32; KPV/Patzak, Kommentar zum BtMG, Teil 15, § 29 Rn. 120; BtMG/Weber, 5. Aufl. 2017, BtMG § 13 Rn. 8-9.
176 Fehn (2017) Analgesie mit opioidhaltigen Arzneimitteln durch Notfallsanitäter unter der Geltung des Notfallsanitätergesetzes, MedR 35, S. 453-459, hier S. 454.
177 Ebd.
178 Lippert (2017) Jill Meltem Tellioglu, Medikamentöse Analgesie durch Notfallsanitäter, MedR 35, S. 301.
179 Nach Radtke/Schwer (2003) a. a. O.

legt, so könnte man es durchaus ausreichen lassen, wenn Hilfskräfte des behandelnden Arztes oder Pflegepersonen auf Weisung des Arztes Betäubungsmittel verabreichen. Das Hilfspersonal stellt dann nichts anderes als den verlängerten Arm des Arztes dar, der die Verabreichung beaufsichtigt. Vorliegend hat Anton allerdings ohne Anweisung des Arztes gehandelt. Danach hat Anton entgegen § 13 Abs. 1 S. 1 BtMG Betäubungsmittel verabreicht, sodass der objektive Tatbestand erfüllt ist. Anton handelte auch vorsätzlich.

Vielleicht könnte Anton aber **gerechtfertigt** sein. Man könnte in diesem Fall eine **ausdrückliche Einwilligung** des Carlo in Erwägung ziehen. Dies würde aber nur für den Fall greifen, dass der Arzt die Handlung durchführt. Das BtMG schützt nicht den Patienten Carlo, sondern die Allgemeinheit vor den Gefahren, die mit der Verabreichung und Verbreitung von Betäubungsmitteln zusammenhängen. Carlo darf daher über diese Allgemeingüter nicht durch Einwilligung verfügen.

Eine weitere Rechtfertigung käme nach **§ 4 Abs. 2 Nr. 2 Buchstabe c NotSanG** in Betracht, wenn das entsprechende Bundesland von der Möglichkeit Gebrauch gemacht hat, im Rahmen der Vorabdelegation durch den ÄLRD Morphin freizugeben und diese Freigabe auch tatsächlich erfolgt ist. Doch im Sachverhalt sind diesbezüglich keine Anhaltspunkte enthalten.

Eine Rechtfertigung kommt aber nach **§ 34 StGB** in Betracht, auch wenn hier ein **strenger Maßstab** anzulegen ist: So ist stets zu fragen, ob ein alternatives, nicht den Vorschriften des BtMG unterliegendes Medikament in Betracht kommt. Als Auslegungshilfe kommt **§ 4 Abs. 2 Nr. 1 Buchstabe c NotSanG** zu Anwendung. Diesbezüglich ist unter Zugrundlegung des Sachverhalts nicht davon auszugehen, dass Anton ein alternatives Medikament überhaupt in Erwägung gezogen hat. Doch die Nichtausübung dieses Ermessens geht zulasten des Handelnden (hier: Anton). Ferner ist zusätzlich zu prüfen, ob die Verabreichung von Betäubungsmitteln tatsächlich angemessen ist, was nur in besonderen Fällen angenommen werden kann (z.B. schwere Traumata). Hier hätte die Verabreichung ohne Weiteres von einem Arzt vorgenommen werden können und war somit anders abwendbar. Dass der Notarzt erst zehn Minuten später ankam, ändert daran nichts: Aus dem Sachverhalt ergibt sich nicht, dass die Verzögerung zu einer wesentlichen Verschlechterung des Gesundheitszustandes des Carlo geführt hätte. Auch Folgeschäden wurden dadurch nicht vermieden (das ist aber für die Anwendung von § 34 StGB entscheidend). Anton hat somit gegen das BtMG verstoßen.

Zusätzlich hat sich Anton jedoch **nicht** wegen **gefährlicher Körperverletzung** strafbar gemacht (vgl. § 224 Abs. 1 Nr. 2 StGB). Denn die Einwilligung in die körperliche Integrität steht allein im Ermessen des Behandelten. Carlo willigte gegenüber Anton in die Körperverletzung (Individualrechtsgut des Anton!) ein.

2.3.6 Relevanz der Patientenverfügung im Rettungsdienst

Zuerst müssen wir klären, was eine Patientenverfügung ist. § 1901a Abs. 1 BGB sieht eine Legaldefinition vor, die man wie folgt zusammenfassen kann:

Eine *Patientenverfügung* ist eine vorsorgliche Erklärung, in der ein *volljähriger* und *einwilligungsfähiger* Mensch *schriftlich* regelt, wie er – insbesondere medizinisch-pflegerisch – behandelt oder nicht behandelt werden möchte, wenn er sich selbst dazu nicht mehr äußern kann.

Dies vorausgeschickt sollte eine Patientenverfügung daher in Zusammenwirkung mit einem Arzt des Vertrauens (z.B. der eigene Hausarzt oder der behandelnde Facharzt) verfasst werden, um ihr eine medizinisch fachkundige Basis zu geben.

Die Rechtspraxis sieht jedoch anders aus: Viele nehmen sich zu wenig Zeit für die Patientenverfügung oder greifen auf irgendwelche Vordrucke zurück, die sie im Internet finden.[180] Daher ist es nicht verwunderlich, wenn Notfallsanitäter und andere medizinische Fachkräfte in der Praxis eine gewisse Rechtsunsicherheit verspüren und daher „auf Teufel komm raus" versuchen, die Patientenverfügung zu ignorieren.

Doch genau darin liegt der Fehler: Eine (rechtswirksame) Patientenverfügung ist verbindlich – auch für medizinische Fachkräfte.

Die Patientenverfügung ist nämlich eine vorsorgliche Erklärung für gravierende Krankheitssituationen. In der Verfügung beschreibt der Verfasser (Patient) die gewünschte Pflege und ärztliche Behandlung bzw. Nichtbehandlung für Situationen, in denen er sich selbst nicht mehr dazu äußern kann. Damit äußert der Patient bereits zu einem früheren Stadium seinen eigentlichen Willen.

Anders formuliert: Die Patientenverfügung zu missachten, gleicht der **Missachtung der Selbstbestimmung des Patienten** – und würde daher ein strafrechtlich relevantes Verhalten darstellen (z.B. eine Strafbarkeit wegen Nötigung, § 240 StGB und/oder Körperverletzung, § 223 StGB nach sich ziehen).

Doch die grundsätzliche Bedeutung einer Patientenverfügung erfährt im rettungsdienstlichen Einsatz eine unter Umständen starke Relativierung, wenn es sich um **zeitkritische Einsätze** handelt. Hier muss das Rettungsdienstpersonal, das den Patienten in aller Regel zum ersten Mal sieht, innerhalb kürzester Zeit beurteilen, ob die Patientenverfügung authentisch und aktuell ist, sowie die Frage beantworten, ob die in der Verfügung beschriebene Situation auf die konkrete Einsatzlage zutrifft.

Daraus ergibt sich, dass bei fehlender Zeit zur Prüfung oder in Zweifelsfällen zugunsten der Lebensrettung („in dubio pro vita") und später, d.h. im Rahmen der stationären

180 Die *Patientenverfügung* sollte die genaue, detaillierte und persönlich begründete Aufzählung von spezifischen Behandlungs- und Pflegewünschen bzw. deren Verzichtswunsch enthalten. Das heißt, dass Pauschalformulierungen ohne klaren Aussagewert von Rettungskräften nicht zu beachten sind (unbrauchbar wäre die Formulierung: „Ich möchte keine ärztlichen Maßnahmen, die mein Leiden und Sterben verlängern.").

Behandlung, aufgrund der Patientenverfügung zu entscheiden ist.[181] Allerdings greift das Argument mit der „fehlenden Zeit“ in den meisten rettungsdienstlichen Einsätzen nicht: Dann muss die Patientenverfügung geprüft werden. Dies gilt zum Beispiel bei Einsätzen in Alten- und Pflegeheimen.

Was ist die **Rechtsfolge einer Patientenverfügung**? Sie hebt die eigentlich bestehende Garantiepflicht des Rettungspersonals auf. Voraussetzung ist jedoch, dass die Festlegungen in der Patientenverfügung auf die dann aktuelle Lebens- und Behandlungssituation zutreffen: Das entscheidet in aller Regel der gerichtlich bestellte Betreuer (des Patienten) oder der kraft Vorsorgevollmacht berechtigte Bevollmächtigte – meistens nach Rücksprache mit einem Arzt. Während die *Betreuung* durch das zuständige Betreuungsgericht angeordnet wird (§§ 1896 ff. BGB), erteilt der Patient eine *Vorsorgevollmacht* aus freien Stücken an eine – meist ihm nahestehende – Person. Der Begriff der „Vorsorgevollmacht“ ist im Gesetz nicht ausdrücklich definiert, wird aber zum Beispiel in § 1901c BGB vorausgesetzt: Nach Satz 2 dieser Norm reicht jede Bevollmächtigung aus. Aus dem Zusammenhang mit § 1901c Satz 1 BGB ist aber zu schließen, dass eine „Vorsorgevollmacht“ dann vorliegt, wenn eine Vollmacht für den Fall der Betreuungsbedürftigkeit erteilt worden ist. Da aber eine solche Bedingung in der Vollmachtsurkunde dazu führen würde, dass die Vollmacht von Dritten (z.B. Ärzte, Anwälte oder Pflegekräfte) nicht akzeptiert werden würde, weil sie ihre Voraussetzungen sicher nur nach einem gerichtlichen Verfahren feststellen könnten, wird in der Rechtspraxis fast immer eine bedingungslose Vollmacht erteilt.[182]

Treffen die **Festlegungen** der Patientenverfügung auf die Situation **zu**, muss der Betreuer/Bevollmächtigte dem Patientenwillen Geltung verschaffen. Das bedeutet: Enthält die Patientenverfügung eine Entscheidung über die Einwilligung/Nichteinwilligung in bestimmte Untersuchungen, Heilbehandlungen, ärztliche Eingriffe etc., die auf die konkrete Lebens- und Behandlungssituation zutrifft, ist eine Entscheidung des Betreuers/Bevollmächtigten nicht erforderlich, da der Patient diese Entscheidung bereits selbst getroffen hat und diese für den Betreuer/Bevollmächtigten bindend ist. Anders formuliert: Der Betreuer/Bevollmächtigte manifestiert mit seiner Entscheidung den Willen des nicht mehr ansprechbaren Patienten.

Noch wichtiger ist der Betreuer/Bevollmächtigte, wenn die **Festlegungen** der Patientenverfügung auf die Situation **nicht zutreffen** oder es **keine Patientenverfügung** gibt. In diesen Fällen muss der Betreuer/Bevollmächtigte den mutmaßlichen Patientenwillen ermitteln. Dies geschieht nach § 1901a Abs. 2 BGB mit Bezug auf frühere mündliche oder schriftliche Äußerungen, ethische oder religiöse Überzeugungen oder sonstige persönliche Wertvorstellungen des Patienten. Es ist daher nicht verwunderlich, wenn die Verfügenden sich in diesem Zusammenhang für eine Person als möglichen Betreuer entscheiden, der sie besonders vertrauen.

Wie wir in einem anderen Zusammenhang schon festgestellt haben, sind im Fall einer Bewusstlosigkeit oder Entscheidungsunfähigkeit die Ärzte und Rettungskräfte verpflich-

181 Fehn, in: Möllers (2018) Wörterbuch der Polizei, 3. Aufl., Stichwort Patientenverfügung.
182 Loer, in: Jürgens (2019) Betreuungsrecht Kommentar, 6. Aufl., BGB, § 1901c Rn. 9.

tet, den **mutmaßlichen Willen** des Patienten zu ermitteln. In § 1901b BGB ist geregelt, wie der Patientenwille konkret zu ermitteln ist:

Der Arzt und der Betreuer/Bevollmächtigte erörtern die Maßnahmen unter Berücksichtigung des Patientenwillens. Die Patientenverfügung trägt wesentlich zur Ermittlung des Patientenwillens bei. Es ist selbstredend, dass bei der Entscheidung nahe Angehörige und sonstige Vertrauenspersonen einbezogen werden sollten.

Auch in der medizinischen Notfallsituation sollte die Überprüfung, ob der in der Patientenverfügung festgelegte Wille auf den aktuellen Gesundheitszustand zutrifft, von einem Arzt durchgeführt werden. Pflegepersonal und Notfallsanitäter können dies grundsätzlich nicht entscheiden. Ist aber ein Notarzt nicht vor Ort, muss natürlich der Notfallsanitäter diese Rolle übernehmen. Auch hier gilt erst einmal der Grundsatz „in dubio pro vita". Nur wenn der Betreuer anwesend ist und anhand einer Patientenverfügung nachweisen kann, dass es dem Willen des Patienten entspricht, auch präklinisch nicht behandelt zu werden, müssen die Notfallsanitäter den Einsatz abbrechen.

Stellt der Arzt – nachdem die Notfallsanitäter den Zustand des Patienten stabilisiert haben – später fest, dass der festgeschriebene Wille auf den aktuellen Gesundheitszustand zutrifft, sind die Behandlungswünsche in der Verfügung bindend und müssen umgesetzt werden.

Wenn zwischen Betreuer/Bevollmächtigtem und behandelndem Arzt Einvernehmen über den Patientenwillen besteht, ist keine Genehmigung einer Behandlung oder Nichtbehandlung erforderlich. Die Patientenverfügung ist entscheidend und bindend.

Wenn allerdings medizinische Eingriffe derart schwerwiegend sind, dass der Patient sterben oder einen schweren, länger dauernden gesundheitlichen Schaden erleiden könnte, muss das **Betreuungsgericht** diese genehmigen. Ohne Genehmigung darf eine Maßnahme nur durchgeführt werden, wenn mit dem Aufschub Gefahr verbunden ist.

Eine Patientenverfügung kann zudem **jederzeit widerrufen** werden (§ 1901a Abs. 1 BGB). Diese ist **nur im Original gültig** und muss im Bedarfsfall rasch zur Verfügung stehen. Das Rettungspersonal kann sich nur dann mit dem Inhalt der Patientenverfügung auseinandersetzen, wenn es diese auch zur Verfügung hat.

Behauptet eine Pflegekraft oder ein Angehöriger, dass eine Patientenverfügung existiert, steht sie aber nicht unmittelbar zur Verfügung, ist der Patient erst einmal zu behandeln.

2.3.7 Relevanz des Betreuers im Rettungsdienst

Wir haben nun mehrfach festgestellt, dass grundsätzlich der Patient selbst für seine eigene selbstbestimmte Entscheidung verantwortlich ist. Ist ein Patient allerdings dauerhaft oder vorübergehend nicht in der Lage, eine Entscheidung selbst zu treffen (freie Willensentscheidung), bestellt das zuständige Gericht einen **Betreuer**. Die gesetzlichen Voraussetzungen sind in § 1896 BGB geregelt.

Folgende Erfordernisse müssen erfüllt sein:

- Die zu betreuende Person muss unter einer **psychischen Krankheit** oder einer **körperlichen**, geistigen oder seelischen **Behinderung** leiden. Nicht entscheidend ist die Ursache dieses Zustandes: Auch eine Suchterkrankung kann eine Betreuungsbedürftigkeit herbeiführen.
- Aufgrund der Krankheit oder der Behinderung muss der Betreffende ganz oder teilweise außerstande sein, seine täglichen Angelegenheiten selbst zu besorgen (Organisation des Alltages, Behördengänge, rechtliche Entscheidungen, soziale Angelegenheiten usw.).
- Der freie Wille des Betroffenen darf der Bestellung eines Betreuers nicht entgegenstehen (§ 1896 Abs. 1a BGB).
- Die Bestellung eines Betreuers ist für den in Aussicht genommenen **Aufgabenkreis erforderlich** (§ 1896 Abs. 2 BGB).
- Der Betreuungsbedürftige muss **volljährig** sein (§ 1896 Abs. 1 S. 1 BGB).[183]
- Soweit die Betreuungsbedürftigkeit ausschließlich auf einer körperlichen Behinderung beruht, ist außerdem ein **Antrag** durch den Betroffenen erforderlich, außer wenn er seinen Willen nicht kundtun kann (§ 1896 Abs. 1 S. 3 BGB).[184]

Trotz Einrichtung einer Betreuung ist der Betreute in der Regel geschäftsfähig, d. h. er kann grundsätzlich Rechtsgeschäfte selbst vornehmen. Eine Ausnahme stellt der sogenannte **Einwilligungsvorbehalt** dar: Wenn dieser von einem Gericht angeordnet wurde, kann der Betreute nicht ohne die Zustimmung des Betreuers entscheiden bzw. die Entscheidung ist erst einmal unwirksam.

Sachlich zuständig ist das **Amtsgericht** (**Betreuungsgericht**, § 23a Abs. 1 S. 1 Nr. 2, Abs. 2 Nr. 1, § 23c GVG). Die Entscheidung über die Bestellung eines Betreuers ist in aller Regel dem Richter vorbehalten. Die früheren Vormundschaftsgerichte existieren seit dem 1. September 2009 nicht mehr und wurden in Betreuungsgerichte umbenannt. Beachte aber: Für die Angelegenheiten Minderjähriger ist stets das Familiengericht zuständig. Ein Betreuer darf grundsätzlich erst bestellt werden, nachdem eine förmliche Beweisaufnahme durch Einholung eines **Gutachtens** über die Notwendigkeit der Betreuung stattgefunden hat (§ 280 Abs. 1 S. 1 FamFG). Gleiches gilt, wenn ein Einwilligungsvorbehalt angeordnet werden soll.

Es gibt verschiedene **Arten von Betreuern**. Das Gesetz fördert insbesondere den privaten ehrenamtlichen Einzelbetreuer (vgl. § 1908b Abs. 4 S. 2 BGB). Darüber hinaus sind aber auch private Betreuer, die gegen Vergütung tätig sind (z. B. der Berufsbetreuer nach § 1836 Abs. 1 S. 2 i. V. m. § 1908i Abs. 1 S. 1 BGB) oder Vereinsbetreuer, d. h. Mitarbeiter eines Vereins, die als Einzelpersonen bestellt werden, vorgesehen. Das Gesetz kennt aber auch u. a. den Behördenbetreuer, d. h. den Mitarbeiter der Behörde, der als Einzelperson bestellt wird. Für die Auswahl des Betreuers kommt es in erster Linie auf den Willen des Betrof-

183 Ausnahme: § 1908a BGB; bei Minderjährigen bedarf es einer Betreuung nicht, da die gesetzlichen Vertreter (Eltern oder Vormund) zuständig sind.

184 Siehe zum Ganzen: Schneider, in: MüKo BGB, 8. Aufl., 2020, § 1896 Rn. 7 ff.

fenen an (§ 1897 Abs. 4 BGB). Soweit ein solcher Wille nicht geäußert oder nicht bindend ist, bildet das „Wohl des Betroffenen" die entscheidende Richtschnur (arg. § 1897 Abs. 1 S. 1, Abs. 4 BGB). Hierbei ist die Eignung der in Betracht kommenden Person, die Angelegenheiten des Betreuten rechtlich zu besorgen und ihn im erforderlichen Umfang persönlich zu betreuen, entscheidend. Dabei ist auf die verwandtschaftlichen und sonstigen persönlichen Bindungen des Betroffenen, insbesondere zu Eltern, Kindern, zum Ehegatten oder zum eingetragenen Lebenspartner Rücksicht zu nehmen.[185]

Wie erkenne ich einen Betreuer in der notfallmedizinischen Praxis? In aller Regel durch den **Betreuerausweis**, ein von dem Betreuungsgericht ausgestelltes Dokument, mit dem sich der rechtliche Betreuer nach außen hin legitimieren kann. Der Betreuerausweis wird vom Rechtspfleger des Betreuungsgerichtes üblicherweise im Rahmen eines Einführungsgesprächs ausgehändigt. Allerdings hat die Rechtswirksamkeit der Betreuerbestellung, also das Bestehen von Rechten und Pflichten des Betreuers, – anders als oft vermutet – nichts mit der Aushändigung des Betreuerausweises zu tun. Denn die Betreuerbestellung wird mit Bekanntgabe des Gerichtsbeschlusses an den Betreuten wirksam (§ 287 Abs. 1 FamFG). Anders formuliert: In einigen Fällen haben Sie es in der Praxis mit einem Betreuer zu tun, der jedoch noch nicht über einen Betreuerausweis verfügt. Dann müssen Sie sich den entsprechenden Beschluss des Betreuungsgerichts vorlegen lassen, allerdings nur, wenn Sie berechtigte Zweifel an der Betreuerbestellung haben. Ohne entgegenstehende Anhaltspunkte können Sie von einer Betreuerbestellung ausgehen. Wichtig ist, dass Sie das am Ende des Einsatzes entsprechend dokumentieren.

Den *Betreuer* trifft die Pflicht, für das Wohl des Patienten zu sorgen und an seiner Stelle Entscheidungen zu treffen. Dabei muss sich der Betreuer nach dem mutmaßlichen Willen des Patienten richten, zum Beispiel die in einer Patientenverfügung enthaltenen Kriterien prüfen und im Einzelfall berücksichtigen.

Entscheidend ist jedoch, was für eine Art von Betreuung seitens des Gerichts angeordnet wurde. Ein Betreuer kann in eine medizinische Behandlung einwilligen, wenn ihm das Betreuungsgericht den Bereich **Gesundheitssorge** übertragen hat. Gesundheitssorge umfasst alle Bereiche der Medizin. Bei einem derart global formulierten Aufgabenkreis obliegt es dem Betreuer, sich in jeder Hinsicht um die gesundheitlichen Belange des Betreuten zu kümmern.[186] Der Aufgabenkreis **Zustimmung zu Heilbehandlungsmaßnahmen** ist enger gefasst: Heilbehandlungsmaßnahmen sind auf die Herstellung der Gesundheit, Linderung von Krankheiten bzw. Krankheitsfolgen sowie die Verhinderung von Krankheiten und ihrer Verschlimmerung gerichtet.[187] Der BGH hat jedoch bereits in einer frühen Entscheidung klargestellt, dass der Betreuer grundsätzlich nur dann anstelle des Betreuten – trotz angeordneten Aufgabenkreises Zustimmung zu Heilbehandlungsmaßnahmen – befugt ist, in eine avisierte Heilbehandlung einzuwilligen, wenn dieser nach

185 Ebd., BGB § 1897 Rn. 7.
186 Meier, in: Jurgeleit (2018) Betreuungsrecht, 4. Aufl., BGB § 1833 Rn. 15.
187 Ebd., BGB § 1833 Rn. 19.

seiner natürlichen Einsichts- und Steuerungsfähigkeit die Bedeutung, Tragweite, Vorteile und Risiken einer Maßnahme nicht erfassen kann.[188] Es ist Sache des Arztes zu beurteilen, ob der Betreute in der Lage ist, das Für und Wider einer anstehenden Behandlungsmaßnahme abzuwägen.[189]

Zu den **weiteren Aufgaben** des Betreuers im Aufgabenkreis der Gesundheitssorge zählen u. a. zusammenfassend:

- Organisierung eines ausreichenden Krankenversicherungsschutzes;
- Einwilligung in eine Operation;
- Einwilligung in eine medikamentöse, krankengymnastische, logopädische Behandlung oder in sonstige Heilbehandlungen;
- Einwilligung in diagnostische Maßnahmen, z. B. EKG, CT usw.;
- Veranlassung anderer medizinischer Maßnahmen, z. B. Anlegung von Verbänden, Verabreichung von Medikamenten;
- Vertrag über ambulante medizinische Hilfen;
- Realisierung von Heil- und Hilfsmitteln.

Zu beachten ist das **Genehmigungserfordernis nach § 1904 BGB**. Birgt eine ärztliche Heilmaßnahme die begründete **Gefahr des Todes** oder eines **schweren und längeren gesundheitlichen Schadens** in sich und besteht nach Erörterung zwischen Arzt und Betreuer Dissens über den Patientenwillen (§ 1901 b Abs. 1 S. 2 BGB), bedürfen die Einwilligung, deren Widerruf oder die Nichteinwilligung in eine ärztliche Maßnahme einer betreuungsgerichtlichen Genehmigung. Das Nichteinholen einer betreuungsgerichtlichen Genehmigung stellt sich als ein schwerer Gesetzesverstoß dar, insbesondere bei dem Abbruch lebenserhaltender Maßnahmen im Falle eines Konflikts zwischen Arzt und Betreuer.[190] Bei unklarem und nicht aufklärbarem Patientenwillen gilt der Grundsatz „in dubio pro vita".

Auch Unterbringungsmaßnahmen, d. h. die geschlossene **Unterbringung** in der Psychiatrie, bedürfen zusätzlich der Genehmigung durch das Betreuungsgericht. Im Notfall (z. B. bei akuter Lebensgefahr) ist von einem rechtfertigenden Notstand auszugehen bzw. sind die Voraussetzungen der länderbezogenen Unterbringungsgesetze maßgeblich (PsychKG). Die entsprechende Genehmigung ist dann nachzuholen.

Ein Betreuer kann in einen Transport einwilligen, wenn ihm vom Gericht der Aufgabenbereich **Bestimmung des Aufenthaltsorts** übertragen wurde.

2.3.8 Transportverweigerung

Das Thema Transportverweigerung ist ein Dauerbrenner in den Fortbildungsveranstaltungen sowie in der Ausbildung. Die Unsicherheit der Rettungskräfte vor Ort ist groß: Schließlich möchte niemand, dass ein Patient, der eigentlich ins Krankenhaus müsste, weil die präklinischen Möglichkeiten nicht ausreichen, nach wenigen Stunden eine ernst-

188 BGH, Urteil vom 9. Dezember 1958 – Az. VI ZR 203/57, NJW 1959, 811.
189 Vgl. Meier, in: Jurgeleit (2018) Betreuungsrecht, 4. Aufl., BGB § 1833 Rn. 19.
190 Meier, in: Jurgeleit (2018) Betreuungsrecht, 4. Aufl., BGB § 1833 Rn. 21.

hafte und folgenreiche Verschlechterung seines Gesundheitszustandes erfährt. Doch wie handelt man, wenn der Patient die weitere Versorgung, d.h. den Transport ins Krankenhaus, vehement ablehnt?

Auch an dieser Stelle müssen wir den wichtigsten medizinrechtlichen Grundsatz bemühen: das Selbstbestimmungsrecht des Patienten! Und dadurch ergibt sich Folgendes:

Wenn die Patienten sogar eine Behandlung ablehnen dürfen, welche medizinisch indiziert ist, dürfen sie erst recht den Transport in eine Klinik ablehnen. Und diesen Willen müssen Rettungskräfte respektieren. Andernfalls liegt eine Zwangsbehandlung vor, welche strafrechtliche Konsequenzen nach sich ziehen kann (Freiheitsberaubung gem. § 239 StGB, Nötigung gemäß § 240 StGB und Körperverletzung, vgl. unten die §§ 223, 224 StGB).

Dass es bei einer ernsthaften Verletzung oder Erkrankung unklug erscheint, sich nicht behandeln oder in ein Krankenhaus transportieren zu lassen, ändert daran nichts. Im Leben tun Menschen viele Dinge, die unklug sind; doch nicht allein deswegen sind diese Dinge verboten.

Dieser Grundsatz erfährt aber eine *wichtige Ausnahme*: Ist der Patient nicht einwilligungsfähig, dann muss in aller Regel eine Behandlung bzw. ein Transport erfolgen. Mit anderen Worten: Der Patient muss zunächst grundsätzlich und in der konkreten Situation in der Lage sein, Entscheidungen über seinen Gesundheitszustand zu treffen.

Wie wir bereits in einem anderen Zusammenhang gesehen haben, ist ein Patient einwilligungs- bzw. entscheidungsfähig, wenn er Bedeutung und Tragweite – auch die Risiken – der Maßnahme bzw. der Ablehnung der Versorgung erfassen und seinen Willen hiernach zu bestimmen vermag.

Doch wann ergeben sich für die Rettungskräfte vor Ort Zweifel an der grundsätzlichen Einwilligungsfähigkeit bzw. Entscheidungsfähigkeit eines Patienten? Auf diese Frage kann selbstverständlich keine allgemeine Antwort gegeben werden: Doch verletzungs-, erkrankungs- oder situationsbedingt können begründete Zweifel durchaus bestehen. Um solche Zweifel auszuräumen, empfiehlt es sich, hierzu Feststellungen zu treffen und diese zu dokumentieren.

Dabei ist zu beachten, dass einer schlichten Dokumentation „Patient ist zurechnungsfähig“ praktisch keine Bedeutung zukommt. Die **Dokumentation** muss indessen aufgrund nachvollziehbarer Kriterien erfolgen.

Es ist zunächst zu prüfen, ob der Patient zu allen vier Qualitäten (persönlich, zeitlich, örtlich, situativ) orientiert ist. Fehlen dann noch Befunde, die auf eine akute neurologische oder psychiatrische Erkrankung oder eine Intoxikation schließen lassen, wird in aller Regel eine Entscheidungsfähigkeit gegeben sein. Um jedoch sicherzustellen, dass der Patient eine zutreffende Vorstellung von seiner gesundheitlichen Situation und den möglichen **Folgen einer Transportverweigerung** hat, sollte er entsprechend **aufgeklärt** werden.

Dabei ist dem Patienten konkret und deutlich zu erklären, welche Verletzung oder Erkrankung bei ihm möglicherweise vorliegt und was im ungünstigsten Szenario die Folgen einer Nichtbehandlung sein können.

Oft werde ich an dieser Stelle gefragt, ob ein Notfallsanitäter überhaupt den Patienten aufklären darf oder ob es nicht eigentlich Aufgabe eines Arztes wäre. Die Antwort auf diese Frage kann nicht deutlicher ausfallen: Der Notfallsanitäter, der aus guten Gründen keinen Notarzt hinzuziehen muss, ist sogar verpflichtet, den Patienten über seinen Gesundheitszustand aufzuklären. Ohne Aufklärung kann der Patient nämlich keine wirksame Einwilligung erteilen (vgl. § 630d BGB). Dabei gilt Folgendes:

Zurückhaltung ist fehl am Platz! Der Patient versteht im Zweifel keine medizinische Fachsprache, sodass die Aufklärung einfach und deutlich erfolgen muss. Lehnt der Patient immer noch den Transport ab, dann muss das Ganze minutiös dokumentiert werden, jedenfalls so, dass im Nachhinein der Vorgang nachvollziehbar ist.

BEISPIEL

Ein Patient mit einer Kopfplatzwunde ist darüber aufzuklären, dass ohne weitere Untersuchung eine intrakranielle Blutung nicht sicher auszuschließen ist und letztlich Bewusstlosigkeit, dauernde Schäden oder sogar der Tod drohen können. Es ist schlichtweg zu verhindern, dass der Patient seine Kopfverletzung fälschlicherweise nur für eine oberflächliche Wunde halten könnte.

Anders ist der Fall zu beurteilen, wenn der *Patient nicht ansprechbar*, zum Beispiel bewusstlos ist. Dann ist grundsätzlich davon auszugehen, dass der Patient versorgt werden möchte **(mutmaßliche Einwilligung)**.

Ähnlich verhält es sich, wenn die Rettungskräfte vor Ort Anhaltspunkte haben, dass der ansprechbare Patient seinen Willen nicht „frei“ bilden kann. Ist der Patient sichtlich desorientiert, kann er kaum verstehen, was die Rettungskräfte ihm sagen oder besteht der konkrete Verdacht, dass der Patient Drogen konsumiert hat oder erheblich alkoholisiert ist (zeigen sich z.B. Ausfallserscheinungen wie Lallen, Torkeln oder starke Aggressionen), dann ist im Zweifel die Polizei hinzuzurufen. In diesem Fall muss der Patient – eine entsprechende medizinische Indikation vorausgesetzt – sicher transportiert werden. Die Sicherung des Transportes ist in diesem Fall eine Aufgabe der Polizei im Rahmen der Gefahrenabwehr: Nur die Polizei darf durch Anwendung polizeilicher Standardmaßnahmen den Transport entsprechend sichern. Ist zusätzlich die medizinische Indikation fraglich, sollte auch ein Notarzt herbeigeholt werden.

2.3.9 Schweigepflicht im Rettungsdienst

Zunächst ein paar Sätze zum juristischen Hintergrund der Schweigepflicht von Ärzten und ärztlichem Hilfspersonal:

Ausgangspunkt der Schweigepflicht ist – auch hier – das Selbstbestimmungsrecht des Patienten (Art. 1 Abs. 1, 2 Abs. 1 GG). Grundsätzlich darf nur der Patient bestimmen, wie Ärzte, Rettungskräfte und sonstige medizinische Fachkräfte mit seinen **behandlungsbezogenen Daten** umgehen. Dieser Aspekt des Patientenrechts wird in der Rechtsprechung im weitesten Sinne auch als **informationelle Selbstbestimmung des Patienten** bezeichnet.[191]

Hinzu kommt aber auch folgender wichtiger Aspekt: Erkrankte Personen sollen dem Arzt und dem Hilfspersonal **vertrauen** können. Anders formuliert: Sie sollen nicht aus Sorge um die mögliche Weitergabe wichtiger Informationen an die Polizei oder an andere Behörden oder Personen davon abgehalten werden, sich bedingungslos helfen zu lassen.[192]

In strafrechtlicher Hinsicht sind diese Grundsätze „doppelt" abgesichert:

Einerseits gemäß § 203 Abs. 1 StGB. Demnach wird mit Freiheitsstrafe bis zu einem Jahr oder mit Geldstrafe bestraft, wer „unbefugt ein fremdes Geheimnis, namentlich ein zum persönlichen Lebensbereich gehörendes Geheimnis oder ein Betriebs- oder Geschäftsgeheimnis, offenbart, das ihm als [...] Arzt [...] oder Angehörigen eines anderen Heilberufs, der für die Berufsausübung oder die Führung der Berufsbezeichnung eine staatlich geregelte Ausbildung erfordert, [...] anvertraut worden oder sonst bekanntgeworden ist". Rettungsassistenten und Notfallsanitäter gehören jedenfalls zu dem von dieser Vorschrift erfassten Personenkreis.[193] Rettungssanitäter, Rettungshelfer sowie **Auszubildende** unterliegen aber gemäß § 23 Abs. 4 StGB ebenfalls der Schweigepflicht („mitwirkende Person").[194]

Andererseits sind auf Fragen eines Polizeibeamten Rettungskräfte berechtigt, sich auf das ihnen gemäß § 53a StPO zustehende **Zeugnisverweigerungsrecht** zu berufen. Da sie sich sogar strafbar machen würden, wenn sie ohne entsprechende Entbindung von der Schweigepflicht aussagen würden, käme durchaus auch ein **Aussageverweigerungsrecht** nach § 55 StPO in Frage.[195] Wichtig ist in diesem Zusammenhang auch ein weiterer Aspekt:

---

191 BVerfG, Beschluss vom 16. September 1998 – Az. 1 BvR 1130–98, NJW 52 (24), S. 1777 (zum Anspruch auf Einsicht in Krankenunterlagen); OLG München, Urteil vom 6. Dezember 2012 – Az. 1 U 4005/12, BeckRS 2013, S. 1052.

192 Vgl. auch Tries (2015) a. a. O., S. 97.

193 Eisele, in: Schönke/Schröder (2019) Kommentar StGB, 30. Aufl., StGB § 203 Rn. 62; Sommer/Tsambikakis, in: Clausen/Schroeder-Printzen (2020) Münchner Anwaltshandbuch Medizinrecht, § 3 Rn. 183; Knauer/Brose, in: Spickhoff (2018) Medizinrecht, 3. Aufl., StGB § 201 Rn. 9; a. A. Laufs/Kern/Rehborn (2019) Handbuch des Arztrechts, 5. Aufl., § 143 Rn. 2, die aber die Notfallsanitäter und Rettungsassistenten und § 203 Abs. 4 StGB subsumieren.

194 Knauer/Brose, in: Spickhoff (2018) Medizinrecht, 3. Aufl., StGB § 201 Rn. 9.

195 Bei der Frage, ob jemand *ärztlicher Berufshelfer* nach 53a StPO ist, kann es nicht darauf ankommen, ob der Notfallsanitäter/Rettungsassistent/Rettungssanitäter in der jeweiligen Einsatzsituation einem Notarzt assistiert. Entscheidend ist allein, ob er – wie es richtigerweise Knauer/Brose formulieren – „von der generellen Ausrichtung des Berufsbildes her eine assistierende Tätigkeit verrichtet, die ein Arzt generell anordnen, überwachen und für die dieser Maßgaben in Bezug auf ihre Ausführung bestimmen kann, oder ob die Tätigkeit entweder keinerlei Bezug zur Behandlung des Patienten hat oder in vollkommener Eigenverantwortung erfolgt" (Knauer/Brose, in: Spickhoff (2018) Medizinrecht, 3. Aufl., StGB § 201 Rn. 21 mit weiteren Nachweisen – noch sehr umstritten in der Literatur).

Zeitlich ist die Schweigepflicht grundsätzlich unbegrenzt, sie besteht auch über den Tod des Patienten hinaus.[196]

Der Grundsatz, wonach auch Rettungskräfte der Schweigepflicht unterliegen, erfährt jedoch zwei **Ausnahmen**:

Zum einen entfällt die Schweigepflicht, wenn der **Patient einwilligt** (oder von einer mutmaßlichen Einwilligung auszugehen ist) oder wenn ein rechtfertigender **Notstand** greift (§ 34 StGB).[197] Problematisch kann die Einwilligungsfähigkeit sein: So sind bei einem Minderjährigen unter 14 Jahren in aller Regel die gesetzlichen Vertreter zu befragen, weil dieser schwerlich die Tragweite seiner Entscheidung beurteilen kann. Falls diese nicht zu erreichen sind, ist nach dem mutmaßlichen Willen der gesetzlichen Vertreter davon auszugehen, dass eine Weitergabe der betreffenden Informationen dann zulässig ist, wenn dies dem Kindeswohl entspricht, d.h. der Erhaltung oder Besserung des gesundheitlichen Zustands des Kindes dient. Bei volljährigen Patienten, die aber nicht einwilligungsfähig sind, ist der mutmaßliche Wille ebenfalls zu ermitteln. Die Frage, die hier zu stellen ist, lautet: Was würde der Patient wollen, wenn ich ihn fragen bzw. er sich äußern bzw. frei entscheiden könnte? Gegenüber einem Mit- und Weiterbehandler (so z.B. der Arzt im Krankenhaus), in aller Regel auch gegenüber Angehörigen des nicht ansprechbaren Patienten, kann die Schweigepflicht gebrochen werden. Wenn keine entgegenstehenden Anhaltspunkte ersichtlich sind, dann gilt das auch, wenn der Patient selbst Opfer einer Straftat war und eine Verzögerung der Informationsmitteilung – etwa durch Zuwarten, bis der Patient ansprechbar ist – zu einer erheblichen Beeinträchtigung laufender Ermittlungen der Strafverfolgungsbehörden führen könnte.

Das gilt natürlich nicht ohne Weiteres, wenn der **Patient als Täter einer Straftat** in Betracht kommt. Hier ist darauf zu achten, dass der Patient grundsätzlich einer Weiterleitung nicht zustimmen würde. Handelt es sich allerdings um geplante Straftaten nach dem § 138 StGB, wäre eine Nichtanzeige an die Strafverfolgungsbehörden sogar strafbar. Plant der Patient also einen Mord, Totschlag, Raub oder eine räuberische Erpressung, ist eine Offenbarungspflicht gegeben.

Nicht so klar ist die rechtliche Situation, wenn es um **bereits begangene Straftaten** geht:

Grundsätzlich gilt, dass ein Bruch der Schweigepflicht zur Aufklärung bereits begangener Taten in aller Regel nicht gerechtfertigt ist.

Eine Ausnahme gilt, wenn eine akute Wiederholungsgefahr besteht und es sich um gravierende Straftaten handelt, wie etwa Sexualdelikte, Kindesmissbrauch oder -misshandlung oder schwerwiegende Rauschtaten.[198] In Zweifelsfällen sollten die Rettungskräfte nach Rücksprache mit dem Arbeitgeber eine Rechtsberatung einholen.

196 Laufs/Katzenmeier/Lipp (2005) Arztrecht, 7. Aufl., Kap. IX. Berufsgeheimnis und Dokumentation, Rn. 14.

197 Vgl. hierzu: Tries (2015) a. a. O., S. 97.

198 Als Maßstab können hier die §§ 29a ff. BtMG herangezogen werden: Finden Rettungsassistenten am Einsatzort, z. B. in der Wohnung des Patienten Drogen „in nicht geringer Menge" (etwa 100 Gramm Kokain) und besteht der Verdacht, dass die

Auch nach dem **Infektionsschutzgesetz** ergibt sich eine **Offenbarungspflicht** des Rettungsdienstpersonals (vgl. § 8 Abs. 1 Nr. 5 IfSG) gegenüber den Gesundheitsämtern beim Verdacht bestimmter Krankheiten, die in § 6 IfSG genannt sind (z. B. Cholera, Keuchhusten oder COVID-19): Allerdings bestimmt § 8 Abs. 2 IfSG, dass die Meldepflicht „nicht für Personen des Not- und Rettungsdienstes“ besteht, wenn der Patient unverzüglich in eine ärztlich geleitete Einrichtung gebracht wurde. Unberührt bleibt aber die Meldepflicht dann, wenn ein Arzt im konkreten Fall nicht hinzugezogen wurde.

BEISPIEL

Notfallsanitäterin Antonia und Rettungsassistent Rettig bekommen von der Leitstelle die Info, eine gewisse Frau Marta Müller habe angerufen, da sie seltsame Geräusche aus der Nachbarwohnung von Herrn Panzer gehört habe. Frau Müller habe die Vermutung geäußert, dass Herr Panzer wohl wieder mit seinem Alkoholkonsum „übertrieben“ habe. Sie mache sich Sorgen um den Nachbarn, zumal nicht auszuschließen sei, dass er im volltrunkenen Zustand „das ganze Haus anzünden“ könne. Die Polizei sei auch auf dem Weg.

Antonia und Rettig sind nun vor Ort. Panzer öffnet die Tür und lässt beide hinein. Zu den ebenfalls anwesenden Polizeibeamten sagt er ausdrücklich, dass sie „draußen bleiben“ müssen. Antonia und Rettig untersuchen den Patienten und stellen fest, dass ein Verdacht auf eine akute Pankreatitis vorliegt. Sie rufen im Krankenhaus an, um den Ambulanzarzt zu informieren.

Als Antonia und Rettig den Patienten in den Rettungswagen verbringen, fragt einer der Polizeibeamten: „Was hat er denn?“

Was sollten nun Antonia und Rettig antworten?
Zunächst ist festzuhalten, dass sowohl Antonia als auch Rettig im vorliegenden Fall einer Schweigepflicht unterliegen. Sodann ist zu berücksichtigen, dass der Patient den Polizeibeamten den Zutritt zur Wohnung verwehrt hat: Dieses Verhalten kann nur dahingehend ausgelegt werden, dass er einer Preisgabe irgendwelcher gesundheitsbezogenen Informationen an die Beamten nicht zustimmen würde. Diese Entscheidung ist zu respektieren und auch verfassungskonform, denn die Beamten dürfen angesichts des Wohnrechts gemäß Art. 13 GG nicht gegen den Willen des Patienten seine Wohnung betreten. Das impliziert, dass Antonia und Rettig keine Informationen an die Polizei weitergeben dürfen. Eine Ausnahme, etwa eine Fremd- oder Eigengefährdung, liegt nicht vor; es besteht auch kein öffentliches Interesse der Polizei (Gefahrenabwehr), denn spätestens mit dem Transport des Patienten in die Klinik ist eine Gefahr, die durch ihn ausgehen könnte, auszuschließen.

---

vorgefundene Menge nicht ausschließlich zum Eigengebrauch gedacht ist, dann kann eine Anzeige geboten sein (rechtfertigender Notstand nach § 34 StGB).

Es stellt sich jedoch die Frage, welche **Informationen** in den Schutzbereich der Schweigepflicht fallen. Folgender Fall zeigt die Grenzen des § 201 StGB auf:

BEISPIEL

Antonia und Rettig sind mit ihrem Rettungswagen unterwegs; die Sonne scheint, beide sind zufrieden. Doch plötzlich beobachten Antonia und Rettig, wie der vorausfahrende Wagen in Schlangenlinien fährt. Der Fahrer scheint die Kontrolle des Fahrzeugs zu verlieren und fährt – nach etwa 500 Metern und nachdem er ins Schleudern geriet – gegen einen Baum. Antonia und Rettig halten an, steigen aus und erreichen den Fahrer. Es handelt sich um den sichtlich desorientierten Panzer, der den Rettungskräften sinngemäß sagt, er sei besoffen und habe sich umbringen wollen.

Nach wenigen Minuten trifft ein Streifenwagen ein. Einer der beiden Beamten fragt die Antonia: „Was ist passiert?"

Darf Antonia irgendwas erzählen?
Hier stellt sich die Frage, was Antonia und Rettig aufgrund ihres Einsatzes erfuhren und was sie als Zeugen mitbekommen haben. Die Fahrt in Schlangenlinien, das Abkommen von der Fahrbahn und den Aufprall gegen den Baum hätten auch unbeteiligte Zeugen wahrnehmen können. Das müssen Antonia und Rettig der Polizei auch weitergeben. Hingegen dürfen sie nicht berichten, was Panzer ihnen gesagt hat und weswegen er behandelt wurde.

Ein weiterer wichtiger Aspekt, der nur mittelbar mit der Schweigepflicht im Zusammenhang steht und unmittelbar Ausfluss des informationellen Selbstbestimmungsrechts des Patienten ist, betrifft den **Datenschutz**:

Zweckgebundene Daten im Rettungsdienst (Personalien des Patienten, Krankenversicherung, Anamnese, Diagnostik und Therapie) dürfen nicht ohne Zustimmung weitergegeben werden. Der Datenschutz wird in den Landesrettungsdienstgesetzen durch entsprechende Regelungen abgesichert.[199] Auch beamtenrechtliche Regelungen zum Datenschutz sind zu beachten (vgl. § 37 BeamtenStG).[200] Wichtig ist es darüber hinaus, diese Daten vor unberechtigter Nutzung zu schützen. Die Weitergabe an die weiterbehandelnden Ärzte ist indessen unproblematisch, da diesbezüglich eine (mutmaßliche) Einwilligung des Patienten vorliegt.

Auch die Frage nach der Schweigepflicht gegenüber Angehörigen, Presse sowie der Leitstelle ist nicht allgemeingültig zu beantworten. Besorgte Angehörige haben verständlicherweise ein hohes Bedürfnis nach Informationen. Am besten ist es, den Patienten kurz zu fragen, ob man die Familie informieren soll. Sehr viel zurückhaltender sollte man bei Passanten oder Unfallzeugen sein. Es ist unwahrscheinlich, dass ein Patient möchte, dass

199 So z. B. §§ 31, 32 Rettungsdienstgesetz Baden-Württemberg; Art. 47 Rettungsdienstgesetz Bayern; § 9 Schleswig-Holsteinisches Rettungsdienstgesetz; § 4 Rettungsdienstgesetz Berlin.

200 Gesetz zur Regelung des Statusrechts der Beamtinnen und Beamten in den Ländern (Beamtenstatusgesetz) vom 17. Juni 2008 (BGBl. I, S. 1010).

Informationen von ihm an Fremde weitergegeben werden. Journalisten zu informieren, ist ebenfalls nicht die Aufgabe des Rettungsdienstes: Hierfür gibt es (vor allem bei den Polizeipräsidien und Staatsanwaltschaften) speziell geschulte Pressesprecher.

Der Informationsfluss zwischen der **Integrierten Leitstelle** und den behandelnden Rettungskräften beinhaltet nur die Personalien, das Transportziel und die Verwendung von Sonder- und Wegerechten. Medizinische Inhalte sind nur dann mitzuteilen, wenn die Leitstelle die Aufnahmekapazitäten der Krankenhäuser beobachtet und die Zuweisung der Patienten übernimmt. Das ist nur dem Grundsatz des Datenschutzes geschuldet: Bezüglich der Schweigepflicht bestehen hingegen keine Bedenken, weil auch das Personal der Leitstelle dieser Pflicht unterliegt (s. o.).

2.3.10 Zeugnisverweigerungsrecht im Rettungsdienst

Ausgangspunkt der Beurteilung eines Zeugnisverweigerungsrechts im Rettungsdienst ist die Vorschrift des § 53 Abs. 1 Nr. 3 StPO: Demnach darf ein Arzt sich auf ein Zeugnisverweigerungsrecht berufen und damit eine Aussage – etwa vor Gericht – verweigern. Hierzu zählen alle **im Inland approbierten Ärzte** und Personen, die zur vorübergehenden Ausübung des Arztberufs berechtigt sind (§ 2 BÄO).[201]

2.3.10.1 Umfang des Zeugnisverweigerungsrechts und Personenkreis

Das Zeugnisverweigerungsrecht umfasst alle **Erkenntnisse**, die der Berufsträger bei der **Untersuchung** oder **Heilbehandlung** erlangt hat. Hierzu zählen insbesondere auch:

- der Name des Patienten,
- die Tatsache der Behandlung,
- das durch Beobachtungen erlangte Wissen,
- das Bestehen eines Behandlungsverhältnisses.

Unter § 53 fallen auch Truppenärzte, Amtsärzte und Ärzte im Strafvollzug.[202]

Rettungsassistenten/Notfallsanitätern **sowie Rettungssanitätern und Rettungshelfern[203] steht als Berufshelfer im Sinne des § 53a Abs. 1 StPO ein Zeugnisverweigerungsrecht zu.[204] Dieses Recht leitet sich aber vom Zeugnisverweigerungsrecht des Hauptberufsträgers ab.**

Wichtig ist hier Folgendes: Über die Ausübung des Zeugnisverweigerungsrechts entscheidet daher grundsätzlich die Hilfsperson nicht selbst, sondern der Berufsträger, § 53a Abs. 1 S. 2 StPO. Dies wird damit begründet, dass nur dieser aufgrund seiner Ausbildung und

201 § 53 StPO gilt weiter für Zahnärzte (nach § 1 Zahnheilkundegesetz), Psychotherapeuten und Apotheker, die approbiert sind oder den Beruf vorübergehend ausüben dürfen (nach § 2 Bundes-Apothekerordnung) sowie Hebammen (nach § 3 Hebammengesetz).

202 Huber, in: Graf (2020) BeckOK StPO, 37. Ed., StPO § 53 Rn. 15, 16.

203 Knauer/Brose, in: Spickhoff (2018) Medizinrecht, 3. Aufl., StGB §§ 203-205 Rn. 22.

204 Schlund/Lochmann (2014) Zeugnisverweigerungsrecht für Rettungsdienstpersonal, NJW-Spezial 8/2014, S. 248.

Erfahrung die Tragweite einer Aussage des Berufshelfers erfassen kann. Die Entscheidung des Berufsherrn ist für den Berufshelfer bindend. Erfolgt durch den Geheimnisträger eine **Entbindung von der Schweigepflicht**, sind der Berufsträger und der Berufshelfer einheitlich zur Aussage verpflichtet (vgl. §§ 53 Abs. 2 und 53a Abs. 2 StPO).

Überwiegend wird allerdings vertreten, dass den Rettungsdienstmitarbeitern nur dann ein Zeugnisverweigerungsrecht zusteht, wenn sie als **Gehilfen eines Mediziners** tätig werden. Das ist dann der Fall, wenn sie mit einem Notarzt im Einsatz sind oder von einem Arzt oder Krankenhaus zur Unterstützung gerufen wurden. Allerdings spricht gerade der Schutzzweck des Zeugnisverweigerungsrechts gegen diese Auffassung: Für den Patienten ist es eher vom Zufall abhängig, ob ein Mitarbeiter des Rettungsdiensts mit oder ohne Arzt tätig wird. Für ihn ist vielmehr entscheidend, dass man ihm überhaupt medizinisch hilft: Hierbei vertraut er darauf, dass das übliche Vertrauensverhältnis zwischen Patienten und medizinischem Personal Bestand hat und alles, was dem Rettungsdienstmitarbeiter bekannt wird, auch vertraulich behandelt wird. Den Interessen des Patienten kann daher nur dann in hinreichendem Maße Rechnung getragen werden, wenn den Mitarbeitenden der Rettungsdienste bei allen Einsätzen, bei denen sie medizinische Dienstleistungen erbringen, ein Zeugnisverweigerungsrecht zusteht.[205] Dafür spricht auch der Umstand, dass bei Rettungsfahrten, die ohne Arztbegleitung durchgeführt werden, das Rettungsdienstpersonal als Hilfspersonal des einweisenden oder aufnehmenden Arztes tätig wird. Demnach bestehe ebenso ein Zeugnisverweigerungsrecht wie bei Einsätzen mit Arztbegleitung.[206]

Aufgrund der unsicheren Rechtslage bleibt dem nicht-ärztlichen Rettungsdienstpersonal nur die Möglichkeit, die Aussage unter Berufung auf § 53a Abs. 1 StPO zu verweigern. Dann muss das Gericht reagieren und den Zeugen zu einer Aussage zwingen (siehe § 70 StPO). Erst dann muss der Zeuge aussagen.

2.3.10.2 Verhältnis zu § 203 StGB – Schweigerecht?

Der Personenkreis der nach § 53 Abs. 1 S. 1 Zeugnisverweigerungsberechtigten deckt sich nicht mit dem der nach § 203 StGB Schweigeverpflichteten, sodass aus der Schweigepflicht nicht zwangsläufig ein strafprozessuales Schweigerecht folgt. Mit anderen Worten: Liegt kein Fall des § 53 Abs. 1 S. 1 i.V.m. § 53a StPO vor, ist eine Rettungskraft selbst dann zur Aussage verpflichtet, wenn sie Geheimnisse nach § 203 StGB offenbart. Kommt sie ihrer Zeugenpflicht nach und verletzt sie das durch § 203 StGB geschützte Geheimnis, so handelt sie nicht „unbefugt“, macht sich also nicht strafbar.[207]

205 Ebd.; so auch Tries (2015) a. a. O., S. 70.

206 Tries (2015) a. a. O., S. 70, der – m. E. zu Recht – zwischen Rettungs- und Krankentransporteinsätzen differenziert und nur im ersten Fall ein Zeugnisverweigerungsrecht annimmt.

207 Eisenberg (2017) Beweisrecht der StPO, 10. Aufl., Rn. 1235, 1236.

2.3.11 Straftaten gegen Rettungskräfte und Straftatbestände zum Schutze der Notdienstleistenden

Wenn man in den vergangenen Jahren die Nachrichten verfolgt hat, konnte man den Eindruck bekommen, Rettungskräfte seien auf Deutschlands Straßen Freiwild. Vor allem in den Silvesternächten kommt es in vielen Städten zu Angriffen auf Rettungskräfte und Polizisten. Dass Rettungskräfte beleidigt und körperlich attackiert werden, ist leider auch ein beinahe alltägliches Phänomen geworden: Solche Angriffe gab es zwar immer, das bestätigen im Gespräch alle Betroffenen. In den letzten Jahren häuften sich allerdings besonders krasse Fälle von Gewalt gegen Rettungskräfte im Einsatz.

2.3.11.1 Angriff auf Rettungskräfte, § 115 StGB

Deshalb reagierte der Gesetzgeber im Jahr 2011 und erweiterte den Anwendungsbereich des Tatbestandes „Widerstand gegen Vollstreckungsbeamte“ nach § 113 StGB unter anderem auch auf das Rettungsdienstpersonal (zunächst in § 114 StGB, dann im Jahr 2017 durch eine Gesetzesänderung in § 115 StGB geregelt). **§ 115 Abs. 3 StGB** (Widerstand gegen oder tätlicher Angriff auf Personen, die Vollstreckungsbeamten gleichstehen) lautet nunmehr:

> *„Nach § 113 StGB wird auch bestraft, wer bei Unglücksfällen, gemeiner Gefahr oder Not Hilfeleistende der Feuerwehr, des Katastrophenschutzes, eines Rettungsdienstes, eines ärztlichen Notdienstes oder einer Notaufnahme durch Gewalt oder durch Drohung mit Gewalt behindert. Nach § 114 StGB wird bestraft, wer die Hilfeleistenden in diesen Situationen tätlich angreift.“*

§ 115 Abs. 3 StGB erfasst die dort genannten Hilfeleistenden: Die Formulierungen „des“ **Katastrophenschutzes** bzw. „eines“ **Rettungsdienstes** sollen keinen Unterschied bezeichnen, sondern einen umfassenden Schutz aller zugehörigen Hilfeleistenden gewährleisten.[208] Der Täter muss bei Vorliegen eines Unglücksfalles, von gemeiner Gefahr oder von Not handeln. **Behindern** meint, dass durch ein Verhalten des Täters eine in Gang gesetzte Hilfeleistung abgebrochen oder in ihrer Wirkung abgeschwächt wird.[209] Die Vorschrift kann auch erfüllt sein, wenn der Zugang der Rettungskräfte zum Rettungsort versperrt wird. Den Tätern drohen bei einer Verurteilung Freiheitsstrafen bis zu drei Jahren oder eine Geldstrafe.

Unabhängig von der Anwendung des § 115 Abs. 3 StGB bleibt es natürlich bei der Strafbarkeit nach anderen Vorschriften.

---

208 BT-Drs. 17/6505, S. 5 – Bericht und Beschlussempfehlung des Rechtsausschusses.
209 Eser, in: Schönke/Schröder (2019) Kommentar StGB, 30. Aufl., StGB § 115 Rn. 21.

BEISPIEL

Greift Panzer den Rettungssanitäter Anton während eines Einsatzes mit einem Messer an, so macht sich Panzer nicht nur wegen § 115 Abs. 3 StGB, sondern darüber hinaus wegen gefährlicher Körperverletzung nach § 224 Abs. 1 Nr. 2 und 5 StGB strafbar.

Doch setzt eine Strafverfolgung zumeist voraus, dass die Verletzten eine entsprechende **Strafanzeige bei den Ermittlungsbehörden** (Polizei, Staatsanwaltschaft) erstatten, sonst kann eine Strafverfolgung nur schwerlich erfolgen. Zwar führt nicht immer eine Anzeige auch zu einem Verfahren: Doch die effektive Bekämpfung von Kriminalität setzt ein konsequentes Handeln auch der betroffenen Kreise voraus. In einigen Fällen lohnt es sich auch, die Täter zivilrechtlich zu verfolgen, etwa durch Geltendmachung von Schadens- und Schmerzensgeldansprüchen: Auch das kann langfristig abschreckend wirken und somit zu einem besseren, freundlicheren und respektvolleren Umgang mit Hilfeleistenden beitragen.

2.3.11.2 Missbrauch von Notrufen, § 145 StGB

Ferner ist noch darauf hinzuweisen, dass im Strafgesetzbuch zwei Straftatbestände normiert sind, die konkret das Interesse an wirkungsvoller Hilfe in Notsituationen schützen sollen und damit in besonderem Maße den Rettungsdienst betreffen:[210] Es handelt es sich hierbei um die Strafbarkeit des **Missbrauchs von Notrufen oder Notzeichen** gemäß § 145 Abs. 1 Nr. 1 StGB und die Strafbarkeit der **Beseitigung, Veränderung oder Unbrauchbarmachung von Unfallverhütungs- oder Nothilfemitteln** gemäß § 145 Abs. 2 Nr. 2 StGB. Ein Missbrauch liegt vor, wenn die Not, die durch Notruf oder Notzeichen angezeigt wird, nicht besteht oder der Täter aufgrund öffentlich-rechtlicher Vorschriften nicht berechtigt ist, das Signal zu verwenden. Auch ein „schlechter Scherz" ist von dieser Vorschrift erfasst.[211] Das Vortäuschen kann in jeder Weise geschehen, zum Beispiel durch telefonische Mitteilung, dass eine entsprechende Gefahr oder Not bestehe.[212]

BEISPIEL

Beispiel nach AG Emmendingen, Urteil vom 26. Februar 2008:[213]
Panzer hat sich in der Nacht mithilfe von Wodka die „Kante gegeben". Gegen Mittag nahm er auf dem Friedhof seines Dorfes an der Beerdigung eines Bekannten aus der Obdachlosenszene teil und spielte zu Ehren des Verstorbenen u.a. auch mit seiner Gitarre am Grab. Danach begab er sich mit einem anderen Bekannten auf den Marktplatz. Kurz vor 15 Uhr brach in der Nähe eine Kundin in einem Geschäftsgebäude

210 Kern/Rehborn, in: Laufs/Kern/Rehborn (2019) Handbuch des Arztrechts, 5. Aufl., § 20 Notarzt/Rettungsdienst, Rn. 87.
211 Heuchemer, in: Heintschel-Heinegg (2020) BeckOK StGB, 47. Ed., StGB § 145 Rn. 4.
212 Ebd.
213 AG Emmendingen, Urteil vom 26. Februar 2008 – Az. 5 Cs 350 Js 459, NStZ 14 (4/2009), S. 103 – etwas abgeändert.

zusammen. Panzer bemerkte das Eintreffen des herbeigerufenen Notarztwagens sowie eines Rettungswagens des DRK. Er begab sich in das Gebäude und mischte sich in die Bemühungen der Notärztin und der Rettungskräfte ein. Die Vorgenannten wiesen ihn wiederholt zurück. Hierüber ärgerte sich Panzer derart, dass er zwar das Gebäude verließ, aber aus dem unverschlossen abgestellten Rettungswagen des DRK den Zündschlüssel entnahm und diesen in seine Tasche steckte. Als die Patientin ausreichend stabilisiert war, um ins Krankenhaus transportiert werden zu können, wurde sie in das Rettungsfahrzeug verbracht. Nachdem festgestellt wurde, dass der Zündschlüssel verschwunden war, begab sich Rettungsassistent Rettig auf die Suche. Panzer, der dort in der Näher verblieben war, wurde von Rettig angesprochen. Dieser stritt zunächst ab, mit der Sache etwas zu tun zu haben. Erst als Rettig „nachdrücklicher" wurde, gab Panzer schließlich widerwillig dem Rettig den Schlüssel. Die Abfahrt des Rettungswagens verzögerte sich um 15 Minuten.

Strafbarkeit des Panzer?
Panzer hat sich wegen Beeinträchtigung von Unfallverhütungs- und Nothilfemitteln gemäß § 145 Abs. 2 StGB strafbar gemacht.

Zum einen handelt es sich auch bei einem Rettungswagen um ein zur Hilfeleistung bei Unglücksfällen bestimmtes Rettungsgerät im Sinne der Vorschrift. Zum anderen hat Panzer dieses auch „unbrauchbar" gemacht. Hierfür bedarf es nicht etwa eines dauerhaften Funktionsverlustes oder gar einer Substanzverletzung. Das Verstecken des Zündschlüssels eines Rettungsfahrzeugs stellt eine Beeinträchtigung des Rettungsgeräts im Sinne der Vorschrift dar.[214]

2.3.12 Umgang mit Leichen: Todesfeststellung, Leichenschau

Die Gesetzgebungskompetenz für **Bestattungs- und Friedhofsangelegenheiten** obliegt den Bundesländern.[215] Die Regelungen zu Durchführungspflicht, Veranlassung, Ort und Zeit einer Leichenschau decken sich inhaltlich bundesweit überwiegend. Jeder niedergelassene Arzt ist – wenn verfügbar – für die **Feststellung des Todes, des Todeszeitpunkts, der Todesart und der Todesursache** eines Verstorbenen unverzüglich zur Durchführung der Leichenschau verpflichtet. Zur unverzüglichen Verständigung des Arztes verpflichtet sind Personen, in deren Beisein der Tote verstorben ist bzw. die den Toten aufgefunden haben (z.B. Schleswig-Holstein, Sachsen-Anhalt) oder die Angehörigen des Toten

214 So das AG Emmendingen, ebd.

215 Die *Landesbestattungsgesetze* weisen zum Teil Unterschiede auf. So bestimmt beispielsweise Schleswig-Holstein in § 2 BestG als Leiche: „Eine Leiche ist der Körper eines Menschen, bei dem sichere Todeszeichen bestehen oder der Tod auf andere Weise zuverlässig festgestellt wurde und bei dem der körperliche Zusammenhalt durch den Verwesungsprozess noch nicht vollständig aufgehoben ist. Kopf oder Rumpf als abgetrennte Teile des Körpers gelten als Leiche. Eine Leiche ist auch das Totgeborene [...]." In Sachsen-Anhalt gilt zusätzlich auch das Skelett eines Menschen als Leiche (§ 2 bestimmt in S. 3: „Als Leiche gelten auch das Skelett eines Menschen und die Körperteile im Sinne des Satzes 2 in skelettierter Form [...].").

(z. B. Nordrhein-Westfalen) oder die Personen, in deren Wohnung, Einrichtung oder deren Grundstück sich der Sterbefall ereignet hat (z. B. Baden-Württemberg).[216]

In der Regel sind **Notärzte** von der Verpflichtung zur Durchführung der vollständigen Leichenschau **befreit**. Ihre Pflicht beschränkt sich auf die Ausstellung einer „vorläufigen Todesbescheinigung". Ein Notarzt, der keine vollständige Leichenschau durchführt, sollte die Angehörigen aber darauf hinweisen, dass sie hierfür einen anderen Arzt herbeizurufen verpflichtet sind.[217]

Ausnahmsweise kann sich aber auch für den Notarzt eine Pflicht zur Durchführung der vollständigen Leichenschau ergeben. In dem Fall, in dem kein Arzt der Kassenärztlichen Vereinigung verfügbar ist, begründet sich zum Beispiel gemäß § 9 Abs. 3 BestG NRW eine Zuständigkeit der unteren Gesundheitsbehörde. Auf kommunaler Ebene kann wiederum geregelt sein, dass das Gesundheitsamt vom Notarzt vertreten wird.[218]

Gegenstand der Leichenschau ist in der Regel die umfassende und sorgfältige Sichtung der unbekleideten Leiche. Im Anschluss ist die Todesbescheinigung auszufüllen und auszuhändigen. Verpflichtete, die nicht unverzüglich die Leichenschau veranlassen, sowie Ärzte, die die Leichenschau nicht unverzüglich oder nicht sorgfältig durchführen oder trotz Anzeichen einer nicht natürlichen Todesursache die Polizei oder die Staatsanwaltschaft nicht verständigen, begehen eine Ordnungswidrigkeit.[219]

Eine ganz andere Situation entsteht natürlich dann, wenn konkrete Anhaltspunkte dafür vorhanden sind, dass jemand eines **nicht natürlichen Todes** gestorben ist. Dann ist die Polizei verpflichtet, dies der Staatsanwaltschaft anzuzeigen. Das Gleiche gilt, wenn der **Leichnam eines Unbekannten** gefunden wird (vgl. § 159 Abs. 1 StPO). Die Polizei sorgt dann für die sichere Unterbringung der Leiche (z. B. die Überführung von der Unfallstelle bzw. vom Tatort an einen anderen Ort). Auch für die Beweissicherung hat die Polizei zu sorgen (Fertigung von Fotos der Leiche am Fundort, Augenscheinnahme durch Staatsanwalt oder Richter usw.).

Allerdings gilt hier ein wichtiger Grundsatz: Die Beweissicherung tritt hinter die **Rettungsbemühungen der Rettungskräfte** zurück. Anders formuliert: Es muss zuerst alles getan werden, um das Leben des Patienten zu retten. Erst anschließend, d. h. nach etwaigen nicht erfolgreichen Rettungsbemühungen, kommt die Beweissicherung in Betracht.

216 Nüßen (2015) Recht in der Notfallmedizin, in: Salomon (2015) Praxisbuch Ethik in der Notfallmedizin, 1. Aufl., S. 71-84, hier S. 80.
217 Ebd.
218 Ebd.
219 Ebd.

3 Zivilrecht

Das **Zivilrecht** – auch Privatrecht oder Bürgerliches Recht genannt – regelt die *Rechtsverhältnisse zwischen gleichrangigen Rechtssubjekten.* Wenn ich ein E-Bike beim Fahrradhändler, mehrere Brötchen bei der nächsten Bäckerei oder Milch im Supermarkt kaufe, dann schließe ich mit dem jeweiligen Ladeninhaber einen (privatrechtlichen) Vertrag – hier einen Kaufvertrag nach § 433 BGB – ab. Der Staat hat mit diesem Rechtsgeschäft unmittelbar nichts zu tun.[220] Die Vertragsfreiheit ermöglicht jedem Bürger, beliebig Verträge zu schließen und so das eigene Leben zu gestalten, etwa durch den Kauf eines Autos, durch den Abschluss eines Mietvertrages oder durch das Buchen einer Fernreise nach Lateinamerika. Entstehen irgendwelche Probleme vor oder nach der Abwicklung eines Vertrages – ist zum Beispiel das erworbene Auto mangelhaft oder die Reise katastrophal – kann ich den jeweiligen Vertragspartner verklagen. Zuständig sind die ordentlichen Gerichte, je nach Streitwert das Land- oder Amtsgericht.[221]

3.1 Verträge

Ein Vertrag setzt grundsätzlich voraus, dass zwei Personen – natürliche[222] oder juristische Personen[223] bzw. Personengesellschaften[224] – einen Konsens erreichen, sich also umgangssprachlich „vertragen“. Juristen sagen dazu: Ein Vertrag setzt zwei deckungsgleiche, d.h. übereinstimmende Willenserklärungen voraus, bestehend aus Angebot und Annahme.

Doch was ist eine Willenserklärung? Dieser Begriff, ein zusammengesetztes Wort aus „Wille“ und „Erklärung“, ist ein zentraler Begriff des gesamten Vertragsrechts und beschreibt jede Äußerung eines Menschen, die auf den Abschluss einer von der Rechtsordnung, also vom Gesetz anerkannten rechtlichen Folge abzielt, so zum Beispiel das Anbieten von Waren zum Verkauf oder das Anklicken eines Buttons in einem Webshop, das zum Kauf eines mp3-Songs führt. Ein Vertragsschluss setzt ein Angebot und eine Annahme dieses Angebots voraus: Beide Äußerungen sind Willenserklärungen.

Verträge gibt es viele. Juristen haben Spaß daran, diese zu kategorisieren. So gibt es

- **einseitige Schuldverhältnisse** (z.B. die Schenkung nach § 516 BGB: ein Vertrag, in welchem nur derjenige, der etwas schenkt, sich verpflichtet, während der Schenkungsnehmer nur das Geschenk annimmt, ohne eine Gegenleistung dafür zu erbringen),
- **gegenseitige Schuldverhältnisse** (z.B. der Kaufvertrag nach § 433 BGB, wonach der Verkäufer die Lieferung und Übereignung der verkauften Sache und der Käufer die Zahlung des Kaufpreises schuldet),
- **typische Verträge**, die im BGB geregelt sind (Kaufvertrag nach § 433 BGB, Werkvertrag nach § 631 BGB, Darlehen nach § 488 BGB, Mietvertrag nach § 535 BGB,

220 Dass eine Steuer – die Mehrwertsteuer – anfällt, ändert an der Rechtsnatur des Vertrages als privatrechtliches Rechtsgeschäft nichts: Die Steuer ist nur eine mittelbare und keine unmittelbare Rechtsfolge eines Vertrages.

221 Bei einem Streitwert bis 5.000 Euro die Amtsgerichte, darüber hinaus die Landgerichte (siehe §§ 71, 23 Gerichtsverfassungsgesetz, GVG).

222 Jeder von uns, ich und Sie, sind natürliche Personen. Lesen Sie § 1 BGB: Nach Vollendung der Geburt, durch Erlangung der Rechtsfähigkeit, werden wir Personen.

223 Beispiele: Aktiengesellschaft (AG), Gesellschaft mit beschränkter Haftung (GmbH) und der eingetragene Verein (e. V.).

224 Beispiele: Offene Handelsgesellschaft (OHG) und die Kommanditgesellschaft (KG).

Auftrag nach § 662 BGB, Bürgschaft gemäß § 765 BGB, Dienstleistungsvertrag nach § 611 BGB) und
- Verträge, die nicht im BGB geregelt sind (wie z. B. der Leasing- oder der Factoringvertrag[225]).

Es gibt allerdings keine bestimmte Anzahl von Verträgen, sondern beinahe unzählige Vertragskonstellationen. Auch alltägliche Vorgänge können rechtlich durchaus komplizierte Verträge sein: Wenn ich in einem Restaurant bin und dort an einem Tisch sitze und mir eine Cola und eine Pizza bestelle, dann habe ich bezüglich des Tisches eine Art Mietvertrag geschlossen (ich darf gegen einen Aufpreis, der in der Gesamtrechnung einkalkuliert ist, für eine bestimmte Zeit den Tisch, den Stuhl und das Besteck benutzen), bezüglich des Getränkes einen Kaufvertrag (das Getränk muss ja nur serviert werden), bezüglich der Pizza aber einen Werklieferungsvertrag (diese wird ja erst erstellt und mir an den Tisch gebracht). Außerdem erwarte ich, dass der Kellner mir nicht nur das Essen und das Getränk bringt, sondern auch bei Bedarf eine eventuell fehlende Serviette oder ein neues Glas, also Dienstleistungen im Sinne des § 611 BGB erbringt. In einem solchen einheitlichen Vertrag sind also vier verschiedene BGB-typische Vertragspflichten enthalten. Auch das ist aufgrund der Vertragsgestaltungsfreiheit ohne Weiteres zulässig.

Dieses Beispiel zeigt, dass wir im Alltag unzählige Verträge schließen, manchmal ist uns das nicht einmal bewusst, weil wir das täglich machen oder weil wir nicht realisieren, dass wir gerade einen Vertrag geschlossen haben. So schließe ich einen Beförderungsvertrag ab, indem ich in eine Straßenbahn einsteige. Oder ich gehe ein Auftragsverhältnis ein, wenn mich in der Bahn ein Fahrgast bittet, kurz auf seinen Laptop aufzupassen, während er auf Toilette ist. Und selbst wenn ich mich nur in ein Kaufhaus begebe, um dort nachzuschauen, ob es die von mir erwünschten Markenschuhe gibt, entsteht ein **vorvertragliches Schuldverhältnis** mit dem Kaufhausbetreiber (§ 311 Abs. 2 BGB), wonach er verpflichtet wird, dafür zu sorgen, dass ich nicht ohne Grund an einer nassen Stelle ausrutsche, mir Waren aus einem Regal auf den Kopf fallen, oder allgemeiner formuliert: dass ich nicht durch ein unsorgfältiges Verhalten seiner Mitarbeitenden verletzt werde.

Doch nicht alles, was wir tun, ist auch immer so verbindlich, dass wir hieraus Rechtsfolgen herleiten können: Bittet mich ein Nachbar darum, ihm kurz beim Umzug zu helfen und drei Kisten in seinen Transporter zu schleppen, so kommt dadurch kein Umzugsvertrag zustande; es handelt sich hierbei um eine reine – unverbindliche – **Gefälligkeit**. Bloße Gefälligkeiten – unter Nachbarn, Verwandten oder Freunden – sind in der Regel keine Verträge.

225 Wenn Sie zu einem neuen Arzt gehen, werden Ihnen einige Formulare zum Ausfüllen und Unterschreiben überreicht. Unter anderem geht es auch um Ihre notwendige Zustimmung zur Weiterleitung von Daten zwecks Abtretung der Honorarforderung des Arztes an zentrale Abrechnungsgesellschaften, die dann die Honorare gegen die Patienten abrechnen und geltend machen. Diese Abtretungsgeschäfte bezeichnet man als „Factoring".

3.2 Abgrenzung: Vertragsautonomie oder zwingendes Recht?

Es gibt Fälle, in denen der Staat ein erhebliches Interesse hat, den Sachverhalt näher zu regeln, den Vertragsbeteiligten Grenzen zu setzen und dafür zu sorgen, dass gewisse Interessen berücksichtigt werden. Diese Regeln, diese **Schranken der Vertragsfreiheit,** sind **zwingend**. Ein Verstoß führt meistens zur Unwirksamkeit des Vertrages bzw. der vorgenommenen rechtlichen Handlung (wie z. B. einer Kündigung).

Das kann darin liegen, dass strukturell zwischen den Verhandlungspartnern ein Ungleichgewicht besteht und der Staat zum Schutze des Schwächeren intervenieren muss. Dann greift der Staat in die Vertragsautonomie ein und regelt diese Fälle durch allgemeingültige Normen: Typisch dafür sind zum Beispiel die Bestimmungen des Mietrechts, wodurch der Staat die Mieter einer Wohnung vor ungerechtfertigten Kündigungen schützt. Ähnlich verhält es sich – wie wir unten noch sehen werden – im Bereich des Arbeitsrechts, da der Arbeitgeber in aller Regel in einer besseren Vertragsposition als der Arbeitnehmer ist. Daher unterliegt ein Arbeitsverhältnis unter bestimmten Bedingungen (mehr als zehn Arbeitnehmer im Betrieb und das mindestens sechsmonatige Bestehen des Arbeitsverhältnisses) dem Kündigungsschutz: Nur, wenn die Kündigung besonders gerechtfertigt ist, ist sie auch wirksam. Ein weiterer wichtiger Fall des Interessenschutzes durch Einschränkungen der Vertragsfreiheit stellen die Bestimmungen zum **Minderjährigenschutz** dar (s. u.).

Ferner sieht das Gesetz vor, dass Verträge, die gegen eine **Verbotsvorschrift** verstoßen, nach § 134 BGB nichtig sind. Wer zum Beispiel Drogen verkauft, macht sich nicht nur strafbar nach § 29 BtMG, sondern darf keine staatliche Hilfe bei der Durchsetzung seines vermeintlichen Dealergeldes in Anspruch nehmen, wenn der „Käufer“ das versprochene Geld für die Drogen nicht zahlt. Die Vereinbarung eines Drogengeschäfts ist nichtig!

Wer gegen ein Strafgesetz verstößt, verdient nicht den Schutz des Staates. Dasselbe gilt, wenn zum Beispiel ein Handwerker „ohne Rechnung“ – umgangssprachlich „schwarz“, d. h. an der Steuer vorbei – ein Fenster repariert: Es handelt sich um ein nichtiges Rechtsgeschäft! Wieso sollte der Staat dem Handwerker die Möglichkeit geben, seine Vergütung einzuklagen, wenn dieser nicht bereit war, die entsprechende Steuer zu entrichten? Und wieso sollte nun der Bauherr staatliche Hilfe beanspruchen können, wenn der Handwerker schlechte Arbeit geleistet hat?

3.2.1 Minderjährigenschutz

Jeder von uns darf rechtswirksam Rechtsgeschäfte, zum Beispiel Verträge abschließen. Allerdings setzt das voraus, dass wir **geschäftsfähig** sind. Wer volljährig ist, ist auch in der Regel geschäftsfähig. Eine Ausnahme besteht bei Menschen, die trotz Volljährigkeit aufgrund einer geistigen Störung nicht in der Lage sind, Geschäfte zu tätigen. Dann bedarf es gegebenenfalls der Bestellung eines Betreuers, der dann die Geschäfte für den Geschäftsunfähigen regelt. Und was ist nun mit einem 17-Jährigen? Darf ein 17-Jähriger keine Rechtsgeschäfte abschließen, also zum Beispiel ein Fahrrad kaufen?

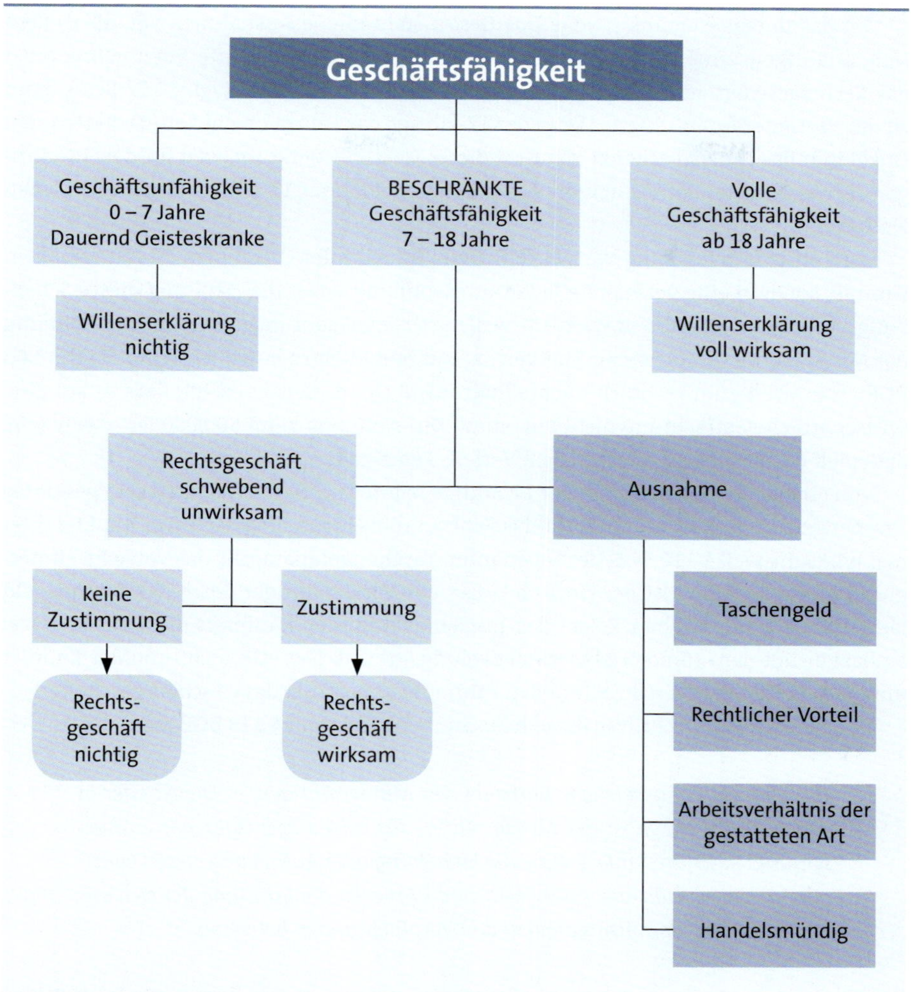

Abb. 12: Geschäftsfähigkeit

Die Antwort auf diese – banal klingende – Frage ist gar nicht so einfach:

Nach den Vorschriften des BGB (§§ 2, 106, 107 und 108 BGB) verhält es sich dahingehend so, dass der 17-Jährige als **beschränkt Geschäftsfähiger** grundsätzlich der Zustimmung seiner gesetzlichen Vertreter (i.d.R. die Eltern nach §§ 1626, 1629 BGB) benötigt, um rechtswirksam einen Vertrag einzugehen. Wieso? Der Gesetzgeber möchte nicht, dass ein Minderjähriger sich rechtlich bindet. Rechtliche Nachteile sind zu vermeiden! Kauft also ein 17-Jähriger ein Fahrrad, dann ist der Kaufvertrag nur dann sofort wirksam, wenn er vor dem Abschluss des Vertrages bereits eine Einwilligung seiner Eltern hat. Andernfalls ist sein Kauf „schwebend unwirksam“, d.h. dessen Wirksamkeit von der Genehmigung seiner Eltern abhängig. Lehnen die Eltern eine Genehmigung ab, ist der Vertrag endgültig gescheitert.

Gilt das uneingeschränkt? Nein. Das Gesetz sieht einige Ausnahmen vor, die es dem Minderjährigen ermöglichen, schon als 17-Jähriger Rechtsgeschäfte vorzunehmen. Ist das Rechtsgeschäft zum Beispiel **„lediglich rechtlich vorteilhaft“** (vgl. § 107 BGB), dann ist der Vertrag sofort wirksam: Wenn der 17-Jährige das Fahrrad nicht kauft, sondern sein Onkel ihm das Fahrrad schenkt, dann ist dieses Geschäft wirksam, weil für den 17-Jährigen rechtlich vorteilhaft. Durch die Schenkung erleidet der 17-Jährige keine rechtlichen Nachteile.

Doch ist jede Schenkung von Vorteil? Nein, Schenkt der Onkel dem 17-Jährigen kein Fahrrad, sondern eine vermietete Eigentumswohnung, so ist die Erfüllung dieses Schenkungsvertrages wiederum unwirksam, weil durch den Eigentumserwerb an der Wohnung der Minderjährige sofort einen Mietvertrag mit den Mietern eingehen würde (vgl. § 566 BGB), was wiederum rechtlich nachteilhaft wäre. Dieses Beispiel zeigt, dass es auf eine wirtschaftliche Betrachtung nicht ankommt: Die Wohnung kann 500.000 Euro wert sein, das spielt für die Frage des rechtlichen Vorteils keine Rolle.

Nun eine weitere Ausnahme: Der 17-Jährige hat in den letzten Monaten sein gesamtes Taschengeld angespart und erwirbt das Fahrrad mit seinem Ersparten. Der Kauf ist diesmal wirksam, weil § 110 BGB, der sogenannte **Taschengeldparagraf**, das vorsieht. Hintergrund dieser Regelung ist der Umstand, dass ein Minderjähriger durch das Taschengeld lernt, mit Geld umzugehen. Reicht das Taschengeld für den Kaufpreis nicht aus und vereinbart er mit dem Händler eine Ratenzahlung, greift § 110 BGB nicht und der Kauf ist unwirksam. Genehmigen die Eltern den Fahrradkauf nicht, ist das Geschäft gescheitert.

Eine besondere Vorschrift in diesem Zusammenhang stellt **§ 113 BGB** dar:

> *„Ermächtigt der gesetzliche Vertreter den Minderjährigen, in Dienst oder in Arbeit zu treten, so ist der Minderjährige für solche Rechtsgeschäfte unbeschränkt geschäftsfähig, welche die Eingehung oder Aufhebung eines Dienst- oder Arbeitsverhältnisses der gestatteten Art oder die Erfüllung der sich aus einem solchen Verhältnis ergebenden Verpflichtungen betreffen.“*

Die Eltern eines Minderjährigen können zum Beispiel einen Sommerjob in einer Eisdiele genehmigen. Dann sind sämtliche Rechtsgeschäfte, die der Minderjährige im Zusammenhang mit dieser Anstellung vornimmt, wirksam. Der Minderjährige kann den Lohn entgegennehmen, ein zur Lohnzahlung erforderliches Girokonto eröffnen,[226] auf Lohn verzichten, mit ihm aufrechnen, ihn stunden oder sich über ihn vergleichen. Nicht ermächtigt ist er zur Vereinbarung eines Überziehungskredits.[227] Unter § 113 BGB fallen auch Beförderungsverträge, die der Minderjährige abschließen muss, um zur Arbeit zu fahren, oder Bewirtungsverträge mit einem Kantinenbetreiber.[228] Die Ermächtigung umfasst auch den Beitritt zu einer Gewerkschaft. Wie verhält es sich mit **Ausbildungsverhältnissen**? Dürfen die Eltern den Minderjährigen zur Eingehung eines Ausbildungsvertrages ermächtigen?

---

226 Capeller (1961) Lohnkonten Minderjähriger, Betriebs-Berater 16, S. 453ff, hier S. 454; Hagemeister (1992) Grundfälle zu Bankgeschäften mit Minderjährigen, JuS 32, S. 839-845, hier S. 842.

227 Vortmann (1994) Bankgeschäfte mit Minderjährigen, Wertpapier-Mitteilungen 1994, S. 965 ff., hier S. 967.

228 Spickhoff, in: MüKo BGB, 8. Aufl., 2008, § 113 Rn. 30.

Nein, denn Lehrverträge sind keine Dienst- oder Arbeitsverträge im Sinne des § 113 BGB, da hier der Ausbildungs- und Erziehungszweck überwiegt.[229]

Folglich müssen die Eltern den Ausbildungsvertrag selbst aushandeln, durchlesen und unterschreiben – eine Abwälzung an den Auszubildenden ist wegen der rechtlichen Tragweite eines solchen Vertrages nicht möglich.

3.2.2 Sittenwidrigkeit

In § 138 Abs. 1 BGB ist eine weitere wichtige Schranke der Vertragsfreiheit geregelt: Ein Rechtsgeschäft, das gegen die guten Sitten verstößt, ist wegen **Sittenwidrigkeit** nichtig, d.h. unwirksam. Doch was sind die guten Sitten? Juristen sagen dazu, dass die guten Sitten dann verletzt sind, „wenn das Rechtsgeschäft nach seinem Inhalt, Beweggrund oder Zweck gegen das Anstandsgefühl aller billig und gerecht Denkenden verstößt."[230] Was allerdings vor fünfzig Jahren noch den guten Sitten entgegenstand, muss heute nicht unbedingt genauso beurteilt werden: Die guten Sitten ändern sich mit den Anschauungen der jeweiligen Epoche. So ist heute ein Dienstleistungsvertrag mit einer Prostituierten, seit der Legalisierung der Prostitution – durch ein entsprechendes Gesetz aus dem Jahre 2001 – nicht mehr sittenwidrig.[231]

Die Sittenwidrigkeit eines Vertrages kann mannigfache Gründe haben: So kann das Rechtsgeschäft schon seinem objektiven Inhalt nach wegen des hierdurch bezweckten Erfolgs sittenwidrig sein, zum Beispiel der Erwerb eines Radarwarngerätes für ein Kfz. Wichtigste Fälle der Sittenwidrigkeit sind ein besonders **auffälliges grobes Missverhältnis zwischen Leistung und Gegenleistung**: Zahlt man in einem bestimmten Stadtviertel etwa 10 Euro pro Quadratmeter für eine Wohnung, wäre es sittenwidrig, wenn der Vermieter von mir 22 Euro pro Quadratmeter verlangen würde.[232] Sittenwidrig wäre auch die Bürgschaftserklärung eines jungen Mannes, der gerade eine Ausbildung macht und für ein hohes sechsstelliges Darlehen, das die Bank seinem Vater gewährt hat, dadurch mithaften soll. Hier spricht man von einer „finanziell krassen Überforderung", die zu einer Nichtigkeit des Vertrages führt.

3.2.3 Allgemeine Geschäftsbedingungen

Jeder kennt sie, die Wenigsten allerdings haben solche jemals wirklich gelesen: die **Allgemeinen Geschäftsbedingungen** (nachfolgend: AGB). Ob Sie über Amazon eine Kaffeemaschine bestellen oder über Zalando ein paar neue Schuhe, spielt keine Rolle: Bevor Sie den Kaufvertrag schließen, müssen Sie den AGB von Amazon bzw. Zalando u.a. zustimmen, sonst erfolgt kein Vertragsschluss. Das Kleingedruckte kann aber dann entscheidend sein, wenn irgendetwas schiefgeht. AGB sind nämlich vorformulierte Vertragsbedingungen,

229 LAG Kiel (1955), Betriebs-Berater 10, S. 997 ff.
230 Fuchs, in: Creifelds (2020) Rechtswörterbuch, 24. Aufl.
231 Das Prostitutionsgesetz wurde am 20. Dezember 2001 beschlossen und gilt seit dem 1. Januar 2002 (BGBl. I, 2001, S. 3983).
232 Etwa knapp doppelt so hoch wie marktüblich: vgl. BGH, Wertpapier-Mitteilungen 1998, S. 934.

die für eine Vielzahl von Verträgen verwendet werden und meistens von einer Vertragspartei (Verwender) einseitig der anderen Partei auferlegt werden (vgl. § 305 Abs. 1 BGB).

Doch der Gesetzgeber hat die Anwendung dieser einseitigen, vorformulierten Klauseln, die meistens zulasten der Kunden gehen, stark eingeschränkt und in den §§ 305 ff. BGB Vorschriften vorgesehen, die den Empfänger solcher AGB schützen sollen: So sind beispielsweise Bestimmungen in AGB, die nach den Umständen, insbesondere nach dem äußeren Erscheinungsbild des Vertrags, so ungewöhnlich sind, dass der Vertragspartner des Verwenders nicht mit ihnen zu rechnen braucht (sog. **überraschende Klauseln**), unwirksam. AGB unterliegen zudem der Inhaltskontrolle durch die Gerichte. Dabei sind nach der Generalklausel des § 307 Abs. 1 BGB Bestimmungen in AGB unwirksam, wenn sie den Vertragspartner des Verwenders entgegen den Geboten von Treu und Glauben unangemessen benachteiligen, also einseitig und unberechtigt nur die Interessen des wirtschaftlich Stärkeren berücksichtigen. Eine **unangemessene Benachteiligung** ist im Zweifel anzunehmen, wenn eine Klausel mit wesentlichen Grundgedanken der gesetzlichen Regelung, von der abgewichen wird, nicht zu vereinbaren ist (z.B. wenn die Klausel bestimmen würde, dass eine Restzahlung des Kaufpreises noch vor Lieferung der Ware erfolgen müsste) oder wesentliche Rechte oder Pflichten, die sich aus der Natur des Vertrags ergeben, so einschränkt, dass die Erreichung des Vertragszwecks gefährdet ist (z.B. Klauseln des Lieferanten, die dem Kunden jegliche Gewährleistungsansprüche abschneiden würden). Das Gesetz enthält außerdem in den **§§ 308 und 309 BGB** einen umfangreichen Katalog von verbotenen Klauseln, die stets zur Unwirksamkeit bei der Verwendung in AGB führen, zum Beispiel unangemessener pauschalierter Schadensersatz, Haftungsausschlüsse bei Körperverletzung oder Pflichtverletzung usw.

Abb. 13: Grundsätze des Vertragsrechts

3.3 Behandlungsvertrag, § 630a BGB

In zivilrechtlicher Hinsicht ist der **Behandlungsvertrag** zu erwähnen, welcher in den §§ 630a BGB ff. geregelt ist.

§ 630a Abs. 1 BGB definiert den Behandlungsvertrag: Durch den Behandlungsvertrag wird derjenige, der die medizinische Behandlung eines Patienten zusagt (Behandelnder), zur Leistung der *medizinischen Behandlung*, der Patient zur Gewährung der vereinbarten *Vergütung* verpflichtet.

Patient ist dabei, wer selbst oder durch einen Vertreter einen Vertrag mit dem Behandelnden abschließt, unabhängig davon, welche Versicherung besteht. Anders formuliert: Auch im Fall einer bestehenden gesetzlichen Krankenversicherung schließt der Patient einen Behandlungsvertrag. Doch während den Privatpatienten eine Vergütungspflicht trifft (die ihm nach § 192 VVG von seinem Versicherer ersetzt wird), muss der gesetzlich Versicherte keine Vergütung erbringen (vgl. §§ 87b, 108, 109 SGB V).[233]

Nach § 630c Abs. 1 BGB müssen Behandelnder und Patient zusammenwirken: Der Patient muss zum Beispiel wichtige Umstände offenlegen (Vorerkrankungen, medizinisch wichtige Verhaltensweisen oder anderweitig verordnete Medikamenteneinnahmen mitteilen) und Anweisungen befolgen. Der Behandelnde ist verpflichtet, dem Patienten in verständlicher Weise die wesentlichen Umstände der Behandlung, wie zum Beispiel die Diagnose, die Therapie und mögliche gesundheitliche Entwicklung, darzulegen (§ 630c Abs. 2 BGB).

Ausdrücklich gesetzlich niedergelegt ist weiter, dass die Durchführung der Behandlung die (jederzeit widerrufliche) **Einwilligung des Patienten** voraussetzt, § 630d BGB, welche eine natürliche Einsichtsfähigkeit des Patienten erfordert. Doch eine wirksame Einwilligung setzt eine **umfassende Aufklärung** über die Behandlung (Chancen, Risiken, Alternativen etc.) voraus, § 630e BGB. Ausnahmen sind in § 630e Abs. 3 BGB geregelt: Der Aufklärung des Patienten bedarf es nicht, soweit diese ausnahmsweise aufgrund besonderer Umstände entbehrlich ist, insbesondere wenn die Maßnahme unaufschiebbar ist oder der Patient auf die Aufklärung ausdrücklich verzichtet hat.

Der Behandelnde hat ferner über die Behandlung eine *Patientenakte* in Papierform oder elektronisch zu führen, um eine lückenlose Dokumentation (über wesentliche Maßnahmen, Ergebnisse etc.) sicherzustellen. Dabei muss bei Änderungen der ursprüngliche Inhalt erkennbar bleiben, § 630f BGB.

Die Patientenakte ist zehn Jahre aufzubewahren, § 630f Abs. 3 BGB. Der Patient hat einen Anspruch, jederzeit in seine Akte Einsicht zu nehmen, § 630g BGB.

Und wie sieht es mit der Haftung des Arztes bzw. generell eines Behandlers aus? Für die **Haftung bei Behandlungsfehlern** gelten die allgemeinen Vorschriften: Verletzt der Arzt

233 Schmidt, in: Creifelds (2020) Rechtswörterbuch, 24. Aufl.

eine Pflicht aus dem Behandlungsvertrag, erstellt er zum Beispiel eine falsche Diagnose und erleidet der Patient hieraus einen Schaden, so ist der Arzt zum Schadensersatz verpflichtet (vgl. § 280 Abs. 1 BGB). Eine Haftung kommt auch bei **mangelnder Aufklärung** in Betracht.

Von besonderer Wichtigkeit ist in diesem Zusammenhang § 630h BGB: Diese Norm regelt eingehend eine **Beweislastverteilung** bei Behandlungs- und Aufklärungsfehlern.

Bei einem *groben Behandlungsfehler* (Abs. 5), wird eine dadurch verursachte Verletzung des Gesundheitszustands des Patienten vermutet. Nicht nur: Bei fehlender Dokumentation wird sogar das Unterlassen einer gebotenen Maßnahme vermutet (Abs. 3). Außerdem trifft den Behandelnden die Beweislast für die Einwilligung des Patienten (Abs. 2).

Doch wann liegt ein grober Behandlungsfehler vor? Der BGH versteht darunter ein **eindeutiges Fehlverhalten** (eindeutiger Verstoß gegen bewährte ärztliche Behandlungsregeln oder gesicherte medizinische Erkenntnisse), das aus objektiver ärztlicher Sicht bei Anlegung des für einen Arzt geltenden Ausbildungs- und Wissensmaßstabs nicht mehr verständlich und verantwortbar erscheint,[234] weil ein solcher Fehler dem Arzt aus dieser Sicht schlechterdings nicht unterlaufen darf.[235] Dieser Verstoß gegen elementare medizinische Erkenntnisse oder Behandlungsstandards kann sich auch aus einer Gesamtwürdigung ergeben. Maßstab für die Bewertung des Fehlers ist der Arzt der betreffenden Facharztrichtung und der Standard, den der Patient von ihm erwarten darf.[236] Dieser **berufsspezifische Sorgfaltsmaßstab** bestimmt sich aus der berufsfachlichen Sicht des Fachgebiets des behandelnden Arztes und ist mithilfe medizinischer Sachverständiger zu ermitteln, seine Verletzung hat der Patient als Teil des Behandlungsfehlers zu beweisen.

Eine Fallgruppe in der Rechtsprechung bildet der **grobe Diagnosefehler**: Doch Irrtümer in der Diagnose sind wegen der häufig schwierigen Diagnosestellung nur zurückhaltend als Behandlungsfehler zu beurteilen. Zum Behandlungsfehler wird der Diagnoseirrtum erst, wenn für eine Krankheit kennzeichnende Symptome nicht ausreichend berücksichtigt werden und daher die Wertung nicht mehr vertretbar ist. Deshalb ist die Schwelle vom einfachen Diagnosefehler zum groben Fehler erst überschritten, wenn es sich um einen „fundamentalen" Diagnoseirrtum handelt.[237] Solche fundamentalen Irrtümer liegen nahe, wenn eindeutige, auf ernste Erkrankungen hindeutende Symptome übersehen werden, obwohl die Behandlungssituation eine ausreichende Prüfung erlaubt.[238]

Nicht schon jedes Versäumnis selbstverständlichen ärztlichen Handelns ist per se ein grober Behandlungsfehler: Entscheidend ist also, ob es sich um einen elementaren Verstoß im genannten Sinne handelt oder lediglich um eine Fehlentscheidung in einer mehr oder weniger schwierigen Lage. So genügt nicht schon ein fehlerhaftes Versagen, wie es

234 BGH, Urteil vom 17. November 2015 – Az. VI ZR 476/14 Tz 14, VersR 67 (4/2016), S. 260 ff., hier S. 262; BGH, Urteil vom 25. Oktober 2011 – Az. VI ZR 139/10, VersR 63 (9/2012), S. 362.
235 Bergmann/Pauge/Steinmeyer (2018) Gesamtes Medizinrecht, 3. Aufl., BGB § 630h Rn. 25, 26.
236 Ebd.
237 Ebd. § 630h Rn. 57.
238 Ebd.

auch einem hinreichend befähigten und allgemein verantwortungsbewusst handelnden Arzt einmal passieren kann.[239]

Unter § 630a Abs. 1 BGB fallen alle **humanmedizinischen Behandlungen** durch Angehörige der Heilberufe: Ärzte, Zahnärzte, Psychologische Psychotherapeuten. Darüber hinaus werden auch Behandlungen durch Angehörige nicht-ärztlicher Heilberufe erfasst, deren Ausbildung nach Art. 74 Abs. 1 Nr. 19 GG durch Bundesgesetz geregelt ist: Zum Beispiel Hebammen und Entbindungspfleger, Masseure und medizinische Bademeister, Ergotherapeuten, Logopäden, Physiotherapeuten.[240]

Nicht zu den Gesundheitsfachberufen zählen aber Berufsträger der Hilfsberufe wie zum Beispiel medizinisch-technische-Assistenten, (zahn-)medizinische Fachangestellte und **Notfallsanitäter:**[241] An den praktischen Ergebnissen ändert sich dadurch aber nichts, denn der Behandelnde bleibt dem Patienten kraft Deliktsrechts zur Einhaltung des medizinischen Standards bei der Behandlung (§ 630a Abs. 2 BGB), zur Einholung der Einwilligung des Patienten vor der Behandlung (§ 630d BGB) sowie zur Sicherungs- (§ 630c BGB) und zur Selbstbestimmungsaufklärung (§ 630e BGB) verpflichtet.[242] Mit anderen Worten:

Zwar kommt zwischen einem Notfallpatienten und dem medizinischen Rettungspersonal kein Behandlungsvertrag nach den §§ 630a ff. BGB zustande, die Grundsätze der medizinrechtlichen Haftung – welche sich aus diesen Vorschriften ergeben – sind aber entsprechend auch auf das Rechtsverhältnis Notfallpatient – medizinisches Rettungspersonal anzuwenden.

EXKURS

Hier ein Fall zur Vertiefung dieser Thematik:
Der VGH Mannheim hat in einem Urteil vom 26. Juli 2019[243] klargestellt, dass die Vergütung des am Rettungsdienst mitwirkenden Arztes kein Bestandteil des Benutzungsentgeltes gemäß § 28, § 10 Abs. 4 S. 6 Rettungsdienstgesetz (RDG) ist. § 28 Abs. 7 RDG stehe einer Anwendung der Gebührenordnung für Ärzte bei einer auf der Grundlage des Rettungsdienstgesetzes erfolgenden Behandlung privat versicherter Notfallpatienten entgegen. Der Kläger war beihilfeberechtigter Beamter des Landes Baden-Württemberg. Sein mit einem Beihilfebemessungssatz von 80 % berücksichtigungsfähiger Sohn erlitt im Jahr 2016 einen Unfall, der einen Rettungsdienst- und Notarzteinsatz notwendig machte. Das DRK berechnete als örtlicher Träger des Rettungsdienstes (Leistungsträger) hierfür Kosten in Höhe von etwa 390 Euro. Ferner liquidierte der eingesetzte Notarzt ca. weitere 415 Euro gesondert für aus Anlass des Einsatzes von ihm erbrachte ärztliche Leistungen. Auf den Beihilfeantrag des Klägers setzte das Landesamt für Besoldung und Versorgung Baden-Württemberg (LBV) eine Beihilfe in Höhe

239 End. § 630h Rn. 25, 26.
240 BT-Drucks. 17/10488, S. 18.
241 Mansel, in: Jauernig (2021) BGB, 18. Aufl., § 630a Rn. 6.
242 Wagner, in: MüKo BGB, 8. Aufl., 2020, § 630a Rn. 8.
243 Az. 2 S 1972/18.

von 80% für die Rechnungen des Leistungsträgers fest, lehnte indessen für die privatärztliche Liquidation des Notarztes eine Beihilfegewährung ab, da Aufwendungen für einen rettungsdienstlichen Notarzteinsatz nur im Rahmen des § 28 RDG beihilfefähig seien und vom Leistungsträger in Form von Pauschalen abgerechnet würden, unter die auch der Notarzteinsatz falle.

Der Kläger erhob Klage beim Verwaltungsgericht: Zur Begründung hat er vorgetragen, die erbrachten ärztlichen Leistungen seien nicht von den Rechnungen des Leistungsträgers umfasst gewesen. Unter Bezugnahme auf ein dem behandelnden Notarzt intern vorliegendes Gutachten sei davon auszugehen, dass mangels gesetzlich abweichender Regelung auch für die notärztliche Tätigkeit im Rettungsdienst der Vorbehalt der Bundesärzteordnung (im Folgenden: BÄO) gelte, nach dem ärztliche Leistungen nach der Gebührenordnung für Ärzte (GOÄ) unmittelbar gegenüber dem Patienten abzurechnen seien. Das Land Baden-Württemberg argumentierte hingegen mit dem Rettungsdienstgesetz. Der Rettungsdienstplan des Landes konkretisiere dieses Gesetz. Gemäß § 28 Abs. 4 S. 1 RDG erhöben die Leistungsträger einheitlich vereinbarte Benutzungsentgelte für die Durchführung des Rettungsdienstes. Schuldner der Benutzungsentgelte seien die „Benutzer". Die vereinbarten oder festgesetzten Benutzungsentgelte seien für alle „Benutzer" (d.h. für Patienten der privaten und der gesetzlichen Krankenversicherung) verbindlich. Das Benutzungsentgelt setze sich in Baden-Württemberg aus der Bereitschaftsdienst- sowie Einsatz- und Rettungswagenpauschale zusammen mit der Folge, dass die Gebührenordnung für Ärzte insoweit überlagert werde. Eine anderweitige vertragliche Regelung existiere nicht. Der Notarzt erbringe mithin seine Leistung aufgrund der Vereinbarung über die Organisation des Notarztsystems, sodass gerade kein Behandlungsvertrag zustande komme. Hierbei sei auch wegweisend, dass dem Patienten ein Notarzt über das Notarztsystem zugewiesen werde und er keine freie Wahlmöglichkeit habe.

Der VGH Mannheim hat, nachdem das Verwaltungsgericht in erster Instanz dem Land Recht gegeben hatte, die Entscheidung des Ausgangsgerichts bestätigt.

Unabhängig von der Zuordnung der Notfallrettung in Baden-Württemberg zum privaten oder öffentlichen Recht würde gegen das Bestehen einer unmittelbaren rechtlichen Beziehung zwischen Notarzt und Patient grundsätzlich die Einbettung der notärztlichen Tätigkeit in den Rettungsdienst sprechen, die dazu führt, dass der betroffene Patient sich hilfesuchend an den Rettungsdienst wendet und für den Patienten in der jeweiligen Situation aufgrund der gegebenen Umstände gar nicht erkennbar ist, dass er zusätzlich eine vertragliche Beziehung zu dem Notarzt eingeht. Hinzu kommt, dass gerade im Rettungsdienst Situationen wie beispielsweise die Bewusstlosigkeit des Patienten denkbar sind, die die Annahme eines (auch konkludenten, d.h. durch schlüssiges Verhalten ausgedrückten) Vertragsschlusses zweifelhaft erscheinen lassen.

Es könne – so das Gericht – dahinstehen, ob die notärztliche Tätigkeit im Rettungsdienst in Ausübung eines öffentlichen Amtes erfolgt oder ob zwischen dem Kläger bzw. dessen Sohn und dem behandelnden Notarzt überhaupt ein Vertrag zustande gekommen ist. Denn selbst die Annahme eines privatrechtlichen Vertrages führt nicht zur Zulässigkeit einer Abrechnung auf der Basis der Gebührenordnung für Ärzte. Entscheidend für die Anwendbarkeit der Gebührenordnung für Ärzte ist nicht nur das Verhältnis zwischen Arzt und Patient, sondern auch die Einbettung dieses Verhältnisses in die gegebenenfalls bestehenden übrigen Rechtsbeziehungen. Der Notarzt leitet seine Befugnis zum Tätigwerden vom Leistungsträger ab. Gemäß § 2 Abs. 2 S. 1 RDG wird die Notfallrettung von den in Abs. 1 genannten Rettungsdienstorganisationen, mit denen das Innenministerium Vereinbarungen geschlossen hat, wahrgenommen. Die Leistungsträger binden, soweit sie nicht selbst über das geeignete Personal verfügen, gemäß § 10 RDG weitere Akteure, wie beispielsweise die Krankenhäuser, in den Rettungsdienst ein. Der Leistungsträger ist dabei an das Rettungsdienstgesetz gebunden und muss die sich daraus ergebenden Verpflichtungen seinerseits im Rahmen der Vereinbarungen weitergeben, wenn er nicht selbst gegen die Vorgaben des Rettungsdienstgesetzes verstoßen will. Insoweit beeinflusst das Rettungsdienstgesetz die nachfolgenden Rechtsbeziehungen und somit auch das Verhältnis zwischen Notarzt und Patient unabhängig von der Zuordnung dieser Verhältnisse zum öffentlichen oder privaten Recht.

3.4 Haftung des nicht-ärztlichen Rettungsdienstpersonals

Wie wir oben festgestellt haben, kommt zwischen dem Rettungsdienstpersonal und dem Patienten kein Behandlungsvertrag zustande. Dann stellt sich jedoch die Frage, nach welcher Norm das **nicht-ärztliche Rettungsdienstpersonal zivilrechtlich** haften würde, wenn es im Rahmen eines Einsatzes Fehler begeht, die zu einem Schaden des Patienten führen.

3.4.1 Haftungsgrundlagen

Die **Haftungsgrundlage** für Behandlungsfehler und sonstige Pflichtwidrigkeiten eines Notfallsanitäters oder Rettungsassistenten ist in **§ 823 BGB (Schadensersatzpflicht)** – falls der Rettungsdienst wie in Baden-Württemberg privatrechtlich organisiert ist – oder in **§ 839 BGB (Haftung bei Amtspflichtverletzung)** – falls der Rettungsdienst wie etwa in Bayern öffentlich-rechtlich organisiert ist – zu finden.

Doch wie kann es im Einzelfall zu einer Haftung des Rettungspersonals kommen? Nachfolgend ein paar typische Fallgruppen:

3.4.1.1 Technische Gerätschaften

Im Rettungsdienst kann eine Haftung u.a. infolge von Fehlern in den **technischen Gerätschaften** in Betracht kommen. Die Anforderungen an **Sicherheits- und Kontrollvorkehrungen** sind streng: Da solche Gerätschaften und Apparaturen grundsätzlich zu den voll beherrschbaren Risiken zählen, greift bei deren Verwirklichung eine Fehlervermutung (vgl. § 630h Abs. 1 BGB).[244] Die Einsatzkräfte trifft insbesondere die Pflicht **ordnungsgemäßer Bedienung, Wartung und Kontrolle** der zur Behandlung eines Patienten eingesetzten Gerätschaften. Vor und während des Einsatzes trifft die Rettungskräfte (auch die Notärzte) daher auch die **Pflicht zur Überprüfung der medizinisch-technischen Geräte.**[245]

Keiner erwartet zwar, dass die Rettungskräfte – wegen des hohen Technisierungsgrades der präklinischen Medizin – sämtliche technischen Einzelheiten der ihnen zur Verfügung stehenden Geräte erfassen und beherrschen. Das Rettungspersonal muss jedoch mit der grundlegenden Funktionsweise von Einsatzgerätschaften, deren Gebrauch für den Patienten eine fundamentale, d.h. vitale Bedeutung hat, mindestens so vertraut sein, wie dies „einem naturwissenschaftlich und technisch aufgeschlossenen Menschen möglich und zumutbar ist".[246]

Vor diesem Hintergrund ist es nur konsequent, wenn Rettungskräfte vonseiten ihrer Arbeitgeber oder Dritter in den Betrieb der Gerätschaften eingewiesen[247] und **regelmä-**

---

244 Katzenmeier (2019) Haftungsrechtliche Grenzen ärztlicher Fernbehandlung, NJW 72 (25), S. 1769-1774, hier S. 1770 zur Haftung von Ärzten, dürfte aber auf die Haftung des nicht-ärztlichen Rettungsdienstpersonals übertragbar sein.

245 Kern/Rehborn, in: Laufs/Kern/Rehborn (2019) Handbuch des Arztrechts, 5. Aufl., § 20 Notarzt/Rettungsdienst Rn. 40.

246 So Kern/Rehborn (ebd.) bezüglich Notärzten; dies muss aber auch für Rettungskräfte gelten.

247 Medizinprodukte dürfen nur von Personen betrieben und angewendet werden, die dafür die erforderliche Ausbildung oder Kenntnis und Erfahrung besitzen (§ 4 Abs. 2 MPBetreibV). Für den Betreiber der medizinischen Gerätschaften besteht die Pflicht zur Einweisung des Anwenders/Personals in die ordnungsgemäße Handhabung (§ 4 Abs. 3 MPBetreibV). Die Einweisung in

ßig geschult werden, damit sie die ordnungsgemäße Benutzung der Geräte auch beherrschen können. Andernfalls kommt zulasten des konkreten Arbeitgebers bei einer privatrechtlichen Gestaltung bzw. des Landes bei einer öffentlich-rechtlichen Organisation des Rettungsdienstes ein sogenanntes **Organisationsverschulden** in Betracht.

3.4.1.2 Nichtanfordern eines Notarztes

Vielleicht die häufigste Fehlerquelle für das Verhalten von Rettungskräften stellt das unsachgemäße **Nichtanfordern eines Notarztes** oder das Unterlassen der Nachforderung von erforderlichen technischen Geräten dar. Beides wird als Behandlungsfehler bewertet.

Wer, wenn nicht die Rettungskräfte vor Ort, kann am besten beurteilen, ob ein Notarzt nachzufordern ist? Der Patient darf daher darauf vertrauen, dass zum Beispiel der behandelnde Notfallsanitäter zutreffend dessen Lage einschätzt und bei Bedarf einen Notarzt alarmiert. Kernaufgabe eines Notfallsanitäters ist die Beurteilung des Gesundheitszustandes von erkrankten und verletzten Personen, insbesondere das Erkennen einer vitalen Bedrohung und damit – wie es in § 4 Abs. 2 Nr. 1 Buchstabe b NotSanG heißt – die Entscheidung „über die Notwendigkeit, eine Notärztin oder einen Notarzt, weiteres Personal, weitere Rettungsmittel oder sonstige ärztliche Hilfe nachzufordern".

Dabei sind **invasive Maßnahmen** – wie wir oben im Rahmen der strafrechtlichen Ausführungen feststellen konnten – Rettungsassistenten/Notfallsanitätern nur im Rahmen der sog. Notkompetenz zuzumuten: Voraussetzung ist, dass die Maßnahme **dringend erforderlich** ist, um Gefahren für das Leben oder die Gesundheit des Patienten abzuwenden bzw. schwerwiegende Folgeschäden zu vermeiden.

Allerdings stellt es keinen Behandlungsfehler dar, wenn ein Rettungsassistent von der Hinzuziehung eines Notarztes absieht, weil kein im Notarzt-Indikationskatalog der Bundesärztekammer in Patientenzustand oder Notfallsituation definierter Fall zutrifft:

BEISPIEL

Beispiel nach LG München I, Urteil vom 7. Mai 2014:[248]
Rettungssanitäter Anton und Notfallsanitäter Bruno befinden sich im Einsatz und entscheiden sich dafür, die Patientin Paula, die über 24 Stunden auf dem Boden lag, bei – in Anbetracht der Auffindesituation – nicht beunruhigenden Befunden nach Durchführung der gebotenen Untersuchungsmaßnahmen (insbesondere körperliche Untersuchung und Blutdruckmessung) ohne Hinzuziehung eines Notarztes zu mobilisieren und in ein Krankenhaus zu transportieren. Da Paula danach eine tiefe Beinvenenthrombose erlitt, forderte sie Schadensersatz.

Paula verlor jedoch den Prozess: Zwar ist bei einem konkreten Verdacht auf eine Beinvenenthrombose ein Notarzt hinzuzuziehen, um bereits präklinisch eine Hepari-

Medizinprodukte erfolgt durch den Medizinprodukteberater (§ 31 Abs. 1 S. 1 MPG), der berufsmäßig Fachkreise informiert oder in die sachgerechte Handhabung der Medizinprodukte einweist.

248 Az. 15 O 17872/09, VersR 65 (2014), S. 1086 – Sachverhalt stark gekürzt und abgeändert.

nisierung vorzunehmen. Ein solcher Verdacht ist aber nur anzunehmen, wenn Kardinalsymptome auf diese Erkrankung konkret hindeuten (Schmerzen in der Wade, Ödem, Zyanose). Dies war nicht der Fall: Wegen einer bloß abstrakt möglichen Thrombose bedarf es keiner Notarztnachforderung. Anton und Bruno haben richtig gehandelt und durften selbstständig die eingeleiteten medizinischen Maßnahmen durchführen.

Das Gericht hat hier festgestellt, dass Rettungsassistenten durchaus **regelhaft** bestimmte Maßnahmen ohne Hinzuziehung eines Notarztes ergreifen dürfen.[249]

3.4.1.3 Fehlerhafte Einschätzung von Behandlungsprioritäten

Typischerweise wird eine **fehlerhafte Einschätzung und Festlegung von Behandlungsprioritäten** als Behandlungsfehler angesehen.[250]

Ein Notfallsanitäter/Rettungsassistent hat im Rahmen seiner präklinischen Tätigkeit das Krankheitsbild des Patienten – soweit ihm dies möglich ist – zu ermitteln. § 4 Abs. 2 Nr. 1 Buchstabe g NotSanG verlangt von einem Notfallsanitäter ein „sachgerechtes Übergeben der Patientinnen und Patienten in die ärztliche Weiterbehandlung“, und zwar einschließlich der Beschreibung und Dokumentation des medizinischen Zustandes und dessen Entwicklung. Daher ist es in der Regel geboten, den Patienten bzw. Angehörige nach weiteren Erkrankungen zu fragen. Dies setzt natürlich voraus, dass der Notfallsanitäter/Rettungsassistent auch die notwendige Zeit zur Ermittlung des Patientenzustands hat. Das kann etwa bei Großschadensereignissen daher dem Rettungspersonal nicht abverlangt werden,[251] ist aber im Normalfall nicht nur möglich, sondern zwingend geboten. Ein typischer Behandlungsfehler des Notfallpatienten liegt daher vor, wenn dieser trotz bestehender medizinischer Indikation nicht eingewiesen oder sogar der **Transport durch das Rettungsdienstpersonal verweigert** wurde.

BEISPIEL

Beispiel aus KG, Urteil vom 19. Mai 2016:[252]
Carlo rief die Berliner Feuerwehr wegen erheblicher Atembeschwerden und Schmerzen im Brustbereich. Daraufhin suchten zwei Rettungsassistenten, Anton und Bruno, den Patienten Carlo in seiner Wohnung auf. Sie stellten die Pulsfrequenz, den Blutdruck im Bereich einer Hypertonie mittleren Grades und die Sauerstoffsättigung fest. Im Rettungsdienst-Einsatzbericht hielten sie fest, der Patient habe über einen „atem- und bewegungsabhängigen Interkostalschmerz“ geklagt. Sie verwiesen den Patienten an seinen Hausarzt. Wenige Stunden später begab sich Carlo zu seinem Hausarzt, welcher die Einweisung in das Krankenhaus wegen des Verdachts auf einen Herzinfarkt veranlasste. Im Krankenhaus wurde ein Herzinfarkt diagnostiziert. Ferner erlitt Carlo wäh-

249 LG München I, Urteil vom 7. Mai 2014 - Az. 15 O 17872/09, VersR 65 (26/2014), S. 1086.
250 Kern/Rehborn, in: Laufs/Kern/Rehborn (2019) Handbuch des Arztrechts, 5. Aufl., § 20 Notarzt/Rettungsdienst Rn. 40.
251 Boll (2002) Rettungsdienstliche Kompetenzgrenzen und das Strafrecht, MedR 20 (5), S. 232-234, hier S. 233.
252 Az. 20 U 122/15, BeckRS 2016, 10425.

rend einer Herzkatheter-Untersuchung einen Schlaganfall, weshalb mehrere Stents gesetzt werden mussten. Carlo leidet nunmehr unter einer Herzinsuffizienz.

Carlo hat durch die Gerichte Recht bekommen und erhielt Schadensersatz vom Land Berlin. Carlo sei aus der maßgeblichen ex-ante-Perspektive als Notfallpatient anzusehen, weil er über Schmerzen im Brustbereich geklagt und diesen als „atemabhängig" beschrieben habe, sodass die Schilderung einer gewissen Atemnot davon „nicht nennenswert weit entfernt" sei. Darüber hinaus habe sich der Blutdruck des Patienten im Bereich einer Hypertonie mittleren Grades befunden, was für eine mit dem Gefühl der Atemnot typischerweise einhergehende hohe körperliche und nervliche Belastung spreche. Angesichts dessen sei es pflichtwidrig, dass die Rettungsassistenten von einer umgehenden ärztlichen Abklärung durch Verständigung des Notarztes absahen und die geschilderten Beschwerden im Rettungsdienst-Einsatzbogen als „Interkostalschmerzen" abtaten. Zudem sei die Angabe „Interkostalschmerz" ohne weitergehende Untersuchungen, insbesondere Durchführung eines EKG, vorwerfbar falsch.

Zwar seien die Grundsätze der Beweislastumkehr bei groben Behandlungsfehlern beim Handeln von Rettungsassistenten grundsätzlich nicht anwendbar. Allerdings rechtfertige die zur Entscheidung anstehende Fallkonstellation eine Übertragung der im Rahmen der Arzthaftung entwickelten Grundsätze zumindest auf diesen Fall: Denn es könne nicht darauf ankommen, dass die Rettungsassistenten auf der Grundlage hoheitlichen Handelns und nicht auf der Grundlage eines Behandlungsvertrages tätig wurden. Der Fehlervorwurf gegenüber den Rettungsassistenten, den Kläger keiner notfallmedizinischen Versorgung zugeführt zu haben, beziehe sich auf ein „im eigentlichen Sinne medizinisches Vorgehen". Dies komme einer „Behandlung" im medizinischen Sinne gleich. Deshalb seien die arzthaftungsrechtlichen Grundsätze zum groben Behandlungsfehler auch auf das hoheitliche Handeln der Rettungskräfte anzuwenden.[253]

In diesem Zusammenhang ist auf folgende Grundregel hinzuweisen:

Reanimationsmaßnahmen **dürfen Rettungskräfte nur unterlassen bzw. einstellen, wenn** ***sichere Todeszeichen*** **festzustellen sind. Im Zweifel ist daher zu reanimieren („in dubio pro vita"), es sei denn, der Patient hat unmissverständlich eine Behandlung abgelehnt oder in einer Patientenverfügung ist eine solche Einstellung des Patienten – auch bezüglich präklinischer Maßnahmen – eindeutig enthalten (vgl. Kap. 2.3.6).**

3.4.1.4 Fehler beim Transport eines Patienten

Eine weitere typische Haftungsquelle für das nicht-ärztliche Rettungsdienstpersonal stellen **fehlerhafte Transportsituationen** dar: Nach der Rechtsprechung spricht eine tatsächliche Vermutung für ein Verschulden des Begleitpersonals, wenn sich der Notfallpatient

253 Siehe zu diesem Fall auch die Anmerkung von Ziegler (2016) Haftung bei grob fehlerhaftem Handeln eines Rettungssanitäters, Fachdienst Sozialversicherungsrecht (FD-SozVR) 15/2016, S. 379830.

beim Transport von der Wohnung zum Rettungswagen bzw. vom Rettungswagen zum Krankenhaus verletzt. Deshalb ist es nicht verwunderlich, wenn § 4 Abs. 2 Nr. 1 Buchstabe e NotSanG vorsieht, dass ein Notfallsanitäter für die Herstellung und Sicherung der Transportfähigkeit der Patientinnen und Patienten im Notfalleinsatz zu sorgen hat und diese Aufgaben beherrschen muss.

Hier sind die Gerichte besonders streng: Stößt etwa ein Patient beim Einschieben der Liege in ein Krankentransportfahrzeug mit dem Kopf an der Oberkante des Fahrzeugs, so stellt dies einen Behandlungsfehler dar, auch wenn der Patient sich plötzlich aufgerichtet hat.[254]

BEISPIEL

Beispiel aus OLG München, Urteil vom 14. Juni 2002:[255]
Die in Bayern tätigen Rettungsassistenten Anton und Bruno erhielten von der Rettungsleitstelle den Auftrag, die Patientin Paula im Rahmen eines Krankentransports aus ihrer Wohnung zur Einstellung ihres Herzschrittmachers in eine Arztpraxis zu transportieren.

Bei der Umlagerung der Patientin aus ihrem Bett auf die Transporttrage kam es zu einem Unfall: Die beiden Rettungsassistenten hatten die Patientin, deren Gewicht ca. 120 bis 160 kg betrug, mitsamt der Bettunterlage mithilfe von deren Ehemann und Tochter auf die Transporttrage hinübergezogen. Noch bevor die Patientin angegurtet war, stürzte sie während des Versuchs, die seitlichen Sicherungsbügel der Trage zu arretieren, aus ca. 70 cm Höhe auf den Boden. Die Patientin erlitt hierdurch eine Schenkelhalsfraktur links sowie eine Rippenserienfraktur und musste mehrere Wochen stationär im Krankenhaus behandelt werden. Aufgrund des Unfalls trat bei der Patientin eine chronische Niereninsuffizienz mit Dialysepflicht auf. Daran verstarb die Patientin.

Das OLG München hat hier festgestellt, dass es bei der Umlagerung der Patientin aus ihrem Bett auf die Transporttrage „zu einer Pflichtverletzung durch die beiden Rettungsassistenten" gekommen sei. Zwar sei im Einzelnen nicht geklärt, wie es dazu kommen konnte, dass die Patientin bei der Umlagerung auf den Boden stürzte. Die beklagte Rettungsdienstorganisation habe jedoch „die Verpflichtung übernommen, die Patientin wohlbehalten aus ihrer Wohnung in die ärztliche Praxis zu verbringen". Diesen geschuldeten Erfolg habe sie „nicht erbracht; vielmehr" sei es „beim Ausführen des Transports [...] zur Verletzung der Patientin" gekommen. Entscheidend war für das Gericht der Umstand, dass die Patientin – unstreitig – während des Transports, d. h. im **Obhutsbereich** der Rettungsassistenten (und damit der Rettungsorganisation) zu Schaden gekommen ist.

254 Sogenannter Anscheinsbeweis: OLG Hamm, Urteil vom 1. Februar 2006 - Az. 3 U 182/05, BeckRS 2006, S. 9611.
255 Az. 23 U 5512/01, BeckRS 2002, S. 23035.

3.4.1.5 Fehler bei der Übergabe des Patienten an das Krankenhaus

Auch bei der **Übergabe des Patienten an die weiterbehandelnde Einrichtung** (vgl. § 4 Abs. 2 Nr. 1 Buchst. g NotSanG) können Fehler passieren. Das Krankenhaus ist zum Beispiel über Folgendes zu unterrichten:

- den aktuellen Zustand des Notfallpatienten;
- die notärztliche Diagnose;
- Daten, die für die Weiterbehandlung notwendig sind (z.B. über den Verletzungshergang);
- notfallmedizinisch durchgeführte Behandlungsmaßnahmen.

Datenschutzrechtliche Bedenken bestehen hierbei natürlich nicht (vgl. Kap. 2.3.9).

Eine *ordnungsgemäße Übergabe* setzt dabei voraus, dass der Patient auch tatsächlich an das geeignete Krankenhauspersonal übergeben und nicht einfach – ohne entsprechende Betreuung – im Aufnahmebereich des Krankenhauses belassen wird.[256]

Auch eine **Einweisung** in ein zur Durchführung der erforderlichen Behandlung **ungeeignetes Krankenhaus** ist grundsätzlich als Behandlungsfehler anzusehen.[257] Der Patient vertraut nämlich darauf, dass die Rettungskräfte seinen Zustand nicht nur richtig einschätzen, sondern auch die notwendige medizinische Versorgung richtig erfassen und eine geeignete Einrichtung für ihn aussuchen.

Lässt es die gesundheitliche Lage eines notfallmedizinisch versorgten Patienten zu, dass er an einen **Familienangehörigen** (oder eine dem Patienten sonst nahestehende Person) – und damit an einen medizinischen Laien (!) – übergeben wird, so ist im Fall fortbestehenden Versorgungsbedarfs sicherzustellen, dass sich der Übernehmer auch **tatsächlich zur weiteren Betreuung bereiterklärt** hat.[258] Hat nämlich der Übernehmer – zum Beispiel der Lebensgefährte – ausdrücklich oder konkludent (durch schlüssiges Verhalten) erklärt, sich nicht um den Patienten zu kümmern, sind entsprechende Maßnahmen hinsichtlich einer ordnungsgemäßen Nachversorgung zu treffen, insbesondere ist der Patient auf die möglichen Folgen einer unterlassenen Nachversorgung hinzuweisen.

BEISPIEL

Fall:[259]
Paula erlitt im Februar 2015 einen Kniescheibenbruch, der operativ versorgt werden musste. Bis zur Entlassung erfolgte eine Mobilisierung unter Einsatz von Unterarmgehstützen unter Teilbelastung des operierten Beines. Paula sollte entlassen werden. Für den Krankentransport in ihre Wohnung ordnete der behandelnde Arzt Klaus einen

256 Kern/Rehborn, in: Laufs/Kern/Rehborn (2019) Handbuch des Arztrechts, 5. Aufl., § 20 Notarzt/Rettungsdienst Rn. 40.
257 Kleinewefers/Sparwasser (1990) Zur Aufklärungspflicht des Arztes, VersR 41 (31), S. 1205-1208, hier S. 1207.
258 Kern/Rehborn, in: Laufs/Kern/Rehborn (2019) Handbuch des Arztrechts, 5. Aufl., § 20 Notarzt/Rettungsdienst Rn. 40.
259 Nach OLG Hamm, Beschluss vom 11. Juni 2008 - Az. 3 U 31/08, BeckRS 2012, S. 9325.

Liegendtransport an. Der Transport wurde durch die Rettungskräfte Anton und Bruno durchgeführt, wobei Paula nicht liegend, sondern sitzend gelagert wurde. Da ein Liegendtransport im Treppenhaus nicht möglich war, verbrachten die Rettungskräfte Paula in einem mitgebrachten Rollstuhl sitzend mit gestrecktem Bein in ihre Wohnung.

Im Anschluss traten bei Paula starke Schmerzen auf und sie stellte sich erneut im Klinikum vor. Dort wurde eine sekundäre Dislokation des Bruchs festgestellt und es kam zu einer erneuten operativen Versorgung, wobei eine winkelstabile Osteosynthese-Platte eingebracht wurde.

Paula verlangt Schmerzensgeld in Höhe von 25.000 Euro. Der Transport durch die Rettungskräfte Anton und Bruno sei unsachgemäß erfolgt und habe die Dislokation der Knochenfragmente verursacht. Hierdurch sei es zu einer totalen Immobilisation für sechs Wochen mit langer Heparinversorgung und damit zu einer erheblichen Verzögerung des Heilungsverlaufs gekommen. Zudem bestehe die erhöhte Gefahr von Arthrosen. Wegen des Implantats könne Paula nicht auf dem Boden knien und es drohe eine weitere Operation zur Entfernung des Implantats.

Paula hat hier Recht: Der Transport wurde medizinisch nicht fachgerecht ausgeführt. Unabhängig von der Frage, ob die medizinische Einordnung der verschiedenen Transportvarianten von Rettungskräften verlangt werden könne, ist von diesen jedenfalls das Befolgen ärztlicher Anweisungen zu erwarten. Kann eine ärztliche Anweisung aus tatsächlichen Gründen – wie vorliegend im Treppenhaus am Wohnort der Klägerin – nicht befolgt werden, muss bei fehlenden ausreichend medizinischen Kenntnissen Rücksprache genommen werden. Von Paula als medizinischem Laien kann nicht erwartet werden, dass sie den Rettungssanitätern erkläre, was das Beste für sie ist.

Die Missachtung einer ärztlichen Anordnung durch einen Rettungssanitäter/Rettungsassistenten/Notfallsanitäter, der einen keineswegs eilbedürftigen oder von einem Notfallcharakter getragenen Krankentransport ausführt, ist nicht nachvollziehbar.

3.4.2 Verhältnis zum Notarzt

Übernimmt der Notarzt die ärztliche Versorgung des Notfallpatienten am Einsatzort und erforderlichenfalls während des Transportes in eine für die weitere Versorgung geeignete Einrichtung sowie die Dokumentation des Einsatzes, ist er während seines Einsatzes gegenüber dem Rettungsdienstpersonal **fachlich weisungsbefugt**. Sind mithin die Rettungssanitäter, Rettungsassistenten und Notfallsanitäter ab Übernahme der Versorgung des Notfallpatienten durch den Notarzt dessen Weisungen unterworfen, sind sie insoweit von eigener Verantwortung grundsätzlich befreit.[260]

Anderes kann zwar unter Umständen dann gelten, wenn die im nicht-ärztlichen Rettungsdienst Tätigen aufgrund ihrer eigenen Ausbildung erkennen müssen, dass das Vorgehen des Arztes vollkommen regelwidrig und unverständlich ist bzw. wenn sich das

260 OLG Karlsruhe, Urteil vom 13. August 2014 – Az. 7 U 248/13, BeckRS 2016, S. 11819.

Vorgehen des Arztes als schlechterdings unvertretbar mit dem erkennbaren Erfordernis sofortiger Intervention darstellt (sog. **Evidenzfälle**).

In solchen Fällen *muss* die nicht-ärztliche Rettungskraft ihre Bedenken äußern und nach Beendigung des Einsatzes gegebenenfalls dokumentieren.

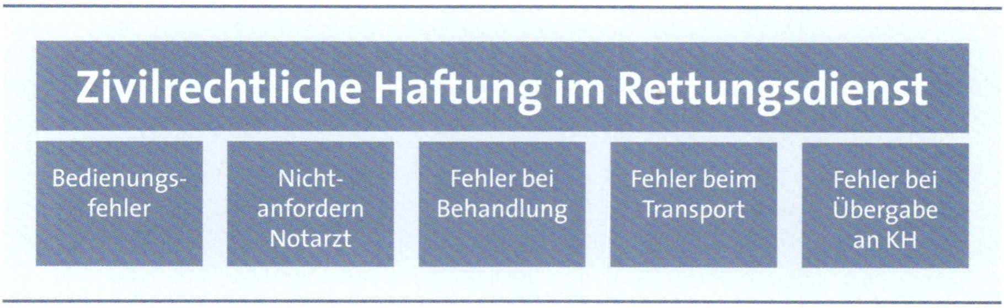

Abb. 14: Mögliche Gründe für zivilrechtliche Haftungsansprüche gegen das Rettungspersonal

4 Grundsätze des Straßenverkehrsrechts

Die Inanspruchnahme von **Sonderrechten** im Straßenverkehr hat sowohl zivil-, ordnungswidrigkeits- als auch verwaltungsrechtliche Rechtsfolgen. Einschlägig sind in erster Linie die **§§ 35** und **38 Straßenverkehrs-Ordnung (StVO)**.

Doch was bedeutet in diesem Zusammenhang **„Sonderrecht“**? Unter Sonderrecht ist die völlige oder teilweise Nichtgeltung der StVO-Regeln für das dafür eingesetzte Fahrzeug zu verstehen.[261] Das Sonderrecht gewährt dem Fahrer aber kein Vorfahrtsrecht (dazu unten: Wegerecht nach § 38 StVO) und besteht unabhängig von der Verwendung von Blaulicht und/oder Martinshorn.

§ 35 StVO regelt die **Sonderrechte bestimmter Hoheitsträger und anderer Einrichtungsträger** im Straßenverkehr in den Fällen besonderer Dringlichkeit. In § 35 Abs. 5a StVO heißt es hierzu:

> *„Fahrzeuge des Rettungsdienstes sind von den Vorschriften dieser Verordnung befreit, wenn höchste Eile geboten ist, um Menschenleben zu retten oder schwere gesundheitliche Schäden abzuwenden.“*

Gemeint ist mit „Verordnung“ selbstredend die StVO.

Die Inanspruchnahme von Sonderrechten ist aber immer begrenzt durch das Gebot, dass hierdurch die öffentliche Sicherheit und Ordnung nicht über Gebühr beeinträchtigt werden darf (vgl. § 35 Abs. 8 StVO).

§ 38 StVO befasst sich hingegen mit der Verwendung von **Einsatzhorn** sowie blauem und gelbem **Blinklicht**. Geregelt wird insbesondere das sogenannte **Wegerecht**, also die Befugnis eines Einsatzfahrzeuges, sich durch gleichzeitige Verwendung von blauem Blinklicht und Einsatzhorn freie Bahn zu verschaffen. In § 38 Abs. 1 StVO heißt es:

> *„Blaues Blinklicht zusammen mit dem Einsatzhorn darf nur verwendet werden, wenn höchste Eile geboten ist, um Menschenleben zu retten oder schwere gesundheitliche Schäden abzuwenden, eine Gefahr für die öffentliche Sicherheit oder Ordnung abzuwenden […].“*

§ 38 Abs. 1 StVO ordnet an:

> *„Alle übrigen Verkehrsteilnehmer haben sofort freie Bahn zu schaffen.“*

261 Kettler, in: Bender/König (2016) MüKo StVR, 1. Aufl., StVO § 35 Rn. 2.

4.1 RTW/NEF/KTW als „Fahrzeug“ im Sinne von § 35 StVO?

Fahrzeuge des Rettungsdienstes[262] sind **sonderrechtstauglich**, wenn dringende Lebens- oder schwere Gesundheitsgefahren bestehen (§ 35 Abs. 5a StVO).

Die Inanspruchnahme des Sonderrechts für Fahrzeuge des Rettungsdiensts kommt aber nicht nur in solchen Fällen in Betracht, in denen der Transport in Lebensgefahr schwebenden Menschen selbst gilt, sondern erlaubt zum Beispiel auch Sonderrechtsfahrten mit Blutkonserven.[263]

Die Inanspruchnahme von Sonderrechten ist nur dann zulässig, wenn das zur Erfüllung hoheitlicher Aufgaben dringend geboten ist (§ 35 Abs. 1 Hs. 2 StVO). **Dringend geboten** ist die Inanspruchnahme von Sonderrechten zur Erfüllung hoheitlicher Aufgaben dann, wenn bei Beachtung der Verkehrsregeln die hoheitlichen Aufgaben nicht, nicht ordnungsgemäß oder nicht so rasch wie erforderlich erfüllt werden könnten. Wann dies der Fall ist, ist letztlich – da es sich hier um unbestimmte Rechtsbegriffe handelt – eine Frage des **Einzelfalls**: Jedenfalls wird die sofortige Diensterfüllung wichtiger erscheinen müssen als die Beachtung der einschlägigen Verkehrsregeln, was eine Abwägung zwischen den Gefahren, die durch die Nichteinhaltung der Verkehrsvorschriften entstehen können, und der Notwendigkeit des sofortigen Tätigwerdens erfordert.[264]

Es ist anerkannt, dass sich der Fahrer grundsätzlich nach der ihm bekannten Lage und – vor allem – dem Inhalt des Fahrbefehls richten muss und sich auch die besondere Eilbedürftigkeit nach dem Einsatzbefehl und dessen Glaubwürdigkeit beurteilt, nicht nach einer späteren objektiven Betrachtung, die der Einsatzfahrer nicht anstellen konnte:[265]

Immer nur und allein der *Leitstellendisponent* entscheidet nach dem geschilderten medizinischen Sachverhalt über die *Anfahrt zu einem Einsatzort* durch die Rettungsmittel mit Sonderrechten.

Oberstes Ziel für den Disponenten ist dabei die Einhaltung der jeweils gesetzlich vorgeschriebenen Hilfsfrist, die wiederum landesrechtlich geregelt ist. Ebenso hat der Leitstellendisponent den Indikationskatalog zum Einsatz eines Notarztes zu beachten und bei bestimmten Einsatzmeldungen, wie zum Beispiel „Verdacht auf Herzinfarkt“ oder „nicht ansprechbare Person“ zwingend einen Notarzt des Rettungsdienstes mit zum Einsatz zu bringen. Auf die Richtigkeit dieser Entscheidung darf und muss der Einsatzfahrer vertrauen, denn er hat schon rein tatsächlich keine Möglichkeit, diese zu überprüfen. Fehler

262 Der Begriff der „Fahrzeuge des Rettungsdienstes“ wird in der Rechtsprechung teilweise weit – über den landesrechtlich definierten Bereich des Rettungsdienstes hinaus – verstanden. Demnach gehören dazu nicht nur die Fahrzeuge des öffentlich-rechtlichen Rettungsdienstes, sondern auch alle weiteren Fahrzeuge, die ihrer Bestimmung nach der Lebensrettung dienen, einer Rettungsorganisation zugeordnet sind und deren Nutzung funktional und quantitativ durch Rettungseinsätze geprägt ist, also auch Fahrzeuge des Blut- und Organtransportes, Fahrzeuge der Wasserrettung, des organisierten ärztlichen Notdienstes, auch dann, wenn sie private Halter haben.

263 Koehl (2018) Sonderrechte im Straßenverkehr, SVR 18 (7), S. 249.

264 Nimis (2009) Sonderrechte im Rettungsdienst – Sonderprobleme?, NZV 22 (12), S. 582 ff., hier S. 583.

265 Koehl (2018) a. a. O.

in der Lagebeurteilung der Leitstelle können ihm daher nicht angelastet werden,[266] in einigen Fällen aber zu einem Organisationsverschulden der Leitstelle führen.[267]

Anders sieht es aus, wenn es um den Transport ins Krankenhaus geht: Vor Ort muss die jeweilige Fahrzeugbesatzung aufgrund ihrer medizinischen Einschätzung beurteilen, ob die Voraussetzungen für einen **Sonderrechtstransport** vorliegen. Hier kommt es dann auch nicht mehr darauf an, ob ursprünglich im Einsatzbefehl die Nutzung von Sonderrechten vorgegeben war – oder eben nicht.

Weiter erfordert die Inanspruchnahme von Sonderrechten eine gebührende Berücksichtigung der öffentlichen Sicherheit und Ordnung (§ 35 Abs. 8 StVO). Hier gelten der allgemeine Verhältnismäßigkeitsgrundsatz und das **Übermaßverbot**.

Es ist also stets derjenige Eingriff in die Verkehrsordnung zu wählen, der die Rechte anderer Verkehrsteilnehmer am geringsten beeinträchtigt. Vor allem muss eine *drohende Unfallgefahr* Berücksichtigung finden.

Die dem Sonderrechtsfahrer obliegende Sorgfaltspflicht ist umso größer, je mehr seine gegen die StVO verstoßende Fahrweise die Unfallgefahr erhöht. Sie darf zu der zu erfüllenden hoheitlichen Aufgabe nicht außer Verhältnis stehen.

266 OLG Hamm, Urteil vom 4. Mai 2018 - Az. 7 U 37/17.
267 Nimis (2009) a. a. O.

4.2 Was darf ein Einsatzfahrer?

Die Inanspruchnahme von Sonderrechten berechtigt nicht zu jedwedem verkehrsordnungswidrigen Verhalten. Der Einsatzfahrer darf nur von Vorschriften der Straßenverkehrs-Ordnung abweichen, ist also insbesondere berechtigt ...

- an „Haltstraßen" nicht anzuhalten,
- „Einbahnstraßen" in entgegengesetzter Richtung zu befahren,
- Bürgersteige und Fahrradwege mit Kraftfahrzeugen zu benutzen,
- trotz „Halt"- oder „Park"-Verboten halten oder zu parken.

Beachte: **Nur die gleichzeitige Verwendung von blauem Blinklicht (§ 52 Abs. 3 StVZO) und Einsatzhorn (§ 55 Abs. 3 StVZO) ordnet an, dass alle anderen Verkehrsteilnehmer sofort freie Bahn zu schaffen haben.**

Ein wichtiger Punkt betrifft das Verhältnis des Einsatzfahrers zum Notarzt: Entstehen zwischen **Notarzt** und dem Fahrer des Einsatzfahrzeuges Differenzen bei der Beurteilung der Notfallmeldung und verneint der Notarzt das Vorliegen der Voraussetzungen für eine Fahrt mit Blaulicht und Martinshorn (§ 35 Abs. 5a StVO), so kann er dem Fahrer auch Anweisungen hinsichtlich des Fahrverhaltens machen. Für den umgekehrten Fall gilt dies selbstverständlich auch.[268]

268 Lippert (1982) Rechtsprobleme bei der Durchführung von Notarzt- und Rettungsdienst, NJW 35 (38), S. 2089 ff.

4.3 Was folgt aus der Verwendung von Martinshorn und Blaulicht?

Die Rechtsfolge der gleichzeitigen Verwendung von beiden Signalen ist das Gebot an alle anderen Verkehrsteilnehmer, auch Fußgänger und die Straßenbahn, sofort freie Bahn zu schaffen – und zwar meist durch Anhalten.

Aber Achtung: Das Wegerecht führt nicht zu einer Umkehrung des Vorfahrtsrechts. Die allgemeinen Maßstäbe werden jedoch dahin abgewandelt, dass die anderen Verkehrsteilnehmer vorübergehend auf ihr Vorfahrtsrecht verzichten müssen.

Nachdem alle übrigen Verkehrsteilnehmer freie Bahn geschaffen haben, darf der Fahrer des Wegerechtsfahrzeugs *unter Berücksichtigung einer gesteigerten Sorgfaltsverpflichtung* die freie Bahn in Anspruch nehmen und dann beispielsweise auch bei Rot durchfahren. Er muss jedoch stets die Belange der öffentlichen Sicherheit und Ordnung gebührend berücksichtigen (§ 35 Abs. 8 StVO – **Übermaßverbot**). Soll eine Kreuzung unter Inanspruchnahme des Sonderwegerechts bei Rot passiert werden, muss der Fahrer in Rechnung stellen, dass andere Verkehrsteilnehmer die Sondersignale nicht oder nicht rechtzeitig wahrnehmen und mit hoher Geschwindigkeit herannahen. Die damit verbundene Kollisionsgefahr ist unter allen Umständen zu vermeiden.

Das Wegerecht berechtigt nicht zu einer Gefährdung oder gar Schädigung anderer Verkehrsteilnehmer. Der Fahrer des Rettungswagens muss die größtmögliche Sorgfalt aufwenden, um eine Gefährdung anderer zu vermeiden.

Er muss sich, soweit die Verkehrsverhältnisse dies erfordern, notfalls mit Schrittgeschwindigkeit in die Kreuzung „hineintasten" und darf die Fahrt nur fortsetzen, wenn er sich vergewissert hat, dass alle anderen Verkehrsteilnehmer die Sondersignale wahrgenommen haben und ihm ersichtlich freie Bahn einräumen.[269]

BEISPIEL

Fall angelehnt an OLG Naumburg, Urteil vom 21. Juli 2011:[270]
Anton macht gegenüber dem Bundesland Sachsen-Anhalt Schadensersatz aus einem Verkehrsunfall geltend. Am 24. August 2009 kam es gegen 13 Uhr in Naumburg in einem ampelgeregelten Kreuzungsbereich zwischen dem Wagen des Anton und einem Rettungswagen der Beklagten zu einem Unfall. Rettungssanitäter Bruno, Fahrer des Rettungswagens, welcher eine intensivpflichtige Patientin transportierte, fuhr trotz des für ihn angezeigten roten Ampellichts in den Kreuzungsbereich ein, wo er mit dem von rechts aus der Ausfahrt Eissporthalle kommenden Pkw des Anton zusammenstieß. In der Beweisaufnahme konnte das Gericht nicht feststellen, dass Bruno neben dem

269 Koehl (2018) a. a. O., S. 252.
270 OLG Naumburg, Urteil vom 21. Juli 2011 – Az. 4 U 23/11, NJW 65 (17/2012), S. 1232 ff.

unstreitig eingeschalteten Blaulicht auch mit Martinshorn fuhr. Für Anton war die Ampel nachweislich „grün".

Das OLG Naumburg hat hier eine Alleinhaftung des Bundeslandes Sachsen-Anhalt als Halter des Rettungswagens angenommen. Kommt es zu einem Unfall, weil ein Rettungswagen bei rotem Ampellicht in eine Kreuzung einfährt, und ist nicht erweislich, dass neben dem Blaulicht auch das Martinshorn zuvor in Betrieb gesetzt worden war, ist eine Alleinhaftung des Rettungswagenhalters gerechtfertigt.

4.4 Sonderprobleme im Rettungsdienst

Rückfahrten von Einsätzen stellen zwar hoheitliche Aufgaben dar, rechtfertigen jedoch regelmäßig nicht die Inanspruchnahme von Sonder- und Wegerechten. Auch die **Wiederherstellung einer schnellen Einsatzbereitschaft** ist für sich genommen kein Grund für die Inanspruchnahme von Sonder- und Wegerechten: Anders sind die Fälle zu beurteilen, wenn bereits ein **konkreter Folgeeinsatz** gemeldet wurde.[271] Dies gilt regelmäßig auch für ein begleitendes **Notarzteinsatzfahrzeug.**[272]

Straßenverkehrsrechtlich problematisch ist – aufgrund des in den meisten Bundesländern bestehenden **Rendezvous-Systems** – der Einsatz von RTW und NEF, wenn der Notarzt nach der Behandlung des Patienten am Einsatzort in den RTW umsteigt und den Patienten auf der Fahrt in ein Krankenhaus begleitet. Erfordert die gesundheitliche Situation des Patienten einen zügigen Transport und fährt der RTW daher mit Blaulicht und Einsatzhorn, stellt sich die Frage, ob sich diese Berechtigung auch auf den Einsatzfahrer mit dem NEF erstreckt.

Diese Frage ist sehr umstritten: Viele Autoren tendieren dazu, die Berechtigung zur Inanspruchnahme von Sonderrechten des NEF in der geschilderten Situation zu bejahen.[273] Begründet wird diese Auffassung mit der Notwendigkeit der Beibehaltung einer oft schon lange praktizierten Vorgehensweise, teilweise auch mit Effektivitätsgesichtspunkten und damit, dass RTW und NEF im konkreten Einsatz zusammengehörten und daher auch straßenverkehrsrechtlich als Einheit zu betrachten seien. Allerdings ist an dieser Stelle zu betonen, dass es in der StVO gerade keine Anhaltspunkte für die Annahme einer taktisch-funktionalen Einheit von RTW und NEF gibt, sodass jeweils für das einzelne Rettungsmittel (isoliert) zu prüfen ist, ob die Voraussetzungen für die Inanspruchnahme von Sonder- und Wegerechte gegeben sind.[274]

Darf aber ein NEF dem RTW unter Verwendung von Sondersignalen vorausfahren und sich als sogenannter **Straßenräumer** betätigen, damit dieser schneller durchkommt? Auch diese Vorgehensweise ist umstritten und wird von einigen Juristen bejaht,[275] während andere Autoren diese als unzulässig erachten.[276] In besonderen Situationen kann m.E. eine Vorabfahrt als Straßenräumer gerechtfertigt sein, so zum Beispiel bei einer Langsamfahrt des RTW beim Transport eines Wirbelsäulenverletzten, denn ein schnelleres Durchkommen durch den Verkehr und ein schonenderer Transport des Patienten begründen die

271 Lorenz (2015) Wann ist das Überfahren einer roten Ampel erlaubt?, NZV 28 (19), S. 471 ff., hier S. 472.

272 Cimolino/Dickmann (2008) Die Sonder- und Wegerechte von Notarzteinsatzfahrzeugen im Straßenverkehr, NZV 21 (3), S. 118 ff.; Klenk (2010) Sonder- und Wegerechte bei der Begleitfahrt des Notarzteinsatzfahrzeuges? – Nicht die Regel sondern eine Ausnahme, NZV 23 (12), S. 593 ff.; Müller (2006) Sonderrechte und Wegerecht für Rückfahrten vom Einsatzort?, SVR 6 (7), S. 250 ff.

273 Cimolino/Dickmann (2008) a. a. O., S. 118; Nimis (2009) a. a. O., S. 584; wohl auch Spengler (2006 Sonderrechte für das NEF?", Rettungs-Magazin 1/2006, S. 78.

274 Klenk (2010) a. a. O., S. 593; Nadler (2017) Sonder- und Wegerechte des NEF bei Begleitung des RTW: Die vertretenen Rechtsauffassungen, RETTUNGSDIENST 40 (12), S. 1194-1196.

275 Lorenz (2015) a. a. O., S. 473; Klenk (2010) a. a. O., S. 595.

276 Dagegen Schröder (2008) Die Nutzung von Sonderrechten im Rendezvoussystem der Notfallrettung, NZV 21 (6), S. 281 ff., hier S. 83; Hochstein (o. J.) Sonderrechte und Wegerecht, https://th-h.de/law/sandrd/sonderwegerecht (Abruf: 20. Mai 2021).

Inanspruchnahme des Sonder- und Wegerechts für das NEF. Eine generelle Zulässigkeit lässt sich jedoch kaum begründen.

BEISPIEL

Bei einem Einsatz entscheidet sich der Fahrer des NEF, die Kreuzungen zu „sperren" und den RTW passieren zu lassen, danach diesen wieder zu überholen, um an der nächsten Kreuzung den Querverkehr wiederum zu „sperren". Ist das zulässig?

Nicht selten wird als Argument für diese Vorgehensweise genannt, das NEF könne vor dem RTW ja die Straße „räumen", der RTW hätte dann in der entstehenden Gasse freie Fahrt, auf den Kreuzungen würde der Verkehr dann schon stehen und die Gefahr eines Verkehrsunfalls wäre damit geringer. Doch m.E. muss der Fahrer des RTW in einer solchen Situation neben den anderen Verkehrsteilnehmern auch noch auf ein zusätzliches Fahrzeug achten, namentlich das des NEF-Fahrers, und zwar gerade an Kreuzungen, wo der Querverkehr das Hauptproblem ist. Es muss jetzt auch noch auf den Abstand zum NEF und dessen Fahrmanöver geachtet werden. Zudem besteht die Gefahr, dass bei mehreren Fahrzeugen, die mit Blaulicht und Martinshorn fahren, nur das erste registriert wird und die nachfolgenden übersehen werden. Vor diesem Hintergrund erscheint mir diese Form des „Straßenräumens" im Hinblick auf § 35 Abs. 8 StVO (**Übermaßverbot**) unzulässig.

Sämtliche Einsatzorganisationen, deren Fahrern Sonderrechte und Wegerecht zustehen, sind organisatorisch dazu verpflichtet, für ihr Einsatzpersonal ein Konzept zur **Aus- und Fortbildung im Bereich Einsatzfahrten** vorzuhalten und umzusetzen: Damit muss in jeder Einsatzorganisation dafür Sorge getragen werden, dass Einsatzfahrern praktische Erfahrungen zu vermitteln sind, damit sie ihre Einsatzfahrten gefahrlos absolvieren können. Fortbildungspflichten müssen allgemein durch die betreffende Organisation überwacht und gesteuert werden. Wenn **organisatorische Mängel** des Rettungsdienstes zutage treten, kann für die Unfallopfer eines durch einen fehlerhaft oder gar nicht ausgebildeten Einsatzfahrer zugefügten Schadens ein Amtshaftungsanspruch nach § 839 BGB oder ein zivilrechtlicher Anspruch nach § 823 BGB aufgrund eines Organisationsverschuldens geltend gemacht werden.[277]

277 Müller (2019) Sonderrechte und Wegerecht für Übungseinsatzfahrten im öffentlichen Verkehrsraum, SVR 19 (3), S. 86 ff., hier S. 88.

4.5 Ordnungswidrigkeiten- und Strafrecht

Verstöße gegen das Gebot, sofort freie Bahn zu schaffen, und gegen das Verbot der unbefugten oder vorschriftswidrigen Verwendung der in der Vorschrift genannten Signale stellen Ordnungswidrigkeiten nach § 49 Abs. 3 S. 3 StVO i. V. m. § 24 StVG dar.

4.6 Schadensrecht

Bei der Inanspruchnahme von Sonderrechten kommt es häufig gerade deshalb zu Unfällen, da die Fahrer anderer Fahrzeuge die hoheitliche Bevorrechtigung zu spät oder gar nicht erkennen. Diesbezüglich gibt es eine umfangreiche Rechtsprechung, die hier nur auszugsweise dargestellt werden kann:

- Kommt es etwa zu einem Verkehrsunfall, weil ein Einsatzfahrer eines Rettungswagens bei einer **roten Ampel** in eine Kreuzung einfährt und ist nicht nachweisbar, dass neben dem Blaulicht auch das Martinshorn zuvor in Betrieb gesetzt worden war, kann dies zur Alleinhaftung des Rettungswagenhalters führen.[278]
- Ein Einsatzfahrer eines Rettungswagens darf bei **Rotlicht** nur in eine **Kreuzung** einfahren, wenn er sich hinreichend vergewissert hat, dass sämtliche Fahrbahnen des Querverkehrs frei sind oder die darauf befindlichen Fahrzeuge ihm Vorrang einräumen.[279]
- War die Verkehrslage für den Rettungswagenfahrer unklar, weil er nicht eindeutig erkannt hatte, dass ein Vorausfahrender nach links abbiegen wollte, dann darf er nicht einfach **überholen.**[280]

Auch die **Geschwindigkeitsüberschreitung** kann zu einer Mithaftung führen: Aus einer Gesamtschau der hierzu zu findenden Urteile der Gerichte lässt sich ein Trend herauslesen, wonach in aller Regel eine Überschreitung der höchstzulässigen Geschwindigkeit um mehr als 50% (also z.B. 75 km/h bei erlaubten 50 km/h) zu einem erheblichen Mitverschulden führt. Noch strenger ist die Beurteilung des Sorgfaltsmaßstabs, wenn das Rettungsfahrzeug den Kreuzungsbereich erreicht: In einer Entscheidung des LG Hamburgs heißt es diesbezüglich, dass im Nahbereich von 20 Metern um eine Kreuzung nicht schneller als mit 30 km/h gefahren werden darf, soweit nicht feststeht, dass die Kreuzung frei ist, da andernfalls der Einsatzfahrer nicht mehr reagieren kann, wenn ein Fußgänger oder ein anderer Autofahrer die Sonderrechte missachtet.[281]

278 OLG Naumburg, Urteil vom 21. Juli 2011 – Az. 4 U 23/11, NZV 25 (6/2012), S. 277; NJW 65 (17/2012), S. 1232 ff.
279 OLG Celle, Urteil vom 29. September 2010 – Az. 14 U 27/10.
280 Koehl, SVR 2018, S. 249, hier S. 251.
281 LG Hamburg, Urteil vom 18. September 2012 – Az. 628 KLs 3/12.

5 Arbeits- und Berufsausbildungsrecht

5.1 Arbeitsrecht

Das Arbeitsrecht beschäftigt sich mit den für **Arbeitsverhältnisse** geltenden Rechtsregeln. Nicht nur, weil wir die meiste Zeit unseres Lebens bei der Arbeit verbringen, lohnt es sich, zumindest die wichtigsten Prinzipien dieser Rechtsmaterie kennenzulernen, sondern auch, weil das Arbeitsrecht – gerade im Rettungswesen – eine wichtige Schnittstelle darstellt zwischen den Pflichten, die gegenüber den Patienten bestehen, und den Rechtsfragen, die sich aus der Beziehung zum Arbeitgeber ergeben.

Im Arbeitsrecht geht es in erster Linie um diejenigen Regeln, die die individuelle vertragliche Beziehung des Arbeitnehmers zu seinem Arbeitgeber betreffen. In ihrem Mittelpunkt steht der *Arbeitsvertrag* einschließlich der auf ihn einwirkenden gesetzlichen, richterrechtlichen und tarifvertraglichen Bestimmungen. Juristen sprechen insoweit vom *Individualarbeitsrecht*.

Rettungsdienstkräfte schließen mit den jeweiligen Rettungsdienstorganisationen einen Arbeitsvertrag,[282] und zwar unabhängig davon, ob der Vertrag schriftlich (oder mündlich) geschlossen wurde:[283] Arbeitsverträge sind nämlich **formlos** wirksam, d.h. dass es zum Abschluss eines Arbeitsvertrages keiner besonderen Form (etwa der Schriftform nach § 126 BGB) bedarf. Hinzu kommt, dass viele Rettungskräfte als **öffentlich-rechtliche Arbeitnehmer** beschäftigt werden: Insofern gilt das allgemeine Arbeitsvertragsrecht uneingeschränkt, die anderen Rechtsnormen des Arbeitsrechts mit einigen Besonderheiten (z.B. Personalvertretungsrecht anstelle des Betriebsverfassungsrechts). Art. 33 Abs. 2 GG gewährleistet den gleichen Zugang zu öffentlichen Ämtern. Die Norm dient zum einen dem öffentlichen Interesse an der bestmöglichen Besetzung der Stellen des öffentlichen Dienstes, dessen fachliches Niveau und rechtliche Integrität gewährleistet werden sollen, und gilt auch für Positionen, die mit Arbeitnehmern besetzt werden können. Der Arbeitgeber des öffentlichen Dienstes ist daher verpflichtet, für die zu besetzende Stelle ein **Anforderungsprofil** festzulegen und nachvollziehbar zu dokumentieren.[284]

Was geschieht allerdings, wenn ein Notfallsanitäter „ohne" einen schriftlichen Vertrag eingestellt wird, so zum Beispiel, wenn er unmittelbar nach seiner Ausbildung übernommen wird? Gemäß **§ 2 Nachweisgesetz**[285] hat der Arbeitgeber, d.h. die Rettungsdienstorganisation, die ihn eingestellt hat, **spätestens einen Monat nach dem vereinbarten Beginn des Arbeitsverhältnisses** die wesentlichen Vertragsbedingungen schriftlich niederzule-

---

282 Auch *öffentlich-rechtlich Beschäftigte* schließen einen Arbeitsvertrag. Anders sieht es bei den *Beamten* aus: Diese unterliegen den jeweiligen landesrechtlichen Regelungen der Beamtengesetze. Streitigkeiten sind dann vor den Verwaltungsgerichten auszutragen.

283 Es sei denn, die Rettungskraft ist in einem *Beamtenverhältnis*. Dann gelten die jeweiligen Bestimmungen des Berufsbeamtentums. Bundesrechtlich ist das Beamtenstatusgesetz maßgeblich; landesrechtlich die jeweiligen Bestimmungen der Landesbeamtengesetze bzw. – bei Bundesbeamten – die Normen des Bundesbeamtengesetzes.

284 Spinner, in: MüKo BGB, 8. Aufl., 2020, § 611a Rn. 119. Zum anderen trägt Art. 33 Abs. 2 GG dem berechtigten Interesse des Bewerbers an seinem beruflichen Fortkommen Rechnung. Die Norm begründet ein grundrechtsgleiches Recht auf rechtsfehlerfreie Einbeziehung in die Bewerberauswahl und auf deren Durchführung anhand der in dieser Vorschrift des Grundgesetzes genannten Auswahlkriterien (sog. Bewerbungsverfahrensanspruch).

285 Gesetz über den Nachweis der für ein Arbeitsverhältnis geltenden wesentlichen Bedingungen vom 20. Juli 1995 (BGBl. I, S. 946).

gen, die Niederschrift zu unterzeichnen und dem Arbeitnehmer auszuhändigen. In die Niederschrift sind Mindestangaben aufzunehmen, wie etwa der Zeitpunkt des Beginns des Arbeitsverhältnisses, ein Hinweis darauf, dass der Arbeitnehmer an verschiedenen Orten beschäftigt werden kann, eine kurze Charakterisierung oder Beschreibung der vom Arbeitnehmer zu leistenden Tätigkeit, die Zusammensetzung und die Höhe des Arbeitsentgelts einschließlich der Zuschläge, der Zulagen, Prämien und Sonderzahlungen sowie anderer Bestandteile des Arbeitsentgelts, die vereinbarte Arbeitszeit und ein in allgemeiner Form gehaltener Hinweis auf die Tarifverträge, Betriebs- oder Dienstvereinbarungen, die auf das Arbeitsverhältnis anzuwenden sind.

Das Arbeitsrecht ist darüber hinaus durch die Besonderheit gekennzeichnet, dass es Rechtsregeln gibt, die die Arbeitnehmerschaft als solche in ihrem Verhältnis zur Arbeitgeberseite betreffen.

Es handelt sich dabei einerseits um das aus der grundgesetzlich garantierten **Koalitionsfreiheit des Art. 9 Abs. 3 GG** abgeleitete Koalitions-, Tarifvertrags- und Arbeitskampfrecht, andererseits um das **Mitbestimmungsrecht** entweder auf betrieblicher Ebene durch einen Betriebsrat nach den Vorschriften des Betriebsverfassungsrechts oder auf Unternehmensebene durch Arbeitnehmervertreter im Aufsichtsrat großer Kapitalgesellschaften. Man spricht insoweit vom **kollektiven Arbeitsrecht**.

Rettungskräfte haben zwar einheitliche Aufgaben, einen flächendeckenden Tarifvertrag gibt es aber bisher nicht: So hat beispielsweise das Bayerische Rote Kreuz (BRK) einen eigenen Tarifvertrag, während sich die meisten Rettungsdienstorganisationen entweder an den Tarifverträgen des öffentlichen Dienstes oder an karitativen Zweckverbänden orientieren.

Tarifverträge haben vor allem drei wichtige Funktionen:

- Sie sichern die Sozialbedingungen der Arbeitnehmer durch einheitliche Entgeltregelungen und sonstige arbeitsvertragliche Bedingungen (z.B. Mehrarbeitszuschläge und Urlaubsregelungen) (sog. **Schutzfunktion**).
- Sie sorgen für die Beendigung möglicher Arbeitskämpfe (sog. **Friedensfunktion**).
- Und sie führen – aus Sicht der Arbeitgeber – dazu, dass langfristig die Entwicklung der Personalkosten stabilisiert wird (sog. **Kartellfunktion**).

Wir werden uns hier vor allem mit dem **Individualarbeitsrecht** beschäftigen. Das kollektive Arbeitsrecht wird dabei insoweit behandelt, als es für das Verständnis des Individualarbeitsrechts unverzichtbar ist.

5.1.1 Begriff des Arbeitsvertrages und die Grenzen des Weisungsrechts des Arbeitgebers

Was ist denn eigentlich ein **Arbeitsverhältnis**?

§ 611a BGB regelt den Arbeitsvertrag: Gemäß Abs. 1 dieser Norm wird durch den Arbeitsvertrag „der Arbeitnehmer im Dienste eines anderen zur Leistung weisungsgebundener, fremdbestimmter Arbeit in persönlicher Abhängigkeit verpflichtet“. In Satz 2 ist zu lesen: „Das Weisungsrecht kann Inhalt, Durchführung, Zeit und Ort der Tätigkeit betreffen.“ Absatz 2 besagt dann schließlich, dass der Arbeitgeber „zur Zahlung der vereinbarten Vergütung verpflichtet“ ist.

Auf der Grundlage eines Arbeitsvertrages darf also der jeweilige Arbeitgeber Weisungen erteilen, zum Beispiel durch den Einsatz- und Dienstplan Ort und Arbeitszeit bestimmen. Doch anders als bei einem Werkvertrag (z.B. der Fliesenleger, der damit beauftragt wird, eine Terrasse neu zu verlegen) schuldet der Arbeitnehmer seinem Arbeitgeber kein „Werk“, d.h. er ist nicht zur Erbringung eines Leistungserfolges verpflichtet.

Bezogen auf den Rettungsdienst bedeutet dies, dass zum Beispiel ein Rettungsassistent sein Einkommen nicht deshalb erhält, weil er monatlich eine bestimmte Anzahl von Einsätzen fährt oder bei seiner Arbeit eine Mindestanzahl von Menschen rettet. Das wäre nicht zulässig! Hingegen muss ich den Fliesenleger nur bezahlen, wenn er mit der Neuverlegung der Terrasse fertig ist, d.h. die Terrakotta-Fliesen nicht nur fachgerecht verlegt, sondern auch verfugt und mit Silikon die offenen Fugen abgedichtet hat.

Doch wie weit geht die **Weisungsbefugnis** eines Arbeitsgebers oder Dienstherren? Der Arbeitgeber kann gemäß **§ 106 Gewerbeordnung (GewO)** Inhalt, Ort und Zeit der Arbeitsleistung nach billigem Ermessen näher bestimmen, soweit diese Arbeitsbedingungen nicht durch den Arbeitsvertrag, Bestimmungen einer Betriebsvereinbarung, eines anwendbaren Tarifvertrages oder gesetzliche Vorschriften festgelegt sind. Dies gilt auch hinsichtlich der Ordnung und des Verhaltens der Arbeitnehmer im Betrieb.

Dem Arbeitgeber ist es zum Beispiel möglich, nach einer Änderung der Organisation seines Unternehmens die **Lage der Arbeitszeit** im Wege des Weisungsrechts neu zu bestimmen: So durfte ein in vollkontinuierlicher Wechselschicht angestellter Rettungsassistent als Springer, d.h. im Wechsel von Früh- und Spätschicht bzw. im Bedarfsfall in 24-Stunden-Schicht, eingesetzt werden.[286]

Im Regelfall ist zum Beispiel in den Arbeitsverträgen die Verpflichtung der Rettungsdienstkraft zur Übernahme von **Bereitschaftsdiensten** nur rahmenmäßig bestimmt. In diesem Fall ist der Arbeitgeber aufgrund seines **Weisungs- und Direktionsrechtes** berechtigt, diese nur rahmenmäßig umschriebene Verpflichtung einseitig zu konkretisieren.[287] Dabei muss der Arbeitgeber die Grundsätze billigen Ermessens beachten und – in aller Regel – diese Arbeitszeit vergüten.[288] Die Leistungsbestimmung entspricht dann billigem Ermessen, wenn sie die wesentlichen Umstände des Falles abgewogen und die beiderseiti-

286 LAG München, Urteil vom 5. September 2007 – Az. 9 Sa 1251/06, BeckRS 2009, S. 66587.
287 Vgl. BAG, Urteil vom 25. April 2007 – Az. 6 AZR 799/06, NZA 24 (19/2007), S. 1108 ff.
288 BAG, Urteil vom 29. Juni 2016 – Az. 5 AZR 716/15, NZA 33 (21/2016), S. 1332 ff.

gen Interessen angemessen berücksichtigt hat.[289] Dabei entspricht es zum Beispiel grundsätzlich billigem Ermessen, wenn der Arbeitgeber dem Arbeitnehmer, der Bereitschaftsdienst leistet, einen Freizeitausgleich gewährt, weil andernfalls ohne Freizeitausgleich für Bereitschaftsdienst die vom Arbeitnehmer geschuldete (Regel-)Arbeitszeit innerhalb des betrieblichen Arbeitszeitmodells nicht erreicht werden könnte.[290]

Das Weisungsrecht des Arbeitgebers wird jedoch begrenzt durch das *Allgemeine Gleichbehandlungsgesetz (AGG)*, das *Arbeitsschutzrecht*, durch *Tarifverträge* und *Betriebsvereinbarungen* sowie durch den *Arbeitsvertrag* selbst.[291]

Beispielsweise braucht der Notfallsanitäter nicht die Dienste einer Reinigungskraft zu leisten. Der Arbeitgeber darf also nur Tätigkeiten übertragen, die die Merkmale der vertraglich geschuldeten Vergütungsgruppe (echt) erfüllen. Nur in **Notfällen** kann die Arbeitspflicht und damit das Weisungsrecht des Arbeitgebers den engeren arbeitsvertraglichen Rahmen überschreiten: Bei einem Brand muss auch der kaufmännische Angestellte zum Feuerlöscher greifen.[292]

Doch jede Weisung hat eine absolute Grenze: Der Arbeitgeber hat nicht die Befugnis zur dauerhaften Versetzung eines Angestellten auf einen Arbeitsplatz mit geringerer Verantwortung bzw. Kompetenz, auch wenn die bisher gezahlte Vergütung fortgezahlt wird.[293]

Interessant ist allerdings folgende Fragestellung: Darf der Arbeitgeber einem Rettungsassistenten die **Weisung** erteilen, die **Ausbildung zum Notfallsanitäter** zu absolvieren? Das ist derzeit in der Rechtsprechung umstritten. Generell gilt der Grundsatz, dass ein Arbeitgeber die eigenen Arbeitnehmer zu Fortbildungskursen verpflichten kann, damit sein Personal genügend qualifiziert ist und sich dem Stand der Technik und fachlichen Kenntnissen anpasst. Während jedoch das OVG Bautzen entschied, dass ein Dienstherr einem Feuerwehrbeamten, der die Qualifikation eines Rettungsassistenten besitzt, nicht per Weisung aufgeben darf, sich zum Notfallsanitäter ausbilden zu lassen, erachtete das OVG Münster eine solche Weisung in einem gleichgelagerten Fall für rechtmäßig.[294] Das OVG Bautzen argumentierte, mit der Verpflichtung des Dienstherrn, den Vorbereitungslehrgang nach § 32 Abs. 2 S. 1 NotSanG zu absolvieren, die Ergänzungsprüfung zu absolvieren und entsprechende Nachweise zu beantragen und vorzulegen, werde dem Beamten bzw. Arbeitnehmer aufgegeben, einen „neuen Beruf“ zu erlernen. Notfallsanitäter sei nämlich „ein eigener Beruf“, wie sich bereits aus § 1 Abs. 1 NotSanG ergebe. Das OVG Münster gründete seine Auffassung hingegen auf die beamtenrechtliche Pflicht zur Fortbildung: Beamte seien verpflichtet, ihre Kenntnisse und Fähigkeiten zu erhalten und fortzuentwickeln und an Fortbildungen in dienstlichem Interesse teilzunehmen. Dies

289 Baeck/Deutsch/Winzer (2020) Arbeitszeitgesetz, 4. Aufl., § 2 Rn. 47.

290 Schlottfeldt/Kutscher (2009) Freizeitausgleich für Bereitschaftsdienst: Arbeitszeitrechtliche Aspekte der Anrechnung von Bereitschaftsdienstzeit auf die Regelarbeitszeit, NZA 26 (13), S. 697 ff., hier S. 700.

291 Spinner, in: MüKo BGB, 8. Aufl., 2020, § 611a Rn. 933-935.

292 Ebd.

293 Ebd.

294 OVG Bautzen, Beschluss vom 30. Januar 2020 – Az. 2 B 311/19; OVG Münster, Beschluss vom 27. Juli 2021 – Az. 6 B 1105/21; Landes- und Kommunalverwaltung (LKV) 30 (6/2020), S. 277 ff.

umfasse Maßnahmen, mit denen Kenntnisse, Fähigkeiten oder Fertigkeiten für die Erfüllung der dienstlichen Aufgaben über den Stand der Ausbildung hinaus gefestigt, erweitert oder aufgefrischt werden sollten. Es bleibt also abzuwarten, welche Meinung sich in den nächsten Jahren in der Rechtsprechung durchsetzen wird. Jedenfalls dürfte im konkreten Einzelfall entscheidend sein, ob der Mitarbeiter, der sich zum Notfallsanitäter fortbilden soll, dann auch als solcher eingesetzt wird. Andernfalls, d.h. wenn die Notfallrettung nicht zu seinen Aufgaben gehört, erscheint eine solche Weisung eher unangemessen. Das gilt unabhängig davon, ob das Dienstverhältnis als Beamten-, öffentlich-rechtliches Anstellungs- oder gar privatrechtliches Arbeitsverhältnis ausgestaltet ist. Dagegen dürfte eine Weisung des Arbeitgebers, wonach ein Rettungsdienstmitarbeiter eine Ausbildung zum Rettungswachenleiter oder ein Notfallsanitäter einen ergänzenden Lehrgang zum Praxisanleiter absolvieren muss, grundsätzlich rechtmäßig sein, da hierdurch die bereits vorhandene Grundausbildung ausreicht und für den Arbeitnehmer keine Nachteile entstehen.

Arbeitsrechtliche Weisungen können dem Rettungsdienstpersonal nur vom jeweiligen **Arbeitgeber**, also der Hilfsorganisation oder dem Krankenhaus, erteilt werden. Auch wenn das Personal der Feuerwehr oder die Krankenhausärzte Bedienstete oder Beamte derselben Gebietskörperschaft sind, ist zu arbeitsrechtlichen Weisungen nur der Leiter des jeweiligen Betriebszweiges der Gebietskörperschaft, also die Feuerwehr bzw. das Krankenhaus befugt.

Anders verhält es sich im Ergebnis bei **medizinischen Anweisungen** durch **Notärzte**: Hier ist davon auszugehen, dass die den Rettungsdienst durchführenden Organisationen ihre Mitarbeitenden (mit deren Einverständnis) dem Weisungsrecht des Notarztes unterstellen.[295]

5.1.2 Kündigungsschutz

Ein besonderes Maß an sozialer Sicherheit genießt ein Arbeitnehmer, wenn ihm der Kündigungsschutz nach Maßgabe des **Kündigungsschutzgesetzes (KSchG)** zuteilwird.

Denn nach den Regelungen des KSchG ist eine ordentliche, d.h. fristgemäße Kündigung des Arbeitsverhältnisses durch den Arbeitgeber nur dann zulässig, wenn sie aus *personen-, verhaltens- oder betriebsbedingten Gründen sozial gerechtfertigt* ist.

5.1.2.1 Kündigungsschutzklage und Anwaltskosten

Glaubt der Arbeitnehmer, die Kündigung seines Arbeitsverhältnisses wegen fehlender sozialer Rechtfertigung – oder auch wegen anderer Unwirksamkeitsgründe – angreifen zu können, muss er innerhalb von **drei Wochen** nach Zugang der Kündigung Klage vor dem **Arbeitsgericht** erheben (sog. **Kündigungsschutzklage**) mit dem Ziel, die Unwirksamkeit der Kündigung feststellen zu lassen. Diese Frist beginnt mit Zugang der Kündigung: Das bedeutet für Sie, dass Sie unverzüglich nach Erhalt einer solchen Kündigung reagieren müssen, wenn Sie der Auffassung sind, dass die Kündigung nicht gerechtfertigt ist. Beden-

295 Lippert (1982) a.a.O., S. 2089; vgl. auch OLG Karlsruhe, Urteil vom 13. August 2014 – Az. 7 U 248/13.

ken Sie dabei, dass Sie nicht zwingend zum Anwalt müssen, sich aber in solchen Fällen eine Rechtsberatung lohnt, da das Arbeitsrecht eine komplizierte Rechtsmaterie ist. In einfach gelagerten Fällen kann man sich auch an die **Rechtsantragsstelle** der Amtsgerichte wenden: Die dort tätigen Rechtspfleger bzw. Rechtspflegerinnen nehmen einen Kündigungsschutzantrag an und helfen auch bei der einen oder anderen Formulierung.

Wichtig ist in diesem Zusammenhang, dass anders als in einem normalen Zivilverfahren, in welchem diejenige Partei die Kosten des Verfahrens – und damit auch die eigenen und gegnerischen Anwaltskosten – zu tragen hat, die den Prozess verliert (vgl. § 91 ZPO), im Arbeitsrecht ein anderes **Kostenprinzip** gilt: Gemäß § 12a Abs. 1 Arbeitsgerichtsgesetz (ArbGG) besteht in Streitigkeiten gegen den Arbeitgeber im „ersten Rechtszug" – also vor den Arbeitsgerichten – „kein Anspruch der obsiegenden Partei auf [...] Erstattung der Kosten für die Zuziehung eines Prozessbevollmächtigten oder Beistandes" (d.h. eines Anwalts). Das soll dem Schutz des sozial schwächeren Arbeitnehmers dienen, für den die Kostenlast niedriger und das Prozessrisiko dadurch kalkulierbarer sein soll.[296] Meines Erachtens ist jedoch diese Regelung reformbedürftig, da unseriöse Arbeitgeber einen nicht rechtsschutzversicherten Arbeitnehmer so oft kündigen können, bis dieser kein Geld mehr hat, um sich noch effektiv zu verteidigen.

Einem Rechtssuchenden wird jedoch auf seinen Antrag **Beratungshilfe** in Form von Beratung und, soweit erforderlich, Vertretung gewährt, wenn er die für eine anwaltliche Beratung und Vertretung erforderlichen Mittel nicht selbst aufbringen kann und die beabsichtigte Wahrnehmung seiner Rechte nicht mutwillig ist. Hinsichtlich der maßgeblichen Einkommensverhältnisse gelten die Vorschriften der **Prozesskostenhilfe** entsprechend (vgl. § 114 ff. ZPO); entscheidend ist, ob dem Ratsuchenden nach seinen Einkommensverhältnissen Prozesskostenhilfe ohne Ratenzahlung zu gewähren wäre. Zuständig für den Antrag, der schriftlich oder zu Protokoll der Geschäftsstelle angebracht werden kann, ist auch in arbeitsrechtlichen Angelegenheiten dasjenige **Amtsgericht**, in dessen Bereich der Antragsteller seinen allgemeinen Gerichtsstand hat.[297] Wohnt ein von einer Kündigung betroffener Notfallsanitäter in Mannheim, ist also für die Beratungshilfe das Amtsgericht Mannheim zuständig, für die Kündigungsschutzklage jedoch das Arbeitsgericht Mannheim.

In vielen Fällen besteht für den Arbeitnehmer, unabhängig davon, ob er Kläger oder Beklagter ist, die Möglichkeit, **gewerkschaftlichen Rechtsschutz** in Anspruch zu nehmen, wenn er Gewerkschaftsmitglied ist.

5.1.2.2 Voraussetzungen des Kündigungsschutzes

Dass der Arbeitgeber nicht einfach ohne Grund den Arbeitsvertrag kündigen darf, haben wir unserer Verfassung zu verdanken, genau genommen dem Sozialstaatsgebot aus Art. 20 Abs. 1 GG. Das führt zu einem angemessenen Ausgleich zwischen den jeweils in Gestalt der Berufsfreiheit des Art. 12 GG geschützten Interessen einerseits des Unternehmers an einer selbstbestimmten Unternehmensführung und andererseits des Arbeitnehmers an der Erhaltung seines Arbeitsplatzes.

296 BVerfG, Beschluss vom 20. Juli 1971 – Az. 1 BvR 231/69, NJW 24 (51/1971), S. 2302.
297 Helm, in: Hauck/Helml/Biebl (2011) Arbeitsgerichtsgesetz (ArbGG), 4. Aufl., § 11a Rn. 1-27.

Kündigungsschutz für Arbeitnehmer besteht nach dem KSchG in Betrieben und Verwaltungen **mit mehr als in der Regel zehn** (bzw. fünf vor dem 31.12.2003 eingestellten) **Arbeitnehmern** (§ 23 Abs. 2, 3 KSchG), die seit **mindestens sechs Monaten ohne Unterbrechung** dem Betrieb oder Unternehmen angehören (§ 1 Abs. 1 KSchG, sog. Wartezeit). Hier stellt sich die Frage, ob ein Notfallsanitäter, der zum Beispiel zum 1. April 2020 eingestellt wurde und im selben Betrieb zuvor seine dreijährige Ausbildung absolviert hatte, Kündigungsschutz genießt, wenn der Arbeitgeber ihn nach drei Monaten wieder kündigt: Nach dem BAG sind auf die Wartezeit Zeiten anzurechnen, in denen der Arbeitnehmer zuvor bei diesem Arbeitgeber in einem Ausbildungsverhältnis gestanden hat.[298] Dagegen ist ein vorangegangenes betriebliches Praktikum bei demselben Arbeitgeber nur anzurechnen, wenn es im Rahmen eines Arbeitsverhältnisses abgeleistet worden ist.[299]

Unabhängig hiervon ist jedoch nach der Rechtsprechung der Arbeitsgerichte auch in **Kleinbetrieben** zum Schutz der Arbeitnehmer gegen willkürliche, treu- oder sittenwidrige Kündigungen durch den Arbeitgeber ein Mindestmaß an sozialen Belangen zu wahren.

Nach dem KSchG ist die *ordentliche Kündigung* unwirksam, wenn sie sozial ungerechtfertigt ist, d.h. nicht durch Gründe in der Person (z.B. Krankheit) oder im Verhalten des Arbeitnehmers (z.B. Vertragsverletzungen, schlechte Arbeitsleistung) oder durch dringende betriebliche Erfordernisse, etwa Rationalisierung, bedingt ist (§ 1 Abs. 2 KSchG).

Bei der betriebsbedingten Kündigung muss bei der Auswahl des zu kündigenden Arbeitnehmers eine Sozialauswahl vorgenommen werden (§ 1 Abs. 3 KSchG): Hat ein Rettungsassistent zwei unterhaltsberechtigte Kinder und ist er verheiratet, erlangt er eine höhere sozialbedingte Stellung als ein jüngerer Kollege, der kinderlos ist. Auch die Beschäftigungsdauer spielt einer Rolle: Ein Notfallsanitäter, der bereits seit über zehn Jahren für eine Rettungsdienstorganisation arbeitet, erlangt sozialbedingt eine höhere Rangstellung als ein seit drei Jahren beschäftigter Kollege. Jeder soziale Gesichtspunkt muss dabei berücksichtigt werden.

Besteht im Betrieb ein *Betriebsrat (bzw. Personalrat)*, so ist dieser – unter Mitteilung der Gründe – vor jeder Kündigung zu hören.

Eine ohne Anhörung ausgesprochene Kündigung ist unwirksam (§ 102 Abs. 1 BetrVG, § 79 Abs. 4 BPersVG). Weitergehender Kündigungsschutz (Sonderkündigungsschutz) besteht für Mitglieder eines Betriebsrats (einer Personalvertretung) nach § 15 KSchG, § 103 BetrVG (Zustimmungspflicht des Betriebsrats), für Frauen während und nach der Schwangerschaft (Mutterschutz), während der Elternzeit (§ 18 BEEG) und der Pflegezeit bzw. Familienpflegezeit sowie für schwerbehinderte Menschen (§§ 85–92 SGB IX) und viele besondere Beauftragte (z.B. Datenschutzbeauftragte). Allgemein verboten ist eine Benachteiligung

298 BAG, Urteil vom 2. Dezember 1999 – Az. 2 AZR 139/99, NZA 17 (13/2000), S. 720; Urteil vom 26. August 1976 – Az. 2 AZR 377/75.

299 Schmitt, in: Däubler/Hjort/Schubert/Wolmerath (2007) Arbeitsrecht, 4. Aufl., KSchG § 1 Rn. 31.

des Arbeitnehmers durch Kündigung nur wegen seiner Geschlechtszugehörigkeit und bestimmten anderen Merkmalen (§ 7 AGG).

5.1.2.3 Kündigungsgründe

Kündigung aus wichtigem Grund

Nach § 626 Abs. 1 BGB kann das Arbeitsverhältnis – natürlich von beiden Seiten – aus **wichtigem Grund** (auch außerordentliche Kündigung genannt), d.h. ohne Einhaltung einer Kündigungsfrist, gekündigt werden. Es müssen dazu Tatsachen vorliegen, aufgrund derer dem Arbeitgeber oder Arbeitnehmer „die Fortsetzung des Arbeitsverhältnisses bis zum Ablauf der Kündigungsfrist nicht zugemutet werden kann".

Da die Folge einer solchen Kündigung die sofortige Beendigung des Arbeitsverhältnisses ist, dürfte jedem klar sein, dass eine außerordentliche Kündigung eines Arbeitnehmers nur dann in Betracht kommt, wenn dieser seine vertraglichen Pflichten *erheblich verletzt* hat.[300]

Typische Beispiele für eine außerordentliche Kündigung sind:

- Körperverletzungen gegenüber einem Kollegen, einem Dienstherrn oder einem Patienten, ohne Rechtfertigungsgrund;[301]
- schwerwiegende Beleidigungen des Arbeitgebers;[302]
- Entwenden von technischen Gerätschaften;[303]
- Entwenden von Medikamenten;
- sexuelle Belästigung von Kolleginnen/Kollegen oder Patientinnen/Patienten;[304]
- beharrliche Nichteinhaltung von Arbeitsschutz- und Sicherheits- sowie Hygienevorschriften;[305]
- wiederholte Verletzung eines wirksam erlassenen betrieblichen Alkohol-[306] oder Rauchverbots;[307]
- beharrliche Verletzung der Arbeitspflicht trotz wirksamer und wiederholter Anmahnung;[308]
- vorsätzliche Manipulation der Arbeitszeiterfassung;[309]
- Mobbing gegenüber Kollegen;[310]

300 BAG, Urteil vom 9. Juni 2011 – Az. 2 AZR 284/10.
301 BAG, Urteil vom 12. März 1987 – Az. 2 AZR 176/86.
302 BAG, Urteil vom 31. Juli 2014 – Az. 2 AZR 505/13, hier: Äußerungen in einem YouTube-Video.
303 BAG, Urteil vom 25. Oktober 2012 – Az. 2 AZR 700/11, hier: Kündigung wegen Verdachts einer Straftat.
304 BAG, Urteil vom 20. November 2014 – Az. 2 AZR 651/13, hier: außerordentliche Kündigung wegen sexueller Belästigung.
305 LAG Rheinland-Pfalz, Urteil vom 14. April 2005 – Az. 11 Sa 810/04, hier: verhaltensbedingte Kündigung wegen Verstoßes gegen Sicherheitsvorschriften.
306 Niemann, in: Müller-Glöge/Preis/Schmidt (2020) Erfurter Kommentar zum Arbeitsrecht, 20. Aufl., BGB § 626 Rn. 63.
307 BAG, Urteil vom 19. Januar 1999 – Az. 1 AZR 499/98.
308 BAG, Urteil vom 29. August 2013 – Az. 2 AZR 273/12, hier: Kündigung wegen beharrlicher Arbeitsverweigerung.
309 BAG, Urteil vom 23. Januar 1963 – Az. 2 AZR 278/62.
310 Wer systematisch das Persönlichkeitsrecht, die Ehre oder die Gesundheit von Mitarbeitern oder Kollegen durch Mobbing verletzt, kann außerordentlich entlassen werden, in Extremfällen sogar ohne vorherige Abmahnung (vgl. LAG Thüringen, Urteil vom 15. Februar 2001 – Az. 5 Sa 102/00, NZA-RR 6 [11/2001], S. 577 ff.).

- eigenmächtige Urlaubsüberschreitung und Selbstbeurlaubung;[311]
- Vortäuschen oder Androhen einer Erkrankung;[312]
- schuldhafte Verletzung der Verschwiegenheitspflicht.[313]

BEISPIEL

Fall angelehnt an LAG Baden-Württemberg, Urteil vom 11. November 2016:[314]
Rettungssanitäter Anton ist bei der R-GmbH beschäftigt. Sein Arbeitsvertrag regelt ausdrücklich die Verschwiegenheitspflicht bezüglich Patientendaten und warnt vor strafrechtlichen Konsequenzen gemäß § 203 StGB. Anlässlich eines Krankentransportes einer Patientin, die Anton, wie auch Antons Tochter persönlich bekannt war, fotografierte er die Patientenakte mithilfe seines Smartphones und leitete das Foto mit dem Kommentar „Mal sehen, was die schon wieder hat" per WhatsApp an seine Tochter weiter. Die Tochter machte das Foto – was Anton nicht wusste – Dritten zugänglich. Anton verteidigte sich im Rahmen einer Anhörung durch seinen Arbeitgeber mit dem Hinweis, er habe nicht gewusst, dass er noch nicht einmal seinen direkten Verwandten Namen bzw. Fotos von Patienten mitteilen dürfe; er habe sich im Übrigen „nichts dabei gedacht". Die R-GmbH kündigte das Arbeitsverhältnis außerordentlich fristlos.

Das LAG Baden-Württemberg erachtete in einem ähnlich gelagerten Fall – es handelte sich um eine medizinische Fachangestellte – die außerordentliche Kündigung unter Zugrundelegung des nötigen Vertrauensverhältnisses zwischen Patienten und ärztlichem sowie nicht-ärztlichem Personal (auch ohne vorherige Abmahnung!) für gerechtfertigt. Ein solches Verhalten kann unter keinen Umständen toleriert werden und stellt eine schwerwiegende Verletzung des Arbeitsverhältnisses dar.[315]

Liegt eine schwerwiegende Pflichtverletzung vor, ist nach § 626 Abs. 1 BGB aber weiter zu prüfen, ob nicht eine ordentliche Kündigung genügt hätte, um künftige Vertragsstörungen seitens des Arbeitnehmers zu vermeiden. Dazu ist in einer Gesamtwürdigung das Interesse des Arbeitgebers an der sofortigen Beendigung des Arbeitsverhältnisses gegen das Interesse des Arbeitnehmers an dessen Fortbestand jedenfalls bis zum Ablauf der Kündigungsfrist abzuwägen. Es hat eine Bewertung des konkreten Einzelfalls unter Beachtung des Verhältnismäßigkeitsgrundsatzes zu erfolgen.

Die Umstände, anhand derer zu beurteilen ist, ob dem Arbeitgeber die Weiterbeschäftigung zumindest bis zum Ende der Frist für eine ordentliche Kündigung zumutbar war oder nicht, lassen sich nicht abschließend festlegen:

Zu berücksichtigen sind aber regelmäßig das **Gewicht** und die **Auswirkung einer Vertragspflichtverletzung** (etwa im Hinblick auf das Maß eines durch sie bewirkten Vertrau-

311 BAG, Urteil vom 20. Januar 1994 - Az. 2 AZR 521/93, hier: fristlose Kündigung wegen Selbstbeurlaubung.
312 Das „Krankfeiern" und die dadurch bewirkte ungerechtfertigte Entgeltfortzahlung bilden einen typischen wichtigen Grund für eine außerordentliche Kündigung (vgl. BAG, Urteil vom 3.4.2008 - Az. 2 AZR 965/06, NZA 25 [14/2008], S. 807 ff.).
313 Niemann, in: Müller-Glöge/Preis/Schmidt (2020) Erfurter Kommentar zum Arbeitsrecht, 20. Aufl., BGB § 626 Rn. 154.
314 Az. 12 Sa 22/16.
315 Vgl. auch die Anmerkung von Bonges, Arbeitsrecht Aktuell (ArbRAktuell) 9 (11/2017), S. 280.

ensverlustes und ihre wirtschaftlichen Folgen), der **Grad des Verschuldens des Arbeitnehmers** (eine vorsätzliche Pflichtverletzung fällt natürlich mehr ins Gewicht als eine fahrlässige), eine mögliche **Wiederholungsgefahr** (War das eine einmalige Sache oder ist von einer wiederholten Pflichtverletzung auszugehen?) sowie die **Dauer des Arbeitsverhältnisses** (je länger das Arbeitsverhältnis Bestand hatte, umso eher ist dem Arbeitgeber zuzumuten, das Verhalten des Arbeitnehmers eine Weile noch bis zum Ablauf einer ordentlichen Kündigung zu dulden) und dessen **störungsfreier Verlauf** (Handelt es sich um einen Arbeitnehmer, der bisher nicht negativ aufgefallen war?).

Eine außerordentliche Kündigung kommt nur in Betracht, wenn dem Arbeitgeber angesichts der Gesamtumstände sämtliche milderen Reaktionsmöglichkeiten unzumutbar sind. Die außerordentliche Kündigung ist unwirksam, wenn schon eine ordentliche Kündigung geeignet war, das Risiko künftiger Störungen zu vermeiden.

Verhaltensbedingte Kündigung

Eine **Kündigung** im Sinne des § 1 Abs. 2 KSchG kann durch das **Verhalten des Arbeitnehmers** „bedingt" und damit gerechtfertigt sein, wenn der Arbeitnehmer seine **vertraglichen Haupt- oder Nebenpflichten erheblich** und in der Regel **schuldhaft verletzt** hat und eine dauerhaft störungsfreie Vertragserfüllung in Zukunft nicht mehr zu erwarten steht. Dann kann dem Risiko künftiger Störungen nur durch die fristgemäße – anders als die oben behandelte außerordentliche Kündigung – Beendigung des Arbeitsverhältnisses begegnet werden.

Das wiederum ist nicht der Fall, wenn schon mildere Mittel und Reaktionen – wie etwa eine **Abmahnung** – vonseiten des Arbeitgebers geeignet sind, beim Arbeitnehmer künftige Vertragstreue zu bewirken.

Zur sozialen Rechtfertigung einer verhaltensbedingten Kündigung ist eine **negative Prognose** erforderlich: Eine solche liegt vor, wenn aus der konkreten Pflichtverletzung und der daraus resultierenden Vertragsstörung geschlossen werden kann, dass der Arbeitnehmer den Arbeitsvertrag auch nach einer Kündigungsandrohung erneut in gleicher oder ähnlicher Weise verletzen wird und deshalb eine dauerhaft störungsfreie Vertragserfüllung in Zukunft nicht mehr zu erwarten steht.

Liegt eine ordnungsgemäße Abmahnung vor und verletzt der Arbeitnehmer erneut seine vertraglichen Pflichten, kann regelmäßig davon ausgegangen werden, es werde auch zukünftig zu weiteren gleichartigen Vertragsstörungen kommen.

Wegen des sog. *Ultima-Ratio-Prinzips* darf im Allgemeinen aber erst nach vorheriger Abmahnung gekündigt werden.
Eine verhaltensbedingte Kündigung ist nur gerechtfertigt, wenn eine *andere zumutbare Weiterbeschäftigungsmöglichkeit* nicht besteht.

BEISPIEL

Rettungssanitäter Anton hat nach einem Einsatz im Rahmen einer verbalen Auseinandersetzung seinen Kollegen Bruno mit „Du bist einfach ein Vollidiot!“ beleidigt. Da Anton in der Vergangenheit gegenüber Bruno ein ähnliches Verhalten bereits an den Tag gelegt und der Arbeitgeber ihn deshalb ordnungsgemäß abgemahnt hatte, wäre an sich eine verhaltensbedingte – vielleicht sogar auch eine außerordentliche – Kündigung gerechtfertigt. Allerdings beschäftigt der Arbeitgeber insgesamt 120 Mitarbeitende und verfügt über 23 Rettungs- und Krankenwagen, sodass hier eine Umsetzung des Anton in einen anderen Rettungswagen eine mildere Maßnahme darstellt.

Anschließend sind die Interessen der Parteien umfassend abzuwägen. Erforderlich ist, dass die Kündigung in Abwägung der Interessen beider Vertragsteile **angemessen** erscheint. Es gilt dabei ein objektiver Maßstab. An die Interessenabwägung sind keine allzu hohen Anforderungen zu stellen, weil der Arbeitnehmer durch ihm zurechenbares steuerbares Verhalten den Kündigungsgrund selbst herbeigeführt hat.

Bei der Abwägung der wechselseitigen Interessen sind aufseiten des Arbeitgebers insbesondere zu berücksichtigen: die Schwere der Pflichtverletzung, der Grad des Verschuldens des Arbeitnehmers, etwaige Betriebsstörungen, die Beharrlichkeit der Pflichtverletzung sowie entstandene materielle und immaterielle Schäden. Aufseiten des Arbeitnehmers sind zu berücksichtigen: früheres Verhalten des Arbeitnehmers sowie die Dauer der ungestörten Betriebszugehörigkeit.

Die verhaltensbedingte Kündigung ist der Hauptanwendungsfall der oben behandelten außerordentlichen Kündigung. **Zusätzlich** zu den oben genannten typischen Fällen einer außerordentlichen Kündigung kommen für eine **verhaltensbedingte Kündigung** folgende Konstellationen in Betracht:

- erhebliche Verkehrsverstöße eines Berufskraftfahrers bei Ausübung seiner Arbeit (z. B. eines Rettungssanitäters);[316]
- Unpünktlichkeit, wenn sie den Grad und die Auswirkung einer beharrlichen Verweigerung der Arbeitsleistung erreicht hat;
- unerlaubte Nutzung von Einrichtungen der Telekommunikation (z. B. unerlaubte private Telefongespräche, die über die betriebliche Fernsprechanlage oder ein Mobiltelefon auf Kosten des Arbeitgebers geführt werden);[317]
- unentschuldigtes Fehlen;
- Nichtvorlage der Arbeitsunfähigkeitsbescheinigung (vgl. § 5 Abs. 1 S. 2 EFZG);[318]
- quantitativ ungenügende und qualitativ schlechte Leistungen des Arbeitnehmers.[319]

316 Niemann, in: Müller-Glöge/Preis/Schmidt (2020) Erfurter Kommentar zum Arbeitsrecht, 20. Aufl., BGB § 626 Rn. 150.
317 Ebd., § 626 Rn. 143.
318 Entgeltfortzahlungsgesetz vom 26. Mai 1994 (BGBl. I, S. 1014, 1065).
319 Im Einzelnen sehr umstritten und wegen der Beweisschwierigkeiten vonseiten des Arbeitgebers sehr schwer durchzusetzen. Vgl. hierzu: Sedlmeier (2009) Unzureichende Arbeitsleistung, 1. Aufl., S. 203 ff.

BEISPIEL

Beispiel aus LAG Sachsen, Urteil vom 26. Mai 2000:[320]
Dem nicht alkoholsüchtigen[321] Fahrer eines Fahrzeugs des Rettungsdienstes kann verhaltensbedingt gekündigt werden, wenn er seinen Dienst wiederholt unter Verstoß gegen ein einschlägiges Alkoholverbot antritt, sodass der Arbeitgeber ihn mehrfach für „nicht einsatzbereit" erklären musste.

Personenbedingte Kündigung

Ein **personenbedingter Grund** für eine Kündigung liegt vor, wenn die vom Arbeitgeber beanstandete Störung des Arbeitsverhältnisses auf einem vom Arbeitnehmer **nicht steuerbaren Verhalten** beruht. Die Fortsetzung des Arbeitsverhältnisses ist unzumutbar, obwohl keine Pflichtverletzung des Arbeitnehmers vorliegt, da dieser aber objektiv die Fähigkeit oder Eignung zur Erbringung der Arbeitsleistung verloren hat.[322]

Typische Fälle sind:

- Alkohol- oder Drogenabhängigkeit, die einen medizinischen Krankheitswert erreicht hat, meistens einhergehend mit psychischen Störungen;[323]
- Wegfall einer betrieblich notwendigen Berufserlaubnis;[324]
- erhebliche Minderung der Arbeitsfähigkeit aufgrund einer Erkrankung des Arbeitnehmers;
- Verlust der Fahrerlaubnis, wenn diese für die Ausübung des Berufes zwingend notwendig ist.

BEISPIEL

Beispiel aus ArbG Suhl, Urteil vom 16. Mai 2007:[325]
Anton leidet an einer Alkoholerkrankung. Seit August 1996 arbeitet er bei der R-GmbH. Er wird als Lehrrettungsassistent eingesetzt. Bei der R-GmbH sind 20 Rettungsassistenten und 18 Rettungssanitäter beschäftigt. Die Einsatzfahrzeuge sind regelmäßig mit je einem Rettungssanitäter und einem Rettungsassistenten besetzt.

Am Morgen des 19. Februar 2007 teilte Anton der Leiterin des Rettungsdienstes Antje mit, dass er seinen Dienst am 21. Februar 2007 nicht antreten könne, da er sich aufgrund einer Alkoholerkrankung in eine Entzugsklinik einweisen lasse, um sich dort einer „Entgiftung" zu unterziehen. Daran schließe sich eine mindestens viermonatige Reha-Maßnahme an. Außerdem sei seine Fahrerlaubnis wegen übermäßigen Alkoholgenusses entzogen worden.

---

320 Az. 2 Sa 995/99, NZA-RR 6 (9/2001), S. 472 ff.
321 Siehe dazu im Folgenden zur personenbedingten Kündigung.
322 Stoffels, in: Rolfs et al. (2020) BeckOK ArbR, 57. Ed., BGB § 626 Rn. 138.
323 BAG, Urteil vom 20. Dezember 2012 – Az. 2 AZR 32/11.
324 Linck; in: Schaub (2019) Arbeitsrechts-Handbuch (ArbR-HdB), 18. Aufl., § 131 Rn. 20.
325 Az. 1 Ca 442/07, BeckRS 2011, S. 65509.

Nach Anhörung des Betriebsrates kündigte die R-GmbH Anton, der sich mit einer Kündigungsschutzklage gegen diese verteidigte.

Anton bekam Recht:

Zwar kann Alkoholismus kündigungsrechtlich einer Krankheit dann gleichzusetzen sein, wenn eine Alkoholabhängigkeit mit Suchtcharakter besteht, die vom Arbeitnehmer nicht mehr zu steuern ist; dies kann dann eine personenbedingte Kündigung rechtfertigen. Auch kann die Entziehung der Fahrerlaubnis für einen als Kraftfahrer beschäftigten Arbeitnehmer ein Grund zur Kündigung sein.

Vorliegend war es der R-GmbH aber ohne Weiteres möglich, Anton als Rettungsassistenten – auch ohne Fahrerlaubnis – weiter einzusetzen, sodass die Kündigung nicht für angemessen erachtet wurde.

Weitere Voraussetzung für eine soziale Rechtfertigung einer personenbedingten Kündigung ist ferner, dass die fehlende oder beeinträchtigte Fähigkeit und Eignung zur Erbringung der Arbeitsleistung zu konkreten Störungen des Arbeitsverhältnisses führt, die zum Zeitpunkt der Kündigung noch andauern, auch künftig zu befürchten sind und durch eine Umsetzung nicht beseitigt werden können:

Die R-GmbH hat das Arbeitsverhältnis gekündigt, während sich Anton in einer Suchtklinik befunden hatte und seine Absicht bekundete, eine „Reha-Maßnahme" von mindestens vier Monaten durchzuführen. Anton war daher therapiewillig, sodass eine **negative Gesundheitsprognose** hinsichtlich der Alkoholerkrankung nicht bejaht werden konnte.

Betriebsbedingte Kündigung

Schließlich ist auch eine betriebsbedingte Kündigung denkbar, d.h. eine Kündigung, die bedingt ist durch dringende betriebliche Erfordernisse, die einer Weiterbeschäftigung des Arbeitnehmers in diesem Betrieb entgegenstehen. Jeder Arbeitgeber hat damit die Möglichkeit, seinen Personalbestand einem geringeren Bedarf anzupassen: Als Unternehmer ist er grundsätzlich in seiner **unternehmerischen Entscheidung** frei, ob und – wenn ja – welches Personal er freisetzt.

Typische Beispiele einer betriebsbedingten Kündigung sind:

- Unternehmensumstrukturierungen;
- Rationalisierungsmaßnahmen;
- Auftragsmangel;
- Umsatzrückgang.[326]

Der Arbeitnehmer verliert vor diesem Hintergrund entschädigungslos seinen Arbeitsplatz, ohne dass er zur Kündigung Anlass gegeben hat. Das KSchG bietet daher nur einen relativen Bestandsschutz des Arbeitsplatzes. Dem Arbeitnehmer steht nämlich ein absolutes Recht auf einen Arbeitsplatz nicht zu.[327]

326 BAG, Urteil vom 17. Juni 1999 - Az. 2 AZR 456/98.
327 Hergenröder, in: MüKo BGB, 8. Aufl., 2020, KSchG § 1 Rn. 338.

BEISPIEL

Beispiel aus BAG Urteil vom 13. Februar 2008:[328]
Anton ist bei der R-GmbH seit dem 17. März 1986 als Rettungssanitäter beschäftigt. Die R-GmbH beschäftigt über 500 Arbeitnehmerinnen und Arbeitnehmer, davon 72 Rettungssanitäter und Rettungsassistenten in insgesamt fünf Rettungswachen im Landkreis S. Die Ausführung der Notfallrettung und des qualifizierten Krankentransportes beruht auf Verträgen zwischen der R-GmbH und dem Landkreis S. Der letzte Vertrag war bis zum 31. Dezember 2004 befristet. Am 12. März 2004 schrieb der Landkreis S die Durchführung der Rettungsdienste zum 1. Januar 2005 neu aus. Die R-GmbH bewarb sich um die Genehmigung und weitere Übertragung des Rettungsdienstes. Am 11. Juni 2004 hörte der Geschäftsführer der R-GmbH den Betriebsrat zur beabsichtigten fristgerechten betriebsbedingten Kündigung der Arbeitsverhältnisse der Arbeitnehmer des Rettungsdienstes zum 31. Dezember 2004 mit der Begründung an, die Genehmigung zur Durchführung des Rettungswesens im Landkreis S. sei nur bis zum 31. Dezember 2004 befristet; es sei nicht abzusehen, ob das anhängige Ausschreibungsverfahren zum Erfolg führe. Der Betriebsrat widersprach den anschließenden ausgesprochenen Kündigungen.

Anton wehrte sich gegen die Kündigung und hatte Erfolg:

Denn bei Ausspruch dieser Kündigung – so das BAG – hat weder der Auftragsverlust festgestanden, noch hat die R-GmbH die endgültige Betriebseinstellung des Rettungs-

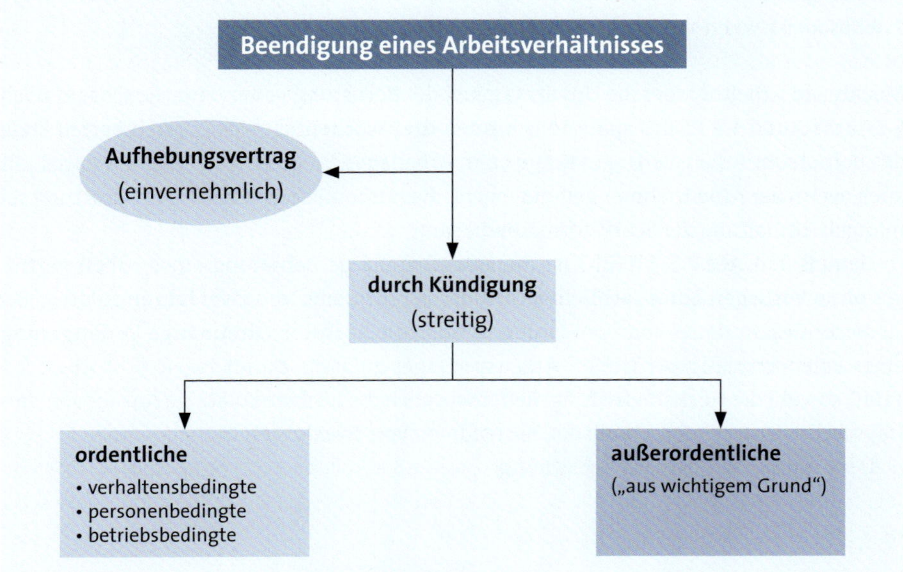

Abb. 15: Beendigung von Arbeitsverhältnissen

328 Az. 2 AZR 79/06.

wesens beschlossen. Sie habe sich vielmehr an der Neuausschreibung des Rettungsdienstes beteiligt und auch sonst keine Aktivitäten zur endgültigen Einstellung des Betriebs entwickelt. Es handelte sich hierbei um eine unzulässige Vorratskündigung.

5.1.3 Arbeitsrechtliche Fälle im Rettungsdienst

5.1.3.1 Probleme bei der Befristung von Arbeitsverhältnissen

Arbeitsverhältnisse können **befristet** werden. Allerdings können Befristungen missbräuchlich eingesetzt werden, um den Kündigungsschutz nach dem KSchG zu umgehen: Da das Arbeitsverhältnis nach Ablauf der Befristung ohne Weiteres endet, bedarf es bei einer Befristung keiner Kündigung.

Deshalb hat der Gesetzgeber reagiert und im Teilzeit- und Befristungsgesetz (TzBfG)[329] ausdrücklich geregelt, in welchen Fällen eine Befristung zulässig ist. Die Befristung eines Arbeitsvertrages ist zulässig, wenn sie durch einen **sachlichen Grund** gerechtfertigt ist. Ein sachlicher Grund liegt unter anderem vor, wenn zum Beispiel der betriebliche Bedarf an der Arbeitsleistung nur vorübergehend besteht (das ist etwa bei einem Arbeitsprojekt gegeben), die Befristung im Anschluss an eine Ausbildung oder ein Studium erfolgt, um den Übergang des Arbeitnehmers in eine Anschlussbeschäftigung zu erleichtern, oder der Arbeitnehmer zur Vertretung eines anderen Arbeitnehmers beschäftigt wird (z.B. eine sog. Schwangerschaftsvertretung).

Wichtig ist in diesem Zusammenhang, dass die Befristung nach § 14 Abs. 4 TzBfG nur wirksam ist, wenn sie *schriftlich* vereinbart wurde.

Möchte ein Arbeitnehmer die Unwirksamkeit der Befristung geltend machen, hat er nach § 17 TzBfG und § 4 KSchG spätestens **binnen drei Wochen** nach dem vereinbarten Ende des befristeten Arbeitsvertrages Klage beim Arbeitsgericht zu erheben. Die Klagefrist gilt auch, wenn der Arbeitnehmer geltend macht, die nur mündlich vereinbarte Befristung sei mangels Einhaltung der Schriftform unwirksam.

Gemäß § 14 Abs. 2 S. 1 TzBfG ist die kalendermäßige Befristung eines Arbeitsvertrages **ohne Vorliegen eines sachlichen Grundes** bis zur Dauer von **zwei Jahren** zulässig. Bis zu dieser Gesamtdauer von zwei Jahren ist auch die höchstens **dreimalige Verlängerung** eines kalendermäßig befristeten Arbeitsvertrages zulässig. Damit regelt § 14 Abs. 2 S. 1 TzBfG sowohl die Höchstbefristungsdauer wie auch die höchste zulässige Anzahl von Vertragsverlängerungen innerhalb der Höchstdauer von zwei Jahren.[330]

Dazu ein Fall aus der Rechtsprechung:

329 Gesetz vom 21. Dezember 2000 (BGBl. I, S. 1966).
330 Boecken/Joussen (2019) Teilzeit- und Befristungsgesetz, 6. Aufl., TzBfG § 14 Rn. 146.

BEISPIEL

Fall nach ArbG Berlin, Urteil vom 9. Oktober 2019:[331]
Rettungsassistentin Antonia war seit dem 1. Juli 2016 bei dem beklagten Land Berlin beschäftigt. Die Vertragsparteien vereinbarten im Arbeitsvertrag eine sachgrundlose Befristung des Arbeitsvertrages mit Wirkung zum Ablauf des 30. Juni 2017. Zuvor wurde Antonia bei dem beklagten Land bereits im Zeitraum vom 1. April 2007 bis zum 31. März 2008 nominell als Praktikantin beschäftigt. Antonia kam damit der von ihr im Rahmen der Ausbildung zur Rettungsassistentin geforderten Praktikumsverpflichtung nach (§ 4 RettAssG – sog. praktische Tätigkeit).

Antonia ist deshalb der Meinung, die Befristung sei unwirksam. Das beklagte Land Berlin habe die Arbeitsverträge mit Rettungsassistenten generell befristet; das sei rechtsmissbräuchlich. Die Unwirksamkeit der Befristung ergebe sich vor allem daraus, dass zwischen den Parteien bereits im Zeitraum vom 1. April 2007 bis zum 31. März 2008 ein Arbeitsverhältnis bestanden habe. Dieses sei zwar als Praktikum bezeichnet worden, tatsächlich habe es sich aber um ein Arbeitsverhältnis gehandelt, weil sie in Vollzeit bei der Beklagten weisungsabhängig gearbeitet und sie lebensrettende Maßnahmen bei Notfallpatienten am Notfallort bis zum Eintreffen des Notarztes geleistet habe.

Das Arbeitsgericht Berlin hat jedoch die Klage von Antonia für unbegründet erachtet und die von den Parteien vereinbarte Befristung für wirksam erachtet.

Das Gericht hat die Entscheidung damit begründet, dass der Wirksamkeit der Befristung nach § 14 Abs. 2 Satz 1 TzBfG nicht entgegensteht, dass die Klägerin bereits vom 1. April 2007 bis zum Ablauf des 31. März 2008 bei dem beklagten Land Berlin beschäftigt war. Nach § 14 Abs. 2 Satz 2 TzBfG ist eine sachgrundlose Befristung nach § 14 Abs. 2 Satz 1 TzBfG nicht zulässig, wenn mit demselben Arbeitgeber bereits zuvor ein befristetes oder unbefristetes Arbeitsverhältnis bestanden hat. Das Anschlussverbot betrifft nur frühere Arbeitsverhältnisse. Zuvor bestandene andere Vertragsverhältnisse mit dem späteren Arbeitgeber hindern die sachgrundlose Befristung nach § 14 Abs. 2 Satz 1 TzBfG nicht. Dies gilt auch für eine berufsvorbereitende Beschäftigung als Praktikant,[332] wenn mit diesem kein Arbeitsvertrag abgeschlossen wurde.[333]

5.1.3.2 Medikamentenvergabe und sonstige invasive Maßnahmen

Die seit Jahrzehnten geführte Diskussion über die Durchführung invasiver Maßnahmen und die Gabe einzelner Medikamente durch Rettungsassistenten bzw. nunmehr auch Notfallsanitäter, wenn ein Notarzt am Einsatzort nicht anwesend ist, geriet durch ein **Urteil**

331 Az. 56 Ca 8023/17, BeckRS 2019, S. 43792.
332 BAG, Urteil vom 19. Oktober 2005 – Az. 7 AZR 31/05.
333 ArbG Berlin, Urteil vom 9. Oktober 2019 – Az. 56 Ca 8023/17, BeckRS 2019, S. 43792.

des Arbeitsgerichts Koblenz vom 7. November 2008,[334] das die Kündigung eines Rettungsassistenten für unwirksam erklärte, in den Fokus der Medienberichterstattung.[335]

Da dieses Urteil immer noch von grundlegender Bedeutung ist, lohnt sich eine Auseinandersetzung mit dem Sachverhalt:

BEISPIEL

Fall nach ArbG Koblenz, Teilurteil vom 7. November 2008:
Anton war seit 1. Oktober 2001 als Rettungsassistent in einem unbefristeten Arbeitsverhältnis bei der R-GmbH in Koblenz vollzeitbeschäftigt, welche mehr als 120 Arbeitnehmer beschäftigt. Die R-GmbH erklärte gegenüber Anton mit Schreiben vom 19. Juni 2008 die fristlose Kündigung des Arbeitsverhältnisses, hilfsweise die ordentliche Kündigung zum 31. Dezember 2008. Der Betriebsrat wurde angehört.

Anton hielt die Kündigungen für unwirksam und wehrte sich vor dem Arbeitsgericht Koblenz mit einer Kündigungsschutzklage. Anlass der Kündigung waren zwei Einsätze:

In einem Fall bei einem Notfalleinsatz am 3. Juni 2008 hatte Anton bei einem Patienten einen Bluthochdruck von 230 zu 120 mmHg festgestellt und ein blutdrucksenkendes Mittel (Urapidil) verabreicht, weil weitere Gefäßschädigungen nicht auszuschließen waren. Anton hat dem Patienten als auch dessen Angehörigen mitgeteilt, dass der Bluthochdruck, falls er nicht – etwa aufgrund des Umgebungswechsels – von allein in den nächsten Momenten abfallen sollte, gesenkt werden müsse, um eine weitere Gefährdung auszuschließen. Da sich auf der Fahrt ins Krankenhaus die Vitalparameter des Patienten nicht geändert hatten und eine Unterbrechung des Transports nur zu einer Verzögerung der ärztlichen Therapie geführt hätte, hat Anton den Blutdruck während der Fahrt auf akzeptable Werte gesenkt. Der Patient war damit einverstanden. Der Zustand des Patienten verbesserte sich. Ein Notarzt wurde nicht alarmiert.

In einem weiteren Notfalleinsatz am 3. Juni 2008 hatte eine Patientin nach Oberarmfraktur rechts im Rettungswagen über zunehmende Schmerzen und starke Übelkeit geklagt. Auf eigenen Wunsch der Patientin hin hat Anton der Patientin vor Fahrtbeginn das Schmerzmittel Novaminsulfon und wegen der Übelkeit das Medikament Metoclopramid verabreicht. Hätte er nicht das Medikament verabreicht, welches die Übelkeit mindert, hätte das sicher schnellstens zu erwartende Erbrechen in der Situation einer kritischen Fraktur zu Gewebeschäden bzw. einer Änderung der Körperhaltung mit weiteren knöchernen Verletzungen sowie irreversiblen Nerven- und Muskelschädigungen geführt. Anton hatte dann während der Fahrt ins Krankenhaus den Arm der Patientin unter Zug genommen, um deren Schmerzen zu lindern.

In beiden Fällen berief sich Anton darauf, dass eine Alarmierung eines Notarztes keinen Zeitvorteil gebracht, sondern eine Verzögerung bewirkt hätte. Im arbeitsge-

334 Az. 2 Ca 1567/08, NZA-RR 14 (8/2009), S. 419 ff.

335 Vgl. die sehr lesenswerte Besprechung von Heuchemer/Bolsinger (2009) Medikamentengabe durch Rettungsassistenten als Kündigungsgrund? NZA-RR 14 (8), S. 408-411.

richtlichen Verfahren machte Anton das Gericht darauf aufmerksam, dass die Gabe von Medikamenten Teil der Ausbildung zum Rettungsassistenten sei und in der Praxis regelmäßig vorkomme, zumal der Ärztliche Leiter Rettungsdienst in seinem Bezirk bis zu 40 Medikamente zur Anwendung im Rettungsfahrzeug vorgesehen habe.

Die R-GmbH wiederum vertrat im Prozess den Standpunkt, dass Rettungsassistenten keine vollständigen Kenntnisse wie Ärzte hätten und daher nicht ohne Weiteres invasive Maßnahmen vornehmen dürften. Auf den Rettungsfahrzeugen würden sich Medikamente befinden, welche ausschließlich für Notärzte bestimmt seien.

Anton hat hier Recht: Sowohl die fristlose, als auch die hilfsweise ausgesprochene ordentliche Kündigung wurden durch das Arbeitsgericht Koblenz nach Prüfung der medizinrechtlichen Fragen für unwirksam erklärt. Das Gericht räumte dem Anton als Rettungsassistent einen **Beurteilungs- und Ermessensspielraum** bezüglich der **Entscheidung über die Medikamentenapplikation** ein. Diesen Spielraum begründete es mit der nur beschränkten und nicht immer zeitnahen Verfügbarkeit eines Notarztes, wobei der Rettungsassistent sich aus **ex-ante-Sicht** – d.h. aus Sicht eines Handelnden zum Zeitpunkt der Vornahme der Medikation – regelmäßig nicht sicher sein könne, wann ein nachgeforderter Notarzt letztendlich am Notfallort eintreffe. Weiterhin wurde die anerkannte Garantenstellung des Rettungsassistenten im Notfalleinsatz hervorgehoben. Insofern bestehe für ihn die Gefahr einer Strafbarkeit aus unechtem Unterlassen, soweit er eine sicher beherrschte, indizierte und nach den Umständen durchführbare und zumutbare Maßnahme nicht ergreife.[336] Schließlich hat das Arbeitsgericht Koblenz ausgesprochen, dass das **Heilpraktikergesetz** (HeilprG) auf die Berufsausübung eines Rettungsassistenten keine Anwendung finde und sich damit der mittlerweile außerkraftgetretene § 3 RettAssG[337] nach dem Grundsatz *lex specialis derogat legi generali* durchsetze (spezielle Regelung).

Die Entscheidung des Arbeitsgerichts Koblenz ist jedoch ein Einzelfall und kann – leider – nicht verallgemeinert werden. Erfreulich ist, dass das Gericht eine Tendenz zur Minimierung der rechtlichen Risiken für Rettungsdienstmitarbeiter begründet hat, die nicht nur strafrechtliche, sondern auch arbeitsrechtliche Folgen betrifft. Aus arbeitsrechtlicher Sicht ist die Entscheidung auch deswegen beachtlich, weil das Gericht klargestellt hat, dass ein Rettungsassistent nicht ohne Weiteres gekündigt werden kann: Bei einer – wie hier erfolgten – **verhaltensbedingten Kündigung** eines Arbeitnehmers bedarf es in der Regel einer **Abmahnung**. Denn die Kündigung ist eine Ultima-Ratio-Maßnahmen: Erst nach einer wirksamen Abmahnung, die hier nicht ausgesprochen wurde, kommt eine Kündigung in Betracht.

336 So auch Heuchemer/Bolsinger, ebd. S. 409.

337 Wortlaut des § 3 RettAssG: „Die Ausbildung soll entsprechend der Aufgabenstellung des Berufs als Helfer des Arztes insbesondere dazu befähigen, am Notfallort bis zur Übernahme der Behandlung durch den Arzt lebensrettende Maßnahmen bei Notfallpatienten durchzuführen, die Transportfähigkeit solcher Patienten herzustellen, die lebenswichtigen Körperfunktionen während des Transports zum Krankenhaus zu beobachten und aufrechtzuerhalten sowie kranke, verletzte und sonstige hilfsbedürftige Personen, auch soweit sie nicht Notfallpatienten sind, unter sachgerechter Betreuung zu befördern (Ausbildungsziel)."

Ebenfalls das Thema **Abmahnung eines Rettungsassistenten** betrifft eine Entscheidung des Landesarbeitsgerichts Rheinland-Pfalz aus dem Jahr 2013:[338]

BEISPIEL

Fall nach LAG Rheinland-Pfalz, Urteil vom 23. Januar 2013:
Anton ist seit dem 14. Februar 1979 bei der beklagten R-GmbH als Rettungsassistent beschäftigt. Der Arbeitsvertrag enthält u.a. die Bestimmung, wonach Anton sich verpflichtet, „die erforderlichen Ausbildungsveranstaltungen zu besuchen mit dem Ziele, die aufgabenorientierten Fähigkeiten für die Berufsausübung zu erwerben".

Vom 15. bis 17. März 2011 nahm Anton auf Weisung der R-GmbH an einer Fortbildungsveranstaltung teil, in der Kenntnisse über „erweiterte Versorgungsmaßnahmen" vermittelt werden sollten. Gegenstand dieser Fortbildungsveranstaltung waren intensivmedizinische Maßnahmen der Notfallversorgung. Teil dieser Fortbildungsveranstaltung war auch eine Prüfung bzw. Leistungskontrolle. Anton weigerte sich wiederholt, an dieser Leistungskontrolle teilzunehmen. Die R-GmbH erteilte dem Kläger daraufhin zwei Abmahnungen.

Daraufhin wandte sich Anton gegen die Abmahnungen und beantragte vor dem Arbeitsgericht, diese aus seiner Personalakte zu entfernen.

Das Arbeitsgericht hatte die Klage abgewiesen. Anton ging in Berufung.

Doch das Landesarbeitsgericht gab der R-GmbH Recht:

Zwar kann ein Arbeitnehmer die Beseitigung einer Abmahnung verlangen, wenn sie formell nicht ordnungsgemäß zustande gekommen ist, unrichtige Tatsachenbehauptungen enthält, auf einer unzutreffenden rechtlichen Bewertung des Verhaltens des Arbeitnehmers beruht, den Grundsatz der Verhältnismäßigkeit verletzt oder kein schutzwürdiges Interesse des Arbeitgebers am Verbleib der Abmahnung in der Personalakte mehr besteht.

Nach Ansicht des Berufungsgerichts stellten die in den Abmahnungen beschriebenen Weigerungen des Anton, an der Leistungskontrolle teilzunehmen, eine Arbeitsverweigerung und damit zugleich eine Verletzung arbeitsvertraglicher Pflichten dar: Der Arbeitgeber darf im Rahmen seines Direktionsrechts nach § 106 GewO den Arbeitnehmer anweisen, an Schulungen teilzunehmen, soweit diese Schulungen bzw. Fortbildungsmaßnahmen der Ausübung der vertraglich geschuldeten Tätigkeit förderlich sind, d.h. soweit die im Rahmen der Schulung vermittelten Kenntnisse typischerweise im vereinbarten Tätigkeitsbereich einzusetzen sind. Vorliegend hatten die Parteien im Arbeitsvertrag darüber hinaus ausdrücklich vereinbart, dass Anton verpflichtet ist, die für den Erwerb der aufgabenorientierten Fähigkeiten für die Berufsausübung erforderlichen Ausbildungsveranstaltungen zu besuchen. Die in den Fortbildungsveranstaltungen vermittelten Kenntnisse der medizinischen Notfallversorgung dienen zweifellos der Ausübung der dem Berufsbild eines Rettungsassistenten entsprechenden Tätigkeiten. Die Verpflichtung des Anton zur Teilnahme an der Fortbildungsmaß-

338 LAG Rheinland-Pfalz, Urteil vom 23. Januar 2013 – Az. 8 Sa 355/12, BeckRS 2013, S. 69196.

nahme umfasste zugleich auch die Pflicht, weisungsgemäß sich der Leistungskontrolle zu unterziehen. Der Arbeitgeber hat regelmäßig ein berechtigtes Interesse an der Feststellung und Dokumentierung, dass der Arbeitnehmer die ihm bei einer Fortbildungsmaßnahme vermittelten und für seine Berufsausübung erforderlichen Kenntnisse beherrscht. Dies gilt – so das Gericht – „insbesondere im höchst verantwortungsvollen Tätigkeitsbereich eines Rettungsassistenten, der im Notfall vor Eintreffen eines Arztes lebensrettende Maßnahmen ergreift".[339]

5.1.4 Haftungsprivilegierung im Arbeitsverhältnis

Die Arbeitsgerichte billigen den Arbeitnehmern eine Haftungsprivilegierung zu, wenn es darum geht, dass diese im Rahmen des Arbeitsverhältnisses aufgrund einer Pflichtverletzung dem Arbeitgeber einen Schaden zufügen.

Abweichend von der allgemeinen zivilrechtlichen Haftungsordnung – wonach für jedes fahrlässige Verhalten zu haften ist – ist für bei der Arbeit verursachte Schäden des Arbeitgebers der Arbeitnehmer nur eingeschränkt verantwortlich.

Erfüllt ein Rettungsdienstmitarbeiter seine Arbeitspflicht schlecht oder verletzt er eine Nebenpflicht, zum Beispiel weil er mit Gerätschaften nicht sorgfältig umgeht, oder einen Unfall verursacht, ist er dem Arbeitgeber nur unter weiteren Bedingungen zum Schadensersatz verpflichtet. Wieso? Für den Arbeitnehmer könnte die volle Schadenshaftung nicht nur ruinöse Folgen haben, sondern sie würde auch ansonsten der besonderen Situation im Arbeitsverhältnis nicht gerecht. Denn unberücksichtigt bliebe, dass der Arbeitgeber die Verantwortung für die Organisation des Betriebes und die Gestaltung der Arbeitsbedingungen trägt. Außerdem ist der Arbeitgeber für viele Risiken auch versichert – was nicht von den Arbeitnehmern erwartet werden kann.

Auf dieser Grundlage gelangen die Arbeitsgerichte zu einer Begrenzung der Haftung des Arbeitnehmers im Arbeitsverhältnis, wenn er den Schaden **bei einer betrieblichen Tätigkeit** – also etwa im Einsatz oder auf der Rettungswache – verursacht hat.[340]

Danach haftet der Arbeitnehmer je nach Verschuldensgrad wie folgt:
- **bei *leichtester Fahrlässigkeit* überhaupt nicht,**
- **bei *mittlerer bzw. „normaler" Fahrlässigkeit* findet regelmäßig eine Schadensteilung statt,**[341]
- **bei *grober Fahrlässigkeit und Vorsatz* haftet der Arbeitnehmer in der Regel voll.**[342]

---

339 Ebd.

340 BAG, Gemeinsamer Senat, Beschluss vom 27. September 1994 - Az. GS 1/89 (A), NZA 11 (23/1994), S. 1083 ff.

341 Hier sind dann die Gesamtumstände von Schadensanlass und Schadensfolgen abzuwägen: In die Abwägung fließen neben dem Gewicht des Verursachungsbeitrags des Arbeitnehmers etwa die besondere Gefahrgeneigtheit der Arbeit, die Höhe des Schadens, ein vom Arbeitgeber einkalkuliertes oder durch Versicherung deckbares Risiko, die Stellung des Arbeitnehmers im Betrieb und die Höhe des Arbeitsentgelts ein.

342 Jochums, in: Maschmann/Sieg/Göpfert (2012) Vertragsgestaltung im Arbeitsrecht, 1. Aufl., 3. Teil: Erläuterungen: 400 Haftung des Arbeitnehmers Rn. 1-5.

BEISPIELE

Beispiel:
Anton ist Notfallsanitäter und in seiner Rettungswache auch Praxisanleiter. Während der Mittagspause, die er an seinem Arbeitsplatz verrichtet, löscht er aus Versehen Teile der sich auf der Festplatte befindlichen Daten, unter anderem auch wichtige E-Mails. Um die Daten wiederherzustellen, beauftragt die Rettungsdienstorganisation, für die er arbeitet, eine Softwareexpertin, die für ihre Leistungen insgesamt 3.000 Euro abrechnet.

Im vorliegenden Fall stellt die versehentliche Löschung des Datenmaterials eine Nebenpflichtverletzung im Arbeitsverhältnis dar. Allerdings kann hier zulasten des Anton allenfalls mittlere Fahrlässigkeit angenommen werden. Er müsste für den Schaden nur teilweise einstehen. Eine Haftungsquote zwischen 30 % und 50 % des Schadens – je nach seiner Stellung im Betrieb, der Bewertung seiner bisherigen Leistungen und unter Berücksichtigung seines Verdienstes – wäre angemessen.

Weiteres Beispiel:
Anton hat eine betriebsbedingte Kündigung erhalten und muss noch einige Wochen lang Restarbeiten in der Rettungswache erledigen. Da er sich durch die Kündigung ungerecht behandelt fühlt, löscht er die gesamte Festplatte und den gesamten E-Mail-Verkehr, um es dem Arbeitgeber „heimzuzahlen". Die Datensabotage fliegt auf und die verlorenen Daten können durch eine Softwareexpertin wiederhergestellt werden, was die Rettungsorganisation 3.000 Euro kostet.

Hier haftet Anton in voller Höher: Er hat nämlich den Schaden vorsätzlich verursacht, sodass er eine – wie immer auch geartete – Privilegierung als Arbeitnehmer nicht verdient hat.

Die Haftungsprivilegierung verdient der Arbeitnehmer auch dann nicht, wenn sein schadensverursachendes Verhalten **nicht durch den Betrieb des Arbeitgebers veranlasst** war. Besucht zum Beispiel ein Arbeitnehmer seinen Chef in der Freizeit und fährt er mit seinem Fahrrad hin, so haftet er seinem Arbeitgeber nach allgemeinen Grundsätzen, wenn er dabei zu schnell fährt, in die Garageneinfahrt des Arbeitgebers einbiegt und dabei fahrlässig den dort liegenden Hund seines Chefs verletzt.

Hinzu kommt, dass diese Grundsätze zur beschränkten Arbeitnehmerhaftung **zwingendes Arbeitnehmerschutzrecht** sind; die Vertragsparteien dürfen nichts Abweichendes regeln.[343]

343 BAG, Urteil vom 27. Januar 2000 - Az. 8 AZR 876/98, NZA 17 (13/2000), S. 727 ff.

5.1.5 Aufgabe des Betriebs- bzw. Personalrates

Zuerst eine allgemeine Feststellung: Der Betriebsrat bzw. Personalrat[344] ist das von den Arbeitnehmern eines Betriebes gewählte Organ, das in den Angelegenheiten des Betriebes mitbestimmt und mitwirkt (vgl. § 2 BetrVG[345]). **Betriebsratsfähig** ist ein Betrieb mit in der Regel mindestens fünf wahlberechtigten[346] Arbeitnehmern, von denen drei wählbar sind (§ 1 BetrVG, § 1 BPersVG).

Der **Betriebsrat** besteht in Betrieben mit in der Regel 5 bis 20 wahlberechtigten Arbeitnehmern aus einer Person; darüber hinaus – gestaffelt nach der Zahl der Arbeitnehmer – stets aus einer ungeraden Anzahl von Mitgliedern (drei, fünf usw.; vgl. § 9 BetrVG). Die **regelmäßige Amtszeit** des Betriebsrats beträgt **vier Jahre** (§ 21 BetrVG). Der **Personalrat** (§§ 12 ff. BPersVG) setzt sich in der Regel aus Gruppen für Beamte, Angestellte und Arbeiter zusammen. Auch hier beträgt die **regelmäßige Amtszeit** des Personalrates vier Jahre (§ 26 BPersVG).

Der Betriebsrat fasst seine Beschlüsse in **nichtöffentlicher Sitzung** mit der Mehrheit der Stimmen der anwesenden Mitglieder (§§ 30, 33 BetrVG). Ähnlich verhält es sich beim Personalrat: Seine Sitzungen sind auch nichtöffentlich; sie finden in der Regel während der Arbeitszeit statt. Der Personalrat hat bei der Anberaumung seiner Sitzungen auf die dienstlichen Erfordernisse Rücksicht zu nehmen (vgl. § 35 BPersVG).

Die Mitglieder des Betriebsrats sind grundsätzlich ehrenamtlich und unentgeltlich tätig.[347] Jedoch hat der Arbeitgeber Aufwendungsersatz und je nach Größe des Betriebsrats (z. B. bei über 200 Arbeitnehmern ein, bei 901 bis 1.500 Arbeitnehmern mindestens drei Betriebsratsmitglieder) sowie bei konkretem Bedarf für die Betriebsratstätigkeit Freistellung von Arbeit bei vollem Arbeitslohn zu gewähren (§§ 37–40 BetrVG).

In Betrieben, in denen in der Regel mindestens fünf noch nicht 18-jährige Arbeitnehmer oder mindestens fünf Auszubildende unter 25 Jahren beschäftigt sind, wird von diesen zusätzlich eine **Jugend- und Auszubildendenvertretung** gewählt (wählbar sind alle Arbeitnehmer des Betriebs, die das 25. Lebensjahr noch nicht vollendet haben und nicht Betriebsratsmitglied sind). Die regelmäßigen Wahlen finden insoweit alle zwei Jahre statt. Ähnlich ist es im öffentlichen Dienst: In Dienststellen, bei denen **Personalvertretungen** gebildet sind und denen in der Regel mindestens fünf Beschäftigte angehören, die das 18. Lebensjahr noch nicht vollendet haben (jugendliche Beschäftigte) oder die sich in einer beruflichen Ausbildung befinden und das 25. Lebensjahr noch nicht vollendet haben, werden Jugend- und Auszubildendenvertretungen gebildet (§ 57 BPersVG).

344 Rechtsgrundlagen sind das Bundespersonalvertretungsgesetz (BPersVG) vom 15. März 1974 (BGBl. I. 1974, S. 693), das neben der Regelung für die Bundesdienststellen auch noch Rahmenvorschriften für die Ländergesetzgebung enthält (§§ 94 ff. BPersVG), und die entsprechenden Ländergesetze.

345 Betriebsverfassungsgesetz vom 11. Oktober 1952 (BGBl. I, S. 681).

346 *Wahlberechtigt* sind für den Betriebsrat alle Arbeitnehmer eines Betriebs, die volljährig sind. Leiharbeitnehmer können im Einsatzbetrieb wählen, wenn sie dort bereits länger als drei Monate arbeiten. Für den Personalrat antreten dürfen alle volljährigen Beschäftigten und Beamtinnen und Beamten, die der Dienstelle seit mindestens sechs Monaten angehören und seit mindestens einem Jahr im öffentlichen Dienst tätig sind und in der Dienstelle arbeiten.

347 Creifelds (2020) Rechtswörterbuch, 24. Aufl., Stichwort Betriebsrat.

Hauptaufgabe des Betriebsrats ist die *Mitwirkung und Mitbestimmung* in sozialen, personellen und wirtschaftlichen Angelegenheiten sowie bei der Gestaltung des Arbeitsplatzes und beim Arbeitsschutz sowie beim betrieblichen Umweltschutz (§§ 87–113 BetrVG). Der Betriebsrat ist zudem bei Kündigungen anzuhören.

Im Übrigen hat der Betriebsrat in beratender Funktion generell die Interessen der Arbeitnehmer gegenüber dem Arbeitgeber wahrzunehmen und bei berechtigt erscheinenden Anregungen und Beschwerden beim Arbeitgeber auf eine Erledigung (Abhilfe) hinzuwirken (§§ 80, 85 BetrVG). Jeder Arbeitnehmer hat das Recht, dem Betriebsrat Themen zur Beratung vorzuschlagen; wird ein solcher Vorschlag von mindestens fünf von Hundert der Arbeitnehmer unterstützt, so muss sich der Betriebsrat innerhalb von zwei Monaten hiermit beschäftigen (§ 86a BetrVG). Das Mitwirkungs- und Mitbestimmungsrecht des **Personalrates** in sozialen und personellen Angelegenheiten (§§ 66 ff. BPersVG) ist weitgehend dem des Betriebsrats nachgebildet, aber auf die Besonderheiten des öffentlichen Dienstes ausgerichtet. Auch der Personalrat ist vor Kündigungen anzuhören (§ 79 BPersVG).

Betriebsratsmitglieder dürfen in der Ausübung ihrer Tätigkeit nicht gestört oder behindert und aufgrund ihrer Stellung (vom Arbeitgeber) nicht bevorzugt oder benachteiligt werden (§ 78 BetrVG). Eine **ordentliche Kündigung eines Betriebsratsmitglieds** (bis ein Jahr nach Beendigung seiner Amtszeit) ist jedoch grundsätzlich **unzulässig** und nur bei Betriebsstilllegung möglich (vgl. § 15 KSchG). Auch eine außerordentliche Kündigung aus wichtigem Grund oder eine Versetzung, die zum Verlust des Betriebsratsmandats führen würde, bedarf grundsätzlich der Zustimmung des Betriebsrats.[348] Die außerordentliche Kündigung von Mitgliedern des **Personalrates**, die in einem Arbeitsverhältnis stehen, bedarf der Zustimmung des Personalrates (§ 47 Abs. 1 BPersVG). Verweigert der Personalrat seine Zustimmung oder äußert er sich nicht innerhalb von drei Arbeitstagen nach Eingang des Antrages, so kann das Verwaltungsgericht sie auf Antrag des Dienststellenleiters ersetzen, wenn die außerordentliche Kündigung unter Berücksichtigung aller Umstände gerechtfertigt ist (§ 47 Abs. 1 S. 2 BPersVG). Mitglieder des Personalrates dürfen gegen ihren Willen nur versetzt oder abgeordnet werden, wenn dies auch unter Berücksichtigung der Mitgliedschaft im Personalrat aus wichtigen dienstlichen Gründen unvermeidbar ist.

5.1.6 Grundsätze des Tarifvertragsrechts

Etwa 45 % aller Arbeitsverhältnisse werden von Tarifverträgen erfasst; daher kommt dem Tarifvertragsrecht eine erhebliche Bedeutung zu. Hier können allerdings nur die Grundsätze erwähnte werden.

Das Tarifvertragsrecht ist einfachgesetzlich durch das **Tarifvertragsgesetz (TVG)** geregelt. Tarifverträge werden nach § 2 Abs. 1 TVG grundsätzlich zwischen **Gewerkschaften** auf der einen und einzelnen Arbeitgebern oder **Vereinigungen von Arbeitgebern** auf der anderen Seite geschlossen.

348 Ebd.

Sie enthalten gemäß § 1 Abs. 1 TVG – neben den schuldrechtlichen Pflichten der Tarifvertragsparteien untereinander – Rechtsnormen, die den Inhalt, den Abschluss und die Beendigung von Arbeitsverhältnissen ordnen können.[349] Die gesetzliche Gegenüberstellung der Rechte und Pflichten untereinander einerseits und der Rechtsnormen andererseits zeigt eine wesentliche Eigenschaft von Tarifverträgen auf: Sie haben einen schuldrechtlichen und einen normativen Teil, weswegen man von einem **„Doppelcharakter"** des Tarifvertrags spricht.[350] Die Rechtsnormen über Inhalt, Abschluss und Beendigung von Arbeitsverhältnissen gelten nach § 4 Abs. 1 TVG unmittelbar und zwingend zwischen den beiderseits Tarifgebundenen, die unter den Geltungsbereich des Tarifvertrags fallen. Aus solchen Tarifnormen können sich Ansprüche der Tarifgebundenen ergeben. Sie sind für die tarifgebundenen Arbeitsvertragsparteien also mit gesetzlichen Regelungen vergleichbar.

Ein Anspruch auf eine tarifvertraglich geregelte Leistung setzt weiterhin gemäß § 4 Abs. 1 TVG voraus, dass sowohl Anspruchsteller als auch -gegner tarifgebunden sind. Das sind nach § 3 Abs. 1 TVG die Mitglieder der Tarifvertragsparteien und, soweit er selbst Partei des Tarifvertrags ist, auch der Arbeitgeber. Ob jemand Mitglied ist, bestimmt sich nach der Satzung der jeweiligen Tarifvertragspartei. Wird die Mitgliedschaft erst begründet, nachdem der Tarifvertrag bereits geschlossen wurde, ist das unproblematisch: Das beitretende Mitglied ist an den Tarifvertrag gebunden.

Eine beiderseitige Tarifgebundenheit ist aber nicht in jedem Fall erforderlich: Eine Ausnahme bilden zunächst betriebsrechtliche und betriebsverfassungsrechtliche Normen. Für solche Normen reicht es nach § 3 Abs. 2 TVG aus, dass der Arbeitgeber tarifgebunden ist. Weiterhin kann das Bundesministerium für Arbeit und Soziales einen Tarifvertrag unter bestimmten Voraussetzungen nach § 5 Abs. 1 TVG für **allgemeinverbindlich** erklären. Nach § 5 Abs. 4 TVG ist ein solcher Tarifvertrag vom Arbeitgeber auch einzuhalten, wenn er selbst nicht tarifgebunden ist. Einen solchen allgemeinverbindlichen Tarifvertrag gibt es im Rettungsdienst bundesweit nicht.

Die Arbeitsvertragsparteien können die Anwendung eines bestimmten Tarifvertrags auf ihr Arbeitsverhältnis vereinbaren (Bezugnahme- oder Verweisungsklausel). Beruft sich eine Arbeitsvertragspartei auf die Anwendbarkeit eines Tarifvertrags aufgrund einer solchen vertraglichen **Bezugnahmeklausel** zur Begründung seines Anspruchs, so findet der Anspruch seine Grundlage im Arbeitsvertrag. Bezugnahmeklauseln werden regelmäßig zur Vereinfachung der Arbeitsvertragsgestaltung und zur Vereinheitlichung der Arbeitsbedingungen im Betrieb vereinbart. Mit ihnen wird gewährleistet, dass zwischen gewerkschaftlich organisierten Arbeitnehmern und sog. Außenseitern kein Unterschied besteht, was auch den Anreiz zum Gewerkschaftsbeitritt oft erheblich reduziert. Zudem wird dadurch auch die Frage nach einer Mitgliedschaft des Arbeitnehmers in der Gewerkschaft vermieden.

349 Eylert/Frieling (2017) Examensrelevante Grundlagen des Tarifvertragsrechts, JuS 57 (2), S. 106-112.
350 Ebd. S. 107.

Wenn tarifgebundene Parteien im Arbeitsvertrag etwas Abweichendes vereinbaren, stellt sich die Frage, wie sich arbeitsvertraglicher und tarifvertraglicher Anspruch zueinander verhalten.

BEISPIEL

Anton ist als Notfallsanitäter bei einer öffentlich-rechtlichen Rettungsorganisation angestellt. Für ihn gilt ein Tarifvertrag für den öffentlichen Dienst. Der Arbeitsvertrag sieht jedoch einen Urlaubsanspruch des Anton auf jährlich 36 Urlaubstage vor, während im Tarifvertrag nur 30 Urlaubstage vorgesehen sind.

Da der Tarifvertrag normativ und zwingend gilt, ist bei der Anspruchsprüfung aus dem Arbeitsvertrag zu erörtern, ob die tarifvertragliche Regelung vorrangig ist. Eine Ausnahme ist in § 4 Abs. 3 Var. 2 TVG (sog. **Günstigkeitsprinzip**) vorgesehen. Danach sind abweichende Abmachungen zulässig, soweit sie eine Änderung der Regelungen zugunsten des Arbeitnehmers enthalten. Bei der Prüfung des arbeitsvertraglichen Anspruchs ist also inzident zu prüfen, ob die arbeitsvertragliche Regelung günstiger ist; ansonsten scheitert er, weil die tarifvertragliche Regelung vorgeht. Hier ist die arbeitsvertragliche Regelung (36 Tage) für Anton günstiger und daher unproblematisch.[351]

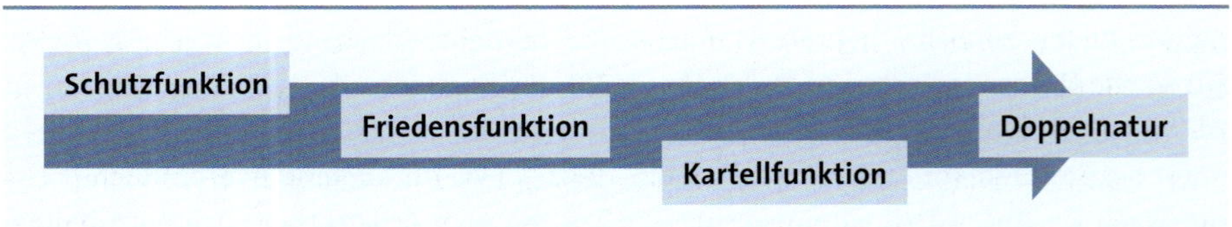

Abb. 16: Funktionen des Tarifvertrags

351 Schwierigkeiten bereitet aber manchmal der konkrete Vergleich: Ein Arbeitsverhältnis besteht aus einer Vielzahl von Arbeitsbedingungen, die jeweils unterschiedlich ausgestaltet sein können. Denkbar ist z.B., dass ein Arbeitsvertrag zwar mehr Urlaubstage als ein Tarifvertrag vorsieht, anders als der Tarifvertrag aber kein zusätzliches Urlaubsgeld gewährt. Welche Regelung ist dann günstiger? In so einem Fall nimmt man einen sog. *beschränkten Sachgruppenvergleich* vor, nach dem nur diejenigen Teilkomplexe der unterschiedlichen Regelungen verglichen werden, die in einem inneren Zusammenhang stehen. Danach stehen z.B. die Höhe des Arbeitsentgelts und die dafür zu leistende Arbeitszeit in einem engen inneren Zusammenhang, nicht aber die Höhe des Arbeitsentgelts und die Frage einer Beschäftigungsgarantie.

5.2 Berufsbildungsrecht

Sowohl für die Schüler als auch für die Ausbilder (Schulen und Praxisanleiter) ist es von erheblicher Bedeutung, die wesentlichen Grundlagen des Berufsausbildungsrechts zu kennen. Für duale Ausbildungen gilt in Deutschland grundsätzlich das Berufsbildungsgesetz (BBiG). Damit hat der Bundesgesetzgeber weitestgehend von der in Art. 74 Nr. 12 GG geregelten Gesetzgebungskompetenz Gebrauch gemacht, sodass es für die einzelnen Bundesländer kaum Spielräume für neue Regelungen gibt. Im Bereich des nicht-ärztlichen Rettungspersonals hat sich der Gesetzgeber im Jahr 2013 sogar für eine Sonderregelung für angehende Notfallsanitäterinnen und Notfallsanitäter entschieden und das Notfallsanitätergesetz mit Wirkung zum 1. Januar 2014 erlassen.

Das Berufsbildungsgesetz findet auf diese Ausbildungsform gemäß § 29 NotSanG keine Anwendung. Das bedeutet aber nicht, dass eventuell entstehende Gesetzeslücken nicht etwa durch eine entsprechende Anwendung der für das BBiG geltenden Grundsätze geschlossen werden können.

5.2.1 Das System der dualen Ausbildung

Die Ausbildung für Notfallsanitäterinnen und -sanitäter dauert – in Vollzeitform – drei Jahre, in Teilzeitform höchstens fünf Jahre. Sie besteht aus theoretischem und praktischem Unterricht und einer praktischen Ausbildung und schließt mit einer staatlichen Prüfung ab (§ 5 Abs. 1 NotSanG).

In § 5 Abs. 2 NotSanG ist das **duale Ausbildungssystem** verankert: „Der theoretische und praktische Unterricht wird in staatlich anerkannten Schulen durchgeführt." Die praktische Ausbildung wird an einer genehmigten **Lehrrettungswache** sowie an geeigneten **Krankenhäusern** durchgeführt.

Die Gesamtverantwortung für die Organisation und Koordination des theoretischen und praktischen Unterrichts und der praktischen Ausbildung trägt nach § 5 Abs. 3 NotSanG die **Schule**: Sie unterstützt die praktische Ausbildung durch die Praxisbegleitung (z. B. durch die Ausbildung der **Praxisanleiter**, durch die Organisation des Unterrichts und der staatlichen Prüfung).

Durch die Konzentration dieser Verantwortung auf eine Stelle wird dem Interesse der Schülerinnen und Schüler nach einem Ansprechpartner Rechnung getragen, der die Ausbildung bis zur staatlichen Prüfung begleitet. Die Regelung trägt außerdem zur Qualitätssicherung der Ausbildung bei. Sie schließt zugleich nicht aus, dass auch Schulen, die eine Trägerschaft sicherstellen können, als Ausbildungsträger fungieren und daher mit den Schülern ein Berufsausbildungsverhältnis eingehen.[352]

352 BT-Drucks. 17/11689.

5.2.2 Begriff des Berufsausbildungsverhältnisses

Anders als das Arbeitsverhältnis, besteht der Schwerpunkt eines Berufsausbildungsverhältnisses in der Vermittlung des für die Ausübung des erlernten Berufes notwendigen Wissens. In der Ausbildung geht es also nicht darum, „Geld zu verdienen". Die oder der Auszubildende erhält daher keinen Lohn, sondern eine **Ausbildungsvergütung** (§ 15 Abs. 1 NotSanG). Anders formuliert:

Bei Berufsausbildungsverhältnissen steht nicht die Leistung von Diensten oder Arbeit im Vordergrund, sondern sie sollen die für die Ausübung einer qualifizierten beruflichen Tätigkeit notwendigen Fertigkeiten und Kenntnisse vermitteln (vgl. auch § 1 Abs. 3 BBiG).

Dennoch sind auf Berufsausbildungsverhältnisse zumeist die für den Arbeitsvertrag geltenden Rechtsvorschriften und Rechtsgrundsätze anzuwenden, soweit sich aus dem Wesen und dem Zweck des Berufsausbildungsvertrags nichts anderes ergibt.[353] Darüber hinaus sind verschiedene arbeitsrechtliche Gesetze nach ihrem Geltungsbereich auch auf Auszubildende anzuwenden: Erkrankt ein Schüler während der Ausbildung, so hat er selbstverständlich einen **Anspruch auf Lohnfortzahlung** wie jeder andere Arbeitnehmer (§ 1 Abs. 2 EFZG), auch wenn der Schüler an sich keinen Lohn, sondern – wie eingangs erwähnt – eine Ausbildungsvergütung erhält. Ist ein Schüler in einem Unternehmen beschäftigt, das über einen Betriebsrat verfügt, so ist der Betriebsrat grundsätzlich auch für seine Belange im Betrieb zuständig (vgl. § 5 Abs. 1 BetrVG), es sei denn, das Unternehmen hat eine Jugend- und Auszubildendenvertretung. Schüler haben zudem auch einen **Anspruch auf Urlaub** und damit auf Erholung (§ 2 S. 1 BUrlG). Und wenn zwischen Schüler und Betrieb bzw. zwischen Schüler und Schule ein Rechtsstreit entsteht, sind die **Arbeitsgerichte** zuständig (§ 5 Abs. 1 ArbGG). Wird eine Rettungsorganisation von einer anderen im Wege des Unternehmenskaufs übernommen, so gehen nicht nur die Arbeits-, sondern auch die Berufsausbildungsverhältnisse auf den Erwerber über (sog. **Betriebsübergang** nach § 613a BGB).[354] Andererseits bestimmt § 22 Abs. 3 **Mindestlohngesetz (MiLoG)**[355] ausdrücklich, dass dieses Gesetz die Vergütung von zu ihrer Berufsausbildung Beschäftigten nicht regele.

BEISPIEL

Paula befindet sich in der Ausbildung zur Notfallsanitäterin und erfährt nach einer Frauenarztvisite, dass sie im dritten Monat schwanger ist. Sie behält das noch eine Weile für sich und wenige Wochen später wird sie wegen eines Behandlungsfehlers – infolgedessen der Patient mehrere Tage stationär behandelt werden musste –, außerordentlich gekündigt. Drei Tage nach Erhalt der Kündigung, teilt Paula ihrem Ausbilder mit, dass sie schwanger ist. Paula wehrt sich gegen die Kündigung und stellt sich

353 Spinner, in: MüKo BGB, 8. Aufl., 2020, BGB § 611a Rn. 1190.
354 Ebd.
355 Mindestlohngesetz vom 11. August 2014 (BGBl. I S. 1348).

auf den Standpunkt, dass für sie Grundsätze des Mutterschutzes gelten würden und sie daher gemäß § 17 Abs. 1 MuSchG nicht kündbar sei.

Paula hat Recht: Die Kündigung gegenüber einer Frau ist während ihrer Schwangerschaft bis zum Ende ihrer Schutzfrist nach der Entbindung, mindestens jedoch bis zum Ablauf von vier Monaten nach der Entbindung, wenn dem Arbeitgeber (hier: Ausbilder) zum Zeitpunkt der Kündigung die Schwangerschaft bekannt war oder, wenn sie ihm innerhalb von zwei Wochen nach Zugang der Kündigung mitgeteilt wurde, unzulässig. Auf das Berufsausbildungsverhältnis ist das Mutterschutzgesetz anwendbar (vgl. § 1 Abs. 2 Nr. 8 MuSchG).

Zwar kann gemäß § 17 Abs. 2 MuSchG die für den Arbeitsschutz zuständige oberste Behörde ausnahmsweise eine Kündigung einer schwangeren Frau für zulässig erklären: Ein besonderer Fall in diesem Sinne ist aber nur dann anzunehmen, wenn **außergewöhnliche Umstände** das Zurücktreten der vom Gesetz vorrangig vorgesehenen Interessen der Schwangeren hinter die des Arbeitgebers rechtfertigen. Nach dem Gesetzeszweck ist ein sehr strenger Maßstab anzulegen mit der Folge, dass in der Regel das Interesse der werdenden Mutter Vorrang vor dem Interesse des Arbeitgebers an der Beendigung des Arbeitsverhältnisses haben wird. Diese Voraussetzungen liegen hier jedenfalls nicht vor: Zwar kann im Einzelfall eine schlechte Leistung im Arbeits- bzw. Berufsausbildungsverhältnis eine Kündigung aus wichtigem Grund rechtfertigen. Es muss sich aber um eine schuldhafte, d.h. gravierende und grobe Schlechtleistung handeln. Da auch ein erfahrener Notfallsanitäter nicht vor Fehlern – und daher auch nicht vor groben Behandlungsfehlern – gefeit ist, kann auch einer Auszubildenden ein Behandlungsfehler passieren, zumal sie noch in der Ausbildung ist und ihre Tätigkeit nicht vollends beherrscht; dieser Fehler rechtfertigt jedenfalls nicht eine Kündigung im Sinne des § 17 Abs. 2 MuSchG.[356]

5.2.3 Form des Berufsausbildungsvertrages

Zwischen dem Ausbildungsträger und der Schülerin oder dem Schüler ist ein **schriftlicher Ausbildungsvertrag** zu schließen. Als Ausbildungsträger fungieren die Rettungsdienstorganisationen, wie zum Beispiel die Kreisverbände der Hilfsorganisationen, aber auch kommunale Rettungsdienstträger.

Der Wortlaut von § 12 Abs. 1 NotSanG suggeriert damit, dass wenn ein schriftlicher Vertrag fehlt (etwa, weil eine der Vertragsparteien diesen nicht unterschrieben hat), ein Berufsausbildungsverhältnis nicht zustande kommt.

356 OVG Berlin-Brandenburg, Beschluss vom 27. August 2015 – Az. OVG 6 M 49/15 (hier: unentschuldigte Fehlzeiten von mehr als zehn Wochen rechtfertigen eine Kündigung einer schwangeren Schülerin).

BEISPIEL

Beispiel angelehnt an BAG, Urteil vom 21. August 1997:[357]
Anton ist begeistert, weil er nach einem Vorstellungsgespräch eine mündliche Zusage für einen Berufsausbildungsplatz als Notfallsanitäter bei der ihm aus einem Praktikum schon bekannten Rettungsdienstorganisation R-GmbH erhalten hat. Diese meldet ihn auch zur Ausbildung bei der Schule an, doch den Berufsausbildungsvertrag unterschreibt er nicht – nur der Ausbildungsträger hat eine nur einseitig durch den Geschäftsführer unterschriebene Fassung des Berufsausbildungsvertrages. Als Anton nach drei Monaten vor den Kollegen völlig unbedacht äußert, er sei ein FC Kaiserslautern-Fan, fordert ihn der Praxisanleiter Carlo unvermittelt auf, ab sofort die Lehrrettungswache zu verlassen und sich „nie wieder blicken zu lassen". Schließlich bestehe – so der Anleiter – kein Berufsausbildungsverhältnis, da Anton über keinen schriftlichen Vertrag verfüge. Hat Carlo Recht?

Schriftlich im Sinne des § 126 BGB bedeutet, dass der Vertrag von beiden Vertragsparteien unterzeichnet werden muss. Der Wortlaut des § 12 Abs. 1 NotSanG scheint hier eindeutig zu sein: Die Rede ist von einem „schriftlichen Ausbildungsvertrag". Also scheint Carlo Recht zu haben. Doch das wäre für Anton als Auszubildenden eine unbillige Härte, zumal er vonseiten des Ausbilders drei Monate lang als Schüler behandelt wurde. Das BAG hat daher zu Recht in der Entscheidung vom 21. August 1997 – dort ging es um eine Anwärterin als Rechtsanwaltsfachangestellte – die Schriftform des § 4 Abs. 1 BBiG als rein deklaratorisch angesehen; sie ist daher nicht Wirksamkeitsvoraussetzung für das Zustandekommen des Berufsausbildungsvertrags. Vielmehr kann ein Berufsausbildungsvertrag – wie hier – formlos abgeschlossen werden. Diese Rechtsprechung ist auf § 12 Abs. 1 NotSanG zu übertragen.

Der **Ausbildungsvertrag muss** mindestens Folgendes **enthalten**:

- Bezeichnung des Berufs, zu dem nach den Vorschriften dieses Gesetzes ausgebildet wird,
- Beginn und Dauer der Ausbildung,
- Angaben über die der Ausbildung zugrunde liegende Ausbildungs- und Prüfungsverordnung sowie über die inhaltliche und zeitliche Gliederung der praktischen Ausbildung,
- Dauer der regelmäßigen täglichen oder wöchentlichen Arbeitszeit,
- Dauer der Probezeit,
- Angaben über Zahlung und Höhe der Ausbildungsvergütung,
- Dauer des Urlaubs,
- Voraussetzungen, unter denen der Ausbildungsvertrag gekündigt werden kann, und
- dem Ausbildungsvertrag zugrunde liegende tarifliche Bestimmungen und Dienstvereinbarungen.

357 Az. 5 AZR 713/96.

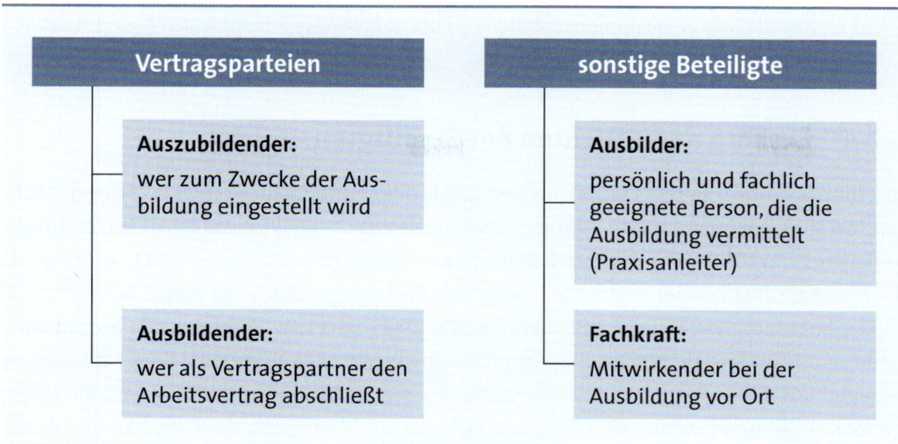

Abb. 17: Beteiligte eines Berufsausbildungsverhältnisses

Enthält ein Ausbildungsvertrag einen dieser Mindestinhalte nicht, so ist dieser nicht etwa unwirksam, sondern ergänzungsbedürftig. Der Schüler kann eine **Ergänzung des Ausbildungsvertrages** verlangen. § 12 Abs. 4 NotSanG regelt indessen, dass jede **Änderung** des Ausbildungsvertrages der **Schriftform** bedarf (vgl. § 126 BGB): Diese Norm ist – anders als Abs. 1 – so zu verstehen, dass eine mündliche Änderung des Ausbildungsvertrages nach § 125 BGB unwirksam ist.

Wie sieht es eigentlich mit einem Schüler aus, der noch **minderjährig** ist?

Nach § 12 Abs. 3 S. 1 NotSanG ist der Ausbildungsvertrag bei einem minderjährigen Schüler – zusätzlich – von seinen *gesetzlichen Vertretern*, zu unterzeichnen.

Gesetzliche Vertreter sind in diesem Zusammenhang entweder die Eltern (§§ 1626, 1629 Abs. 1 BGB) oder der Vormund (§§ 1773, 1793 BGB; vgl. Kap. 3.2.1).

Kann ein minderjähriger Schüler denn eigentlich den Ausbildungsvertrag selbst, d.h. ohne Beteiligung seiner gesetzlichen Vertreter **kündigen**?

BEISPIEL

Anton ist 17 Jahre alt und Auszubildender; er wollte zwar schon immer Notfallsanitäter werden, doch drei Wochen nach Beginn seiner Ausbildung hat er „die Schnauze voll" von der Ausbildung und kündigt kurzerhand den Ausbildungsvertrag – ohne seine Eltern vorher zu fragen.

Die Kündigung von Anton ist unwirksam. Eine Kündigung ist ein **einseitiges Rechtsgeschäft**: Bei einem einseitigen Rechtsgeschäft bedarf es der Einwilligung der gesetzlichen Vertreter (§ 111 BGB). Eine nachträgliche Zustimmung der Eltern (Genehmigung) führt nicht zu einer rückwirkenden Wirksamkeit der Kündigung. Anders formuliert: Die Eltern haben es in der Hand. Sie können entweder Anton die Einwilligung erteilen; dann muss er erneut kündigen. Oder sie stimmen nicht zu und Anton muss erst einmal weiter die Schule besuchen. Sobald er volljährig wird (§ 2 BGB), kann er den Ausbildungsvertrag immer noch kündigen.

5.2.4 Rechte und Pflichten der Beteiligten

In jedem Schuldverhältnis treffen die Vertragsparteien unterschiedliche Rechte und Pflichten, die auch gegenseitig sein können – das gilt natürlich auch für ein Berufsausbildungsverhältnis, das als **Dauerschuldverhältnis** besondere Rücksichtnahme- und Loyalitäts- als auch Schutzpflichten der Vertragsparteien begründet (vgl. auch § 241 Abs. 2 BGB).[358]

Die besondere Rechtsnatur des Berufsbildungsverhältnisses zeigt, dass es bei der Ausbildung um mehr geht als um die Vermittlung von Wissen und praktischen Fähigkeiten, bezogen auf das angestrebte Berufsziel. Die Berufsausbildung beinhaltet damit ein **erzieherisches Element**, das keinesfalls die Erziehung im Elternhaus ersetzen kann und soll. Vorrangig bezieht sich die Aufgabe des Ausbilders auf charakterliche Elemente wie Ehrlichkeit, Zuverlässigkeit, Kritik- und Differenzierungsfähigkeit sowie auf soziales Verhalten und Kollegialität und arbeitsbezogen etwa auf Sorgfalt.[359] Ist der Auszubildende **minderjährig**, soll ihm die Ausbildung auch zu persönlicher Eigenständigkeit verhelfen. Zur Selbstverwirklichung sollen Auszubildende in der Ausbildung lernen, ihre eigene Stellung in der Berufswelt realistisch einzuschätzen und damit auch eigenes Selbstwertgefühl zu entwickeln. Vor dem Hintergrund einer ständigen technischen Entwicklung und sich ändernder Arbeitsbedingungen sollen die Schüler sich nach Abschluss der Berufsausbildung auf dem für sie infrage kommenden Arbeitsmarkt zurechtfinden und ihre erworbenen beruflichen Kenntnisse nach ihren Vorstellungen verwerten. Welche charakterlichen Merkmale in welchem Umfang gefördert werden können, hängt nicht zuletzt vom Lebensalter des Schülers ab, zumal eine Berufsausbildung nicht nur für Minderjährige vorgesehen ist und bei erwachsenen Auszubildenden der erzieherische Aspekt ohnehin nicht im Vordergrund steht.

5.2.4.1 Rechte und Pflichten des Ausbilders

Der Ausbildungsträger ist nach § 13 NotSanG verpflichtet, die Ausbildung in einer durch ihren Zweck gebotenen Form planmäßig sowie zeitlich und sachlich gegliedert so durchzuführen, dass das Ausbildungsziel (vgl. § 4 NotSanG) in der vorgesehenen Zeit erreicht werden kann. Hierzu wird die theoretische Vermittlung des Lernstoffes den anerkannten

358 Ein *Dauerschuldverhältnis* ist ein auf Dauer angelegtes Rechtsverhältnis zwischen zwei Parteien und – anders als zum Beispiel bei einem Kaufvertrag – nicht durch bloße einmalige Erfüllung der Vertragspflichten (wie z. B. Kaufpreiszahlung einerseits und Lieferung andererseits) erledigt. Es bedingt – wie auch ein Arbeitsverhältnis oder ein Mietvertrag – höhere Anforderungen an die Rücksichtnahme auf die Interessen der jeweils anderen Partei. Bei einem Mietvertrag darf ich als Mieter zum Beispiel von dem Vermieter erwarten, dass er eine anstehende Instandsetzung oder Reparatur ankündigt oder dass er mich bei etwaigen Mängeln vor eventuellen Gefahren warnt. Der Vermieter wiederum kann erwarten, dass ich als Mieter mit der Mietsache vernünftig umgehe. Beim Berufsausbildungsverhältnis ist es ähnlich: Die Parteien haben für eine längere Zeit miteinander zu tun und müssen die jeweiligen Interessen der anderen Partei besonders berücksichtigen (z. B. den pfleglichen Umgang mit den technischen Gerätschaften oder den vorsichtigen Umgang mit Patientendaten).

359 Leinemann/Taubert (2008) Berufsbildungsgesetz, 2. Aufl., BBiG § 14 Rn. 3-52.

Schulen übertragen, während die Lehrrettungswachen und die Krankenhäuser die Vermittlung der notwendigen praktischen Grundlagen übernehmen. Kann der Ausbildungsträger der Ausbildungspflicht wegen Mängeln an der Organisation nicht ausreichend nachkommen, muss er den Auszubildenden die Teilnahme an außerbetrieblichen Ausbildungsmaßnahmen ermöglichen, um den Ausbildungsmangel auszugleichen.[360]

Darüber hinaus müssen die Träger den Schülern „kostenlos" die **Ausbildungsmittel** einschließlich der Fachbücher, Instrumente und Apparate zur Verfügung stellen, die zur Ausbildung und zum Ablegen der staatlichen Prüfung erforderlich sind (§ 13 Abs. 1 NotSanG). Die Durchführung der Berufsausbildung soll nicht am materiellen Unvermögen des Auszubildenden, der während der Ausbildungszeit regelmäßig nur über geringere Einkünfte verfügt, oder dem Unvermögen seiner Eltern scheitern. Der Ausbilder hat dem Schüler auch regelmäßig, d.h. in geordneten Zeiträumen, die erforderliche neue Arbeitskleidung zu übergeben.

Den Schülern dürfen zudem nur **Aufgaben übertragen** werden, die dem Ausbildungszweck und dem Ausbildungsstand entsprechen (§ 13 Abs. 2 S. 1 NotSanG): Verrichtungen, die nicht dem Ausbildungszweck dienen, dürfen dem Auszubildenden daher nicht übertragen werden; diese Vorschrift entspricht § 14 Abs. 3 BBiG. Was der Ausbildung dient, bestimmt sich nach dem Einzelfall, nach dem jeweiligen Berufsbild und seiner pädagogischen Zielsetzung, nicht nach dem Verwertungsinteresse an der Arbeitsleistung der Schülerinnen und Schüler.

BEISPIEL

Antonia ist mit ihrer Ausbildung zur Notfallsanitäterin grundsätzlich zufrieden. Allerdings verlangt ihr Praxisanleiter, dass sie freitags kurz vor Feierabend grobe Reinigungsarbeiten des Außenbereichs der Lehrrettungswache verrichtet. Nach einer Weile fragt sich Antonia, ob das sinnvoll ist, denn schließlich möchte sie Notfallsanitäterin und keine professionelle Reinigungskraft werden.

Es ist zwar anerkannt, dass gelegentliches Reinigen des Fußbodens einer Lagerstätte zulässig ist, soweit es in angemessenem Verhältnis zu den berufsspezifischen Tätigkeiten steht. Doch grobe Reinigungsarbeiten, insbesondere außerhalb der Lagerräume, gehören nicht zur Ausbildung.[361]

An sich zulässige Verrichtungen können daher unzulässig werden, wenn sie im **Übermaß** angeordnet werden, sodass sie keinen Zuwachs an Kenntnissen oder Fertigkeiten mehr erbringen können.[362] Das wäre vonseiten des Ausbilders ein Rechtsmissbrauch.

Besonders relevant wird dieses Spannungsverhältnis zwischen der angemessenen Übertragung von Aufgaben an einen Schüler einerseits und der völlig überzogenen und damit nicht mehr vertretbaren Überlastung eines Auszubildenden in Fragen der Hygiene-

360 Ebd.
361 Schlachter, in: Müller-Glöge/Preis/Schmidt (2020) Erfurter Kommentar zum Arbeitsrecht, 20. Aufl., BBiG § 14 Rn. 7.
362 OLG Karlsruhe, Beschluss vom 5. September 1988 – Az. 1 Ss 134/88.

einhaltung: Hygienevorschriften sind gerade im Rahmen der Ausbildung zum Notfallsanitäter ein wichtiger Lerninhalt. Zutreffend hat das OLG Frankfurt a.M. diesbezüglich darauf hingewiesen, dass es sich bei der behandelten Frage um einen Grenzfall handelt, zumal Einübung der Hygiene primär eine allgemein-menschliche Erziehungs- bzw. Selbsterziehungsaufgabe sei. Wegen des Zusammenhangs mit der Ausbildung muss man die Heranziehung von Schülern allerdings zulassen, soweit sie nicht dazu dient, dem Ausbilder die Kosten einer professionellen Reinigung zu ersparen.[363]

Zulässig sind auch Tätigkeiten, die neben dem Ausbildungszweck dem **betrieblichen Gemeinschaftssinn** dienen, wie Vor- oder Nachbereitungsarbeiten bei Betriebsfeiern (z.B. Jubiläen, Weihnachtsfeiern). Versucht sich der Arbeitgeber allerdings durch den Einsatz von Schülern bei einer betrieblichen Feier die Kosten eines Partyservices zu ersparen, ist die zulässige Grenze überschritten.[364]

Überträgt der Ausbildende dem Auszubildenden entgegen § 13 Abs. 2 S. 1 NotSanG eine Verrichtung, die nicht dem Ausbildungszweck dient, so braucht der Schüler die Weisung nicht zu befolgen, ohne Verlust des Anspruchs auf die Vergütung.[365] Eine Abmahnung des Schülers wäre zudem nicht gerechtfertigt.

Schülern darf daher nicht jedwede dem Ausbildungszweck dienende Verrichtung übertragen werden. § 13 Abs. 2 S. 1 Hs. 2 NotSanG bestimmt, dass die an Schüler übertragenen Aufgaben den **physischen und psychischen Kräften** der Schülerinnen und Schüler angemessen sein müssen. Wann dies der Fall ist, hängt von den individuellen physischen und psychischen Gegebenheiten jedes einzelnen Schülers ab. Über die in Bescheinigungen über die ärztlichen Untersuchungen für Jugendliche enthaltenen Beschäftigungsbeschränkungen hinaus (vgl. §§ 32 ff. JArbSchG) kann es also für jeden Schüler Tätigkeiten geben, denen er nach seiner körperlichen Verfassung nicht gewachsen ist: Ob dem so ist, kann der Ausbilder mithilfe eines hinzuzuziehenden Arztes, auch eines Betriebsarztes, nachprüfen.[366]

BEISPIEL

Der 19-jährige Anton ist ein kräftiger Typ, aber in den letzten Tagen noch etwas geschwächt, weil er eine schwere Grippe hatte, die ihn mehrere Tage bettlägerig gemacht hatte. Bei einem Einsatz fordert ihn der Notfallsanitäter Bruno – eine Fachkraft – auf, beim Heben eines 100 kg schweren Patienten anzupacken, um diesen insgesamt zu dritt vom dritten Obergeschoss eines Mehrfamilienhauses in den RTW zu verbringen. Anton fühlt sich dabei nicht wohl.

363 OLG Frankfurt a. M., Beschluss vom 30. März 1981 – Az. 2 Ws (B) 61/81 OWiG; s. a. Leinemann/Taubert (2008) Berufsbildungsgesetz, 2. Aufl., BBiG § 14 Rn. 53, 59.

364 Ebd.

365 Schlachter, in: Müller-Glöge/Preis/Schmidt (2020) Erfurter Kommentar zum Arbeitsrecht, 20. Aufl., BBiG § 14 Rn. 7.

366 Leinemann/Taubert (2008) Berufsbildungsgesetz, 2. Aufl., BBiG § 14 Rn. 53, 59.

Eine solche Weisung verstößt gegen § 13 Abs. 2 S. 1 Hs. 1 NotSanG. Es mag sein, dass Anton unter normalen Umständen in der Lage gewesen wäre, beim Tragen des Patienten zu helfen. Entscheidend sind aber die Einzelumstände: Vorliegend war Anton noch nicht in der Lage, diese schwere Aufgabe zu erfüllen. Er galt nicht mehr als krank, sodass er bereits wieder arbeiten durfte. Dennoch war er körperlich noch nicht in Form. Seine Fachkraft, die beim Einsatz für ihn stellvertretend für den Praxisanleiter zuständig ist, hätte dies berücksichtigen müssen.

Während der praktischen Ausbildung an einer genehmigten Lehrrettungswache können die Schülerinnen und Schüler auch zu regulären, dienstplanmäßigen Einsatzdiensten herangezogen werden, wenn die Teilnahme am Einsatzdienst dem Zweck der Ausbildung dient und sich der Ausbildungsträger nach einer Überprüfung ihrer Kompetenz vergewissert hat, dass die Schülerin oder der Schüler dazu in der Lage ist. In der amtlichen Begründung zum NotSanG-Entwurf ist hierzu u. a. zu lesen:

> *Durch diese Vorschrift soll erreicht werden, „dass die Schülerinnen und Schüler während der praktischen Ausbildung an der Lehrrettungswache kontinuierlich an die Entwicklung und Übernahme von Verantwortung herangeführt werden sollen, so dass sie am Ende der Ausbildung in der Lage sind, eigenverantwortlich Einsätze zu übernehmen. Hierzu ist die Teilnahme und Mitwirkung an realen Einsätzen als* ***‚zweites Besatzungsmitglied'*** *notwendig, bei der die ständige Möglichkeit der Lernbegleitung und des Feedbacks am Einsatzort sicherzustellen ist, um nachhaltige und gute berufliche Lernerfolge zu entwickeln. Die Anbindung der Einsatzdienste an den Zweck der Ausbildung stellt gleichzeitig sicher, dass Einsatzzeiten als* ***‚zweiter Mann'*** *nicht überwiegen und es nicht zu einem Missbrauch der Schülerinnen und Schüler als billige Arbeitskräfte kommt. Voraussetzung für die Teilnahme an den Einsatzdiensten ist, dass die Schülerinnen und Schüler über einen dafür angemessenen Ausbildungsstand verfügen, was in einer Überprüfung ihrer entsprechenden Kompetenz durch die für die praktische Ausbildung an der Lehrrettungswache Verantwortlichen des Ausbildungsträgers festzustellen ist."*[367]

5.2.4.2 Rechte und Pflichten der Schülerinnen und Schüler

Die Pflichten der Schüler sind – allerdings sehr abstrakt – in § 14 NotSanG geregelt. Sie haben sich zu bemühen, die in § 4 NotSanG genannten Kompetenzen zu erwerben, die erforderlich sind, um das Ausbildungsziel zu erreichen.

367 BT-Drucks. 17/12524.

Insbesondere sind Schüler verpflichtet, an den vorgeschriebenen *Ausbildungsveranstaltungen* teilzunehmen. Das bedeute nicht nur *körperliche Anwesenheit, sondern auch geistige Mitarbeit im Unterricht.*[368]

Die Pflicht zum Besuch des Unterrichts entspricht der Pflicht zum Schulbesuch in den Schulgesetzen der Länder.

BEISPIEL

Anton absolviert eine Ausbildung zum Notfallsanitäter. Sein Ausbilder erfährt sehr bald, dass er am Unterricht bei der zuständigen Landesschule sehr unregelmäßig teilnimmt. Der Geschäftsführer der ausbildenden Rettungsorganisation bittet Anton um ein Gespräch. Kurz vor Beendigung des Gesprächs überreicht der Geschäftsführer dem Anton eine Abmahnung, in welcher er ausdrücklich aufgefordert wird, am Unterricht in der Schule teilzunehmen.

Die Abmahnung ist berechtigt: Verletzt der Schüler seine Teilnahmepflichten, ist der Ausbilder berechtigt, die **Ausbildungsvergütung** für die Zeit unberechtigten Fehlens zu **kürzen.**[369] Nimmt ein Schüler pflichtwidrig nicht am Berufsschulunterricht teil, kann ihm sogar **fristlos gekündigt** werden.[370]

Nach § 14 Nr. 2 NotSanG hat der Schüler die ihm im Rahmen der Ausbildung übertragenen **Aufgaben sorgfältig auszuführen**. Ohne Leistung der dem Ausbildungszweck entsprechenden Arbeiten ist eine ordnungsgemäße Berufsausbildung nicht denkbar: Das Führen von Ausbildungsnachweisen (i. d. R. in Form von **Tagesberichten**) gehört auch zu den in Nr. 2 verlangten Verrichtungen. Das in den Vordergrund gestellte Erfordernis sorgfältiger Ausführung übertragener Verrichtungen hebt die hohe pädagogische Bedeutung der Sorgfaltspflicht bei Arbeitsausführung im Rahmen der Berufsausbildung besonders hervor: Die Schülerinnen und Schüler sollen also frühzeitig umsichtiges und gewissenhaftes Arbeiten lernen.

Welche Anforderungen an die vom Schüler geforderte Sorgfalt gestellt werden, lässt sich nicht einheitlich beurteilen: Maßgebend sind **Einsichtsfähigkeit** und **Kenntnisse**, die nach Stand der Ausbildung von einem durchschnittlichen Auszubildenden verlangt werden können.[371] Dabei muss auch berücksichtigt werden, dass die Anforderungen an die Gewissenhaftigkeit mit fortschreitender Ausbildungsdauer zunehmen. Anders formuliert: Von einem Schüler im dritten Lehrjahr kann der Ausbilder mehr erwarten als von einem Schüler im ersten Halbjahr der Ausbildung.

368 BAG, Urteil vom 5. Dezember 1985 – Az. 2 AZR 61/85, hier: bedingter Aufhebungsvertrag eines Berufsausbildungsverhältnisses.
369 Natzel, in: Kiel/Lunk/Oetker (2018) Münchner Handbuch zum Arbeitsrecht, 4. Aufl., § 178 Rn. 154.
370 Leinemann/Taubert (2008) Berufsbildungsgesetz, 2. Aufl., BBiG § 13 Rn. 1, 29.
371 LAG Düsseldorf, Urteil vom 23. Februar 1973 – Az. 8 Sa 598/72.

BEISPIEL

Anton befindet sich im ersten Lehrjahr der Ausbildung zum Notfallsanitäter. Er fährt vor allem als dritte Person bei Krankentransporten mit. Vor dem Einsatz muss er überprüfen, ob alle erforderlichen Materialien an Bord sind, zum Beispiel Verbände und Sauerstoffflaschen. Diese Aufgaben sind auch einem Schüler im ersten Lehrjahr zuzumuten und dienen auch dem Ausbildungszweck. Anton hat diese sorgfältig auszuführen. Vergisst er etwa, die erforderlichen Materialien zu sichten, stellt dies eine Verletzung des § 14 Nr. 2 NotSanG dar und kann zu einer Abmahnung führen.

Das Gleiche gilt nach dem Einsatz: Der Schüler kann verpflichtet werden, das Einsatzfahrzeug zu reinigen und das verbrauchte Material nachzufüllen. So muss er zum Beispiel die Auflage einer Liege erneuern. Wurde beim Einsatz etwa eine Schiene verbraucht, so muss er ins Materiallager gehen, eine neue Schiene holen, in das Computerprogramm der Lagerhaltung die entsprechende Auftragsnummer eingeben, die Schiene scannen, damit diese im Bestand verbucht wird. Dann hat er die Schiene in den Einsatzwagen zu bringen; erst dann ist der Wagen wieder einsatzbereit.

§ 14 Nr. 3 NotSanG sieht außerdem vor, dass die Schüler die Bestimmungen über die **Schweigepflicht** einzuhalten und über **Betriebsgeheimnisse** Stillschweigen zu wahren haben. Angesichts der Sensibilität der personenbezogenen Daten, mit welchen ein Schüler im Rahmen der Ausbildung umzugehen hat, wird diese bereits gesetzlich geregelte Pflicht nicht selten in den Ausbildungsverträgen zusätzlich konkretisiert.

Ein Verstoß gegen diese wichtige Pflicht durch den Schüler kann eine fristlose Kündigung rechtfertigen und unter Umständen sogar zu Schadensersatzverpflichtungen führen. Das Gebot gilt sowohl *innerhalb* als auch *außerhalb des Betriebes* und bleibt auch nach Ende des Ausbildungsverhältnisses bestehen.[372]

5.2.4.3 Rechtliche Stellung des Praxisanleiters

Der Praxisanleiter ist zumeist ein für die Praxisanleitung zuständiger Notfallsanitäter, d.h. insbesondere während der Ausbildung auf der Lehrrettungswache (Anlage 2 zur NotSan-APrV) verantwortlich.

Nach § 3 Abs. 1 Nr. 1 NotSan-APrV müssen Praxisanleiter entweder Notfallsanitäter oder zur Fortführung der Berufsbezeichnung „Rettungsassistent“ berechtigt sein, über mindestens **zwei Jahre Berufserfahrung** und eine **berufspädagogische Zusatzqualifikation** in einem Umfang von mind. 300 Stunden verfügen. Letztere werden zum Beispiel von den Hilfsorganisationen angeboten.

372 Leinemann/Taubert (2008) Berufsbildungsgesetz, 2. Aufl., BBiG § 13 Rn. 1, 29.

Für die praktische Ausbildung in geeigneten Krankenhäusern (Anlage 3 zur NotSan-APrV) sind Praxisanleiter in der Pflege zuständig, die ihrerseits für die Pflegeberufe (PflAPrV[373]) qualifiziert sein müssen (§ 3 Abs. 1 Nr. 2 NotSan-APrV).

Dem Praxisanleiter kommt in der Ausbildung eine wichtige Aufgabe zu: Er hat die angehenden Notfallsanitäter gemäß § 3 Abs. 2 NotSan-APrV an die **eigenständige Wahrnehmung** der beruflichen Aufgaben heranzuführen und die Verbindung zwischen dem theoretischen und praktischen Unterricht an der Schule mit der praktischen Ausbildung zu gewährleisten. Hierbei haben Praxisanleiter den angehenden Notfallsanitätern die Gelegenheit zu geben, die im Unterricht erworbenen Kenntnisse zu vertiefen und zu lernen, diese **Kenntnisse** bei der späteren beruflichen Tätigkeit **anzuwenden**.

Praxisanleiter müssen außerdem Notfallsanitäter vorschlagen, welche die angehenden Notfallsanitäter während ihrer Teilnahme an regulären, dienstplanmäßigen Einsatzdiensten betreuen (sog. Fachkräfte).[374] Aus dieser allgemein gehaltenen Aufgabenbeschreibung lassen sich folgende konkrete Aufgaben des Praxisanleiters ableiten:

- Durchführung von Einsatznachbesprechungen,
- Integration von theoretischen Ausbildungsinhalten in die praktische Tätigkeit,
- Beratung und Unterstützung der Auszubildenden in arbeitsrechtlichen und die Ausbildung betreffenden Fragen,
- Lernberatung,
- fachliche und organisatorische Vorbereitung der praktischen Ausbildung,
- Zusammenarbeit mit der Rettungsdienstschule,
- Überwachung und Kontrolle des Ausbildungsfortschritts,
- ggf. Mitwirkung als Fachprüfer im Prüfungsausschuss.

Die Praxisanleitung gliedert sich in zwei Formen auf:

- die geplante Anleitung und die
- integrierte Anleitung.

Die **geplante Anleitung** ist dadurch geprägt, dass die Anleitung des Schülers in der Rettungswache stattfindet. Da keine realen Einsatzbedingungen bestehen, liegt keine Zeitnot vor. Durchgeführt wird diese regelmäßig beispielsweise durch die Gestaltung und Besprechung von Fallbeispielen (und Rollenspielen). Die geplante Anleitung beinhaltet auch die Wiederholung und die Reflexion einzelner Arbeiten, die natürlich auch in Gruppen durchgeführt werden können.

Anders sieht es bei der **integrierten Anleitung** aus: Hier wird der Schüler während eines echten, d.h. aktiven Einsatzes angeleitet, kontrolliert und überwacht.[375] Daher sind durch den Praxisanleiter besondere Vorsichtsmaßnahmen zu treffen. Eine integrierte Anleitung setzt voraus, dass der Einsatz – so sorgfältig wie nur möglich – durch den Praxisanleiter

373 Ausbildungs- und Prüfungsverordnung für die Pflegeberufe vom 2. Oktober 2018 (BGBl. I S. 1572).
374 Möllers (2018) Wörterbuch der Polizei, 3. Aufl., Stichwort Praxisanleiter, Rettungsdienst.
375 Pluntke (2017) Der Praxisanleiter im Rettungsdienst, S. 14.

geplant wird. Diese Art von Anleitung birgt die größten rechtlichen Risiken. Hier gelten folgende Rechtsgrundsätze:

- der Praxisanleiter trägt die volle Verantwortung für die ordnungsgemäße Durchführung von angeleiteten Maßnahmen durch den Schüler;
- den Praxisanleiter trifft die Überwachungs- und Kontrollpflicht;
- der Praxisanleiter ist gegenüber dem Schüler weisungsbefugt;
- der Praxisanleiter kann seine Weisungsbefugnis einer Fachkraft (ein praxisbegleitender Notfallsanitäter) übertragen;
- der Praxisanleiter ist dafür verantwortlich, dass die Fachkraft für die übernommene Betreuung des Schülers geeignet ist;
- der Schüler ist nur dann wiederum verantwortlich, wenn er vorsätzlich von der konkreten Anleitung/Weisung des Praxisanleiters abweicht und der Praxisanleiter dies nicht bemerken bzw. voraussehen konnte.

Da der Praxisanleiter gegenüber dem Schüler *weisungsbefugt* ist, darf er grundsätzlich die Schüler – etwa bei Zuwiderhandlungen gegen Anleitungen oder bei sonstigen berufsvertraglichen Pflichtverstößen – ermahnen.

Eine Abmahnung wäre zwar arbeitsrechtlich denkbar, in der Rechtspraxis aber eher untunlich, weil wegen der damit verbundenen Beweisschwierigkeiten eine Abmahnung durch den Arbeitgeber stets rechtssicherer ist.

5.2.5 Probezeit

Nach § 16 NotSanG beginnt das Ausbildungsverhältnis mit der Probezeit. Die Probezeit beträgt – zwingend – vier Monate. Mit anderen Worten: Selbst in Fällen, in denen der Ausbilder eine verkürzte Probezeit gewähren oder die Probezeit sogar ganz entfallen lassen würde, bleibt es bei der viermonatigen Probezeit. Die Vorschrift lässt weder den Wegfall der Probezeit, noch eine Verkürzung zu.

BEISPIEL

Anton hat vor dem Beginn einer Ausbildung zum Notfallsanitäter bei der R-GmbH ein zweimonatiges Praktikum absolviert. Nach drei Monaten kündigt die R-GmbH das Ausbildungsverhältnis nach § 18 Abs. 1 NotSanG ohne Angabe von Gründen und ohne Einhaltung einer Kündigungsfrist. Anton ist der Meinung, dass seine Praktikumszeit auf das Probezeitverhältnis anzurechnen sei und hält die Kündigung für unwirksam.

Anton hat hier aber Unrecht: Die Dauer eines vorausgegangenen Praktikums ist nach Ansicht des BAG[376] auf die Probezeit im Berufsausbildungsverhältnis nicht anzurechnen. Eine Anrechnung von Zeiten, in denen zwischen dem Ausbildenden und dem Auszubildenden bereits ein anderes Vertragsverhältnis bestand, sieht § 16 NotSanG

376 BAG, Urteil vom 19. November 2015 - Az. 6 AZR 844/14.

nicht vor. Die Vorschrift knüpft allein an den rechtlichen Bestand des Ausbildungsverhältnisses an. Auf den Inhalt und die Zielsetzung des Praktikums kommt es nicht an.

5.2.6 Beendigung des Ausbildungsverhältnisses

Grundsätzlich endet das Ausbildungsverhältnis unabhängig vom Zeitpunkt der staatlichen Abschlussprüfung mit Ablauf der ausbildungsvertraglich vereinbarten Ausbildungszeit (§ 17 Abs. 1 NotSanG). Doch was passiert, wenn ein Schüler unmittelbar nach seinem Abschluss weiterbeschäftigt wird? In diesem Fall greift § 19 NotSanG:

> *„Wird die Schülerin oder der Schüler im Anschluss an das Ausbildungsverhältnis beschäftigt, ohne dass hierüber ausdrücklich etwas vereinbart worden ist, so gilt ein Arbeitsverhältnis auf unbestimmte Zeit als begründet".*

BEISPIEL

Anton ist glücklich, denn er hat am 29. Oktober 2019 seine staatliche Prüfung zum Notfallsanitäter bestanden. Am 30. Oktober 2019 möchte er die bestandene Prüfung mit seinen ehemaligen Kollegen und Kolleginnen in der Rettungswache feiern und begibt sich vormittags gut gelaunt dorthin. Als er dort erscheint, ist der Geschäftsführer sehr erfreut, denn er habe „Not am Mann" und bittet Anton kurzerhand zu einem Einsatz als Notfallsanitäter mit seinem ehemaligen Kollegen Waldemar. Der Einsatz dauert insgesamt drei Stunden – danach feiern alle Beteiligte die bestandene Prüfung des Anton ausgiebig. Auch am nächsten Tag ist Anton wieder im Einsatz. Nun verlangt er die Bezahlung als Notfallsanitäter. Zu Recht?

Ja, zu Recht. Die Weiterbeschäftigung hat zur Folge, dass ein Arbeitsverhältnis entstanden ist und der ehemalige Auszubildende und jetzige Arbeitnehmer Anspruch auf vollen tariflichen bzw. angemessenen Lohn hat.[377]

Nach einem Urteil des LAG Hamm reicht es allerdings nicht aus, dass der Auszubildende im Betrieb erscheint und seine Arbeitskraft anbietet oder seine Arbeit aufnimmt, da die Begründung des Arbeitsverhältnisses aufseiten des Arbeitgebers ein „voluntatives Element" voraussetzt: Der Auszubildende muss also seine Arbeit im Betrieb anbieten und auf Weisung oder mit Wissen und Wollen des Ausbildenden oder dessen Vertreter, tätig werden.[378]

Besteht die Schülerin oder der Schüler die staatliche Prüfung nicht oder kann sie oder er ohne eigenes Verschulden die staatliche Prüfung nicht vor Ablauf der Ausbildung ablegen, so verlängert sich das Ausbildungsverhältnis auf ihren oder seinen schriftlichen Antrag beim Ausbildungsträger bis zur nächstmöglichen Wiederholungsprüfung, höchstens jedoch um ein Jahr (§ 17 Abs. 2 NotSanG).

377 BAG, Urteil vom 16. Juni 2005 - Az. 6 AZR 411/04.
378 LAG Hamm, Urteil vom 14. Juli 1976 - Az. 2 Sa 662/76.

Unter bestimmten Voraussetzungen hat der Ausbildungsträger jedoch die Möglichkeit, das Ausbildungsverhältnis durch eine **Kündigung** vorzeitig zu beenden. Dies gilt zunächst während der viermonatigen Probezeit, in der das Ausbildungsverhältnis vom Ausbildungsträger jederzeit und ohne Einhaltung einer Kündigungsfrist beendet werden kann (§ 18 Abs. 1 NotSanG).

Nach Ablauf der Probezeit **kann das Ausbildungsverhältnis durch den Ausbildungsträger nur ausnahmsweise gekündigt werden, nämlich entweder, wenn sich der Schüler eines Verhaltens schuldig gemacht hat, aus dem sich die Unzuverlässigkeit zur Ausübung des Berufs ergeben würde, oder der Schüler in gesundheitlicher Hinsicht zur Ausübung des Berufs ungeeignet ist (§ 18 Abs. 2 Buchst. a NotSanG).**

Das wäre zum Beispiel der Fall, wenn bei einem Schüler eine Alkohol- oder Drogensucht besteht.

Ferner kann der Ausbildungsträger beim Vorliegen eines sonstigen **wichtigen Grundes** ohne Einhaltung einer Kündigungsfrist das Ausbildungsverhältnis beenden (§ 18 Abs. 2 Nr. 1 Buchst. b NotSanG). Hier sind die Anforderungen aber sehr hoch: Ein wichtiger Grund liegt nur dann vor, wenn dem Kündigenden unter Berücksichtigung aller Umstände des Einzelfalls und unter Abwägung der Interessen beider Vertragsteile die Fortsetzung des Ausbildungsverhältnisses bis zum Ablauf der Ausbildungszeit nicht zugemutet werden kann. Diese Voraussetzung ist nur bei **schwerwiegenden Pflichtverletzungen** des Auszubildenden gegeben.

Typische Beispiele sind:

- nachhaltige bzw. dauerhafte Verletzung der Pflicht, aktiv am Erreichen des Ausbildungsziels mitzuwirken;
- vorsätzliche Verletzung der Schweigepflicht;
- Tätlichkeiten gegenüber Patientinnen bzw. Patienten oder bei beleidigenden bzw. rassistischen Äußerungen.

Da eine fristlose Kündigung mithin nur als Ultima Ratio möglich ist, ist der Ausbildungsträger verpflichtet, zuvor geeignete Maßnahmen zu ergreifen, die gegebenenfalls zu einer Besserung des Verhaltens der bzw. des Auszubildenden führen können, wie etwa mündliche Ermahnungen oder eine schriftliche Abmahnung. Zudem muss die Kündigung unter Angabe des Kündigungsgrundes und unter Einhaltung einer Kündigungserklärungsfrist von 14 Tagen ausgesprochen werden, die § 626 Abs. 2 BGB nachgebildet ist.

Kündigt ein Ausbildender einen Berufsausbildungsvertrag gegenüber einem **minderjährigen Auszubildenden**, muss die Kündigungserklärung gegenüber dessen **gesetzlichem Vertreter** abgegeben werden.

BEISPIEL

Anton ist 17 Jahre alt und absolviert eine Ausbildung zum Notfallsanitäter bei der R-GmbH. Nach zwei Monaten kündigt allerdings die Geschäftsführerin der R-GmbH das Ausbildungsverhältnis. Da Anton allein wohnt und die Geschäftsführerin nur seine Adresse kennt, adressiert sie die Kündigung an Anton, allerdings mit dem Zusatz „gesetzlich vertreten" durch die Eltern. Anton erhält die Kündigung, leitet diese aber nicht seinen Eltern weiter. Ist die Kündigung wirksam erfolgt?

Nein! Zwar lässt ein an den Auszubildenden, gesetzlich vertreten durch seine Eltern, adressiertes Kündigungsschreiben den Willen des Ausbildenden, dass das Kündigungsschreiben die Eltern des Minderjährigen als dessen gesetzliche Vertreter erreichen soll, hinreichend erkennen. Der Ausbildende trägt allerdings bei einer solchen Adressierung das Risiko, dass die Kündigung nicht an die gesetzlichen Vertreter weitergeleitet wird.[379]

Nach § 18 Abs. 2 Nr. 2 NotSanG kann auch der *Schüler* mit einer *Kündigungsfrist von vier Wochen* das Ausbildungsverhältnis lösen. Abs. 3 fordert für Kündigungen die Schriftform: Diese Schriftform gilt selbstverständlich auch für den Schüler.

Wenn ein **minderjähriger Auszubildender** seinen Ausbildungsvertrag kündigen will, so ist dies nach §§ 106, 111 BGB grundsätzlich nur mit **Einwilligung der gesetzlichen Vertreter** wirksam. Erfolgt eine solche Einwilligung nicht schriftlich, kann der Ausbildende die Kündigung zurückweisen, § 111 S. 2 BGB.

Auszubildende können auch *Sonderkündigungsschutz* genießen.

So werden schwangere Auszubildende durch § 17 MuSchG, erziehende Auszubildende durch § 18 BEEG, anerkannt schwerbehinderte Schüler durch § 85 SGB IX, und Wahlinitiatoren, Wahlbewerber, Wahlvorstandsmitglieder oder Mitglieder von Betriebsräten oder Jugend- und Auszubildendenvertretungen durch § 15 KSchG geschützt. All diese Normen gelten auch für Berufsausbildungsverhältnisse. Gleiches gilt für den Sonderkündigungsschutz wegen einer beantragten Pflegezeit, der sogar in der Probezeit wirksam wird.[380]

5.2.7 Jugendarbeitsschutz und Berufsausbildung

Der Jugendarbeitsschutz gilt selbstverständlich auch im Rahmen einer Ausbildung zum Notfallsanitäter.[381] Jugendarbeitsschutz soll körperlicher und geistig-seelischer Überforderung von Kindern und Jugendlichen im Arbeitsleben vorbeugen und ihre ordnungsgemäße schulische Ausbildung sichern. Die Schüler sollen lernen und noch nicht unter den

379 Hülsemann (2016) Fallstricke bei der Kündigung von Ausbildungsverhältnissen, Arbeitsrecht Aktuell 8 (5), S. 107 ff.

380 Ebd.

381 Kostorz (2018) „Lehrjahre sind keine Herrenjahre!" – Rechte und Pflichten in der Berufsausbildung nach dem Pflegeberufegesetz, Gesundheit und Pflege (GuP) 8 (6), S. 219 ff. (für Pflegeberufe).

Bedingungen des Berufslebens der Erwachsenen arbeiten, vielmehr ihrem Alter und ihrer Entwicklung entsprechend an die Arbeitswelt herangeführt werden.

Leitziele sind:

- **Gesundheitsschutz** sowie
- Schutz der **Persönlichkeit** der regelmäßig noch leicht beeinflussbaren Minderjährigen.

Dem dient das Jugendarbeitsschutzgesetz (JArbSchG) mit zwingenden Vorgaben für Höchstarbeitszeiten, Ruhepausen und Freizeiten, Beschäftigungsverboten und -beschränkungen, Vorrang der Berufsschule sowie medizinischer Vorsorge (vgl. Kap. 1.5.5).

Die **Arbeitszeit** der Jugendlichen darf acht Stunden täglich oder 40 Stunden wöchentlich nicht überschreiten (§ 8 Abs. 1 JArbSchG). Wenn an einzelnen Werktagen die Arbeitszeit auf weniger als acht Stunden verkürzt ist, können Jugendliche an den übrigen Werktagen derselben Woche achteinhalb Stunden beschäftigt werden (§ 8 Abs. 2a JArbSchG).

Nach § 9 Abs. 1 S. 1 JArbSchG sind Jugendliche und noch berufsschulpflichtige ältere Personen zur Teilnahme am Berufsschulunterricht freizustellen. Ein **Beschäftigungsverbot** besteht für einen vor neun Uhr beginnenden Unterricht, an Berufsschultagen mit mehr als fünf Unterrichtsstunden von mindestens je 45 Minuten, einmal in der Woche und in Berufsschulwochen mit einem planmäßigen Blockunterricht von mindestens 25 Stunden an mindestens fünf Tagen.

Beim **Blockunterricht** sind zusätzlich betriebliche Ausbildungsveranstaltungen bis zu zwei Stunden wöchentlich zulässig. § 9 Abs. 2 JArbSchG regelt die Anrechnung der Berufsschulzeit auf die Arbeitszeit.[382] Der wöchentliche Blockunterricht von mindestens 25 Stunden entspricht einer 40-Stunden-Woche.[383]

Jugendliche dürfen nur an *fünf Tagen in der Woche* beschäftigt werden (vgl. § 15 JArbSchG). Die beiden wöchentlichen Ruhetage sollen nach Möglichkeit aufeinander folgen. Nach §§ 16 Abs. 1, 17 Abs. 1 JArbSchG dürfen Jugendliche an Samstagen und Sonntagen nicht beschäftigt werden. Eine Ausnahme nach den §§ 16 Abs. 2 bzw. 17 Abs. 2 JArbSchG liegt für den Bereich des Rettungsdienstes nicht vor.

Soweit das Gesetz den ärztlichen Notdienst als Ausnahmebereich ansieht, ist davon der **Rettungsdienst** nur bei Annahme eines Unglücksfalles, einer Naturkatastrophe oder einer Epidemie erfasst.[384] Der ärztliche Notdienst umfasst nämlich in erster Linie den in Arzt-, Zahnarzt- und Tierarztpraxen periodisch anfallenden Bereitschaftsdienst am Wochenende.

---

382 Fünf Stunden Unterricht an einem Berufsschultag einschließlich der Pausen zählen als achtstündige Arbeitszeit. Berufsschultage mit mehr als fünf Unterrichtsstunden von mindestens je 45 Minuten sind mit jeweils acht Stunden nur auf die gesetzliche Höchstarbeitszeit von 40 Stunden wöchentlich und nicht auf die kürzere tarifliche Arbeitszeit bzw. Ausbildungszeit anzurechnen, wenn es an einer eingehenden tariflichen Anrechnungsregelung fehlt.

383 Schaub/Koch (2020) Arbeitsrecht von A-Z, 24. Aufl., Stichwort Jugendarbeitsschutz.

384 Weyand (2016) Nomos-Kommentar Jugendarbeitsschutzgesetz (JArbSchG), 2. Aufl., § 16 Rn. 24.

Den Jugendlichen müssen bei einer **Arbeitszeit** von mehr als 4,5 Stunden eine oder mehrere im Voraus feststehende (§ 11 JArbSchG) Ruhepausen gewährt werden. Diese müssen bei mehr als 4,5 bis 6 Stunden mindestens 30 Minuten betragen, bei mehr als 6 Stunden Arbeitszeit 60 Minuten.

Länger als 4,5 Stunden hintereinander dürfen Jugendliche nicht ohne Ruhepausen beschäftigt werden. Als solche gelten nur Arbeitsunterbrechungen von 15 Minuten. Nach Beendigung der täglichen Arbeit ist Jugendlichen mindestens 12 Stunden ununterbrochene Freizeit zu gewähren (§ 13 JArbSchG).

Nach § 14 Abs. 1 JArbSchG dürfen Jugendliche nur in der Zeit von **6 bis 20 Uhr** – in mehrschichtigen Betrieben[385] Jugendliche über 16 Jahre bis 23 Uhr – beschäftigt werden. **Notfälle** rechtfertigen Ausnahmen (§ 21 JArbSchG). Sämtliche Arbeitszeitschutzbestimmungen finden keine Anwendung, wenn Jugendliche mit vorübergehenden und unaufschiebbaren Arbeiten in Notfällen beschäftigt werden. Vorausgesetzt wird, dass ein erwachsener Beschäftigter nicht zur Verfügung steht: Notfall ist ein ungewöhnliches, unvorhergesehenes und vom Willen des Betroffenen unabhängiges, plötzlich eintretendes Ereignis, das erhebliche Gefahren in sich birgt. Die vom Jugendlichen über die zulässige tägliche oder wöchentliche Arbeitszeit hinaus geleistete Mehrarbeit ist innerhalb der folgenden drei Wochen auszugleichen.

Die **Einhaltung des Jugendarbeitsschutzes** wird auf verschiedenen Ebenen gesichert:

- Zur **Information** der Minderjährigen sind der Gesetzestext und die Anschrift der zuständigen Aufsichtsbehörde (Gewerbeaufsichtsamt, Ämter für Arbeitsschutz) und bei Beschäftigung von i. d. R. mindestens drei Jugendlichen auch Beginn und Ende der regelmäßigen Arbeitszeit sowie die Lage der Ruhepausen auszuhängen (§§ 47, 48 JArbSchG);
- zur **Kontrolle** muss der Arbeitgeber Verzeichnisse der beschäftigten Jugendlichen unter Angabe von Vor- und Familiennamen, Geburtsdatum und Wohnanschrift führen, in denen das Datum des Beschäftigungsbeginns bei ihm, bei einer Beschäftigung unter Tage auch das des Beginns dieser Beschäftigung, enthalten ist (§ 49 JArbSchG).[386]

Das JArbSchG ist Teil des öffentlichen Rechts, daher sind dessen Bestimmungen **zwingend**: Entgegenstehende Vereinbarungen sind daher wegen Verstoßes gegen ein gesetzliches Verbot nichtig (§ 134 BGB) und eine Einwilligung des Minderjährigen oder seiner Eltern

385 Nicht erforderlich ist, dass es sich bei dem Betrieb um einen sog. durchgehenden Betrieb handelt. Es reicht aus, dass in dem Betrieb innerhalb von 24 Stunden mehrere Gruppen von Arbeitnehmern im Wechsel arbeiten, sodass der Rettungsdienst darunter fällt; Taubert (2016) 390 Jugendarbeitsschutzgesetz (JArbSchG), in: Bocken/Düwell/Diller/Hanau, Gesamtes Arbeitsrecht, 1. Aufl., Bd. 2, S. 2133 ff., § 14 Rn. 12.

386 Der Aufsichtsbehörde gegenüber bestehen Auskunfts-, Berichts- und Vorlagepflichten. Sie ist berechtigt, die Arbeitsstätten zu betreten und zu besichtigen (§§ 50, 51 JArbSchG). Verstöße werden durch einen umfassenden Katalog von Bußgeld- und Strafvorschriften geahndet (§§ 58, 59 JArbSchG).

rechtlich unerheblich.[387] Dementsprechend haftet der verbotswidrig beschäftigte Minderjährige nicht für von ihm verursachte Schäden, auch wenn er sie verschuldet hat.[388]

387 OLG Hamm, Beschluss vom 2. Mai 1963 - Az. 2 Ss 1492/62, RdA 27 (1964), S. 160.
388 BAG, Urteil vom 23. Januar 1973 - Az. 1 AZR 30/72, Der Betrieb 73, S. 1077.

6 Wichtige Bundesvorschriften für den Rettungsdienst

6.1 Notfallsanitätergesetz (NotSanG) – Auszug, Stand 26. Mai 2021

§ 1 Führen der Berufsbezeichnung

(1) Wer die Berufsbezeichnung „Notfallsanitäterin“ oder „Notfallsanitäter“ führen will, bedarf der Erlaubnis.

(2) Notfallsanitäterinnen und Notfallsanitäter, die Staatsangehörige eines Vertragsstaats des Europäischen Wirtschaftsraums sind, führen die Berufsbezeichnung nach Absatz 1 im Geltungsbereich dieses Gesetzes ohne Erlaubnis, sofern sie ihre Berufstätigkeit als vorübergehende und gelegentliche Dienstleistung im Sinne des Artikels 57 des Vertrages über die Arbeitsweise der Europäischen Union im Geltungsbereich dieses Gesetzes ausüben. Sie unterliegen jedoch der Meldepflicht und Nachprüfung nach diesem Gesetz. Gleiches gilt für Drittstaaten und Drittstaatsangehörige, soweit sich hinsichtlich der Anerkennung von Ausbildungsnachweisen nach dem Recht der Europäischen Union eine Gleichstellung ergibt.

§ 2 Voraussetzungen für die Erteilung der Erlaubnis

(1) Die Erlaubnis, die Berufsbezeichnung „Notfallsanitäterin“ oder „Notfallsanitäter“ zu führen, ist auf Antrag zu erteilen, wenn die antragstellende Person

1. die durch dieses Gesetz vorgeschriebene Ausbildungszeit abgeleistet und die staatliche Prüfung bestanden hat,
2. sich nicht eines Verhaltens schuldig gemacht hat, aus dem sich die Unzuverlässigkeit zur Ausübung des Berufs ergibt,
3. nicht in gesundheitlicher Hinsicht zur Ausübung des Berufs ungeeignet ist und
4. über die für die Ausübung des Berufs erforderlichen Kenntnisse der deutschen Sprache verfügt.

(2) Die Erlaubnis ist zurückzunehmen, wenn bei Erteilung der Erlaubnis eine der Voraussetzungen nach Absatz 1 Nummer 1 bis 3 nicht vorgelegen hat oder die Ausbildung nach den Absätzen 3 bis 5 nicht abgeschlossen war. Die Erlaubnis ist zu widerrufen, wenn nachträglich die Voraussetzung nach Absatz 1 Nummer 2 weggefallen ist. Die Erlaubnis kann widerrufen werden, wenn nachträglich die Voraussetzung nach Absatz 1 Nummer 3 weggefallen ist.

(3) (...)

§ 2a Eigenverantwortliche Durchführung heilkundlicher Maßnahmen durch Notfallsanitäterinnen und Notfallsanitäter

Bis zum Eintreffen der Notärztin oder des Notarztes oder bis zum Beginn einer weiteren ärztlichen, auch teleärztlichen, Versorgung dürfen Notfallsanitäterinnen und Notfallsanitäter heilkundliche Maßnahmen, einschließlich heilkundlicher Maßnahmen invasiver Art, dann eigenverantwortlich durchführen, wenn

1. sie diese Maßnahmen in ihrer Ausbildung erlernt haben und beherrschen und
2. die Maßnahmen jeweils erforderlich sind, um Lebensgefahr oder wesentliche Folgeschäden von der Patientin oder dem Patienten abzuwenden.

§ 4 Ausbildungsziel

(1) Die Ausbildung zur Notfallsanitäterin oder zum Notfallsanitäter soll entsprechend dem allgemein anerkannten Stand rettungsdienstlicher, medizinischer und weiterer bezugswissenschaftlicher Erkenntnisse fachliche, personale, soziale und methodische Kompetenzen zur eigenverantwortlichen Durchführung und teamorientierten Mitwirkung insbesondere bei der notfallmedizinischen Versorgung und dem Transport von Patientinnen und Patienten vermitteln. Dabei sind die unterschiedlichen situativen Einsatzbedingungen zu berücksichtigen. Die Ausbildung soll die Notfallsanitäterinnen und Notfallsanitäter außerdem in die Lage versetzen, die Lebenssituation und die jeweilige Lebensphase der Erkrankten und Verletzten und sonstigen Beteiligten sowie deren Selbständigkeit und Selbstbestimmung in ihr Handeln mit einzubeziehen.

(2) Die Ausbildung nach Absatz 1 soll insbesondere dazu befähigen,

1. die folgenden Aufgaben eigenverantwortlich auszuführen:
   a) Feststellen und Erfassen der Lage am Einsatzort und unverzügliche Einleitung notwendiger allgemeiner Maßnahmen zur Gefahrenabwehr,
   b) Beurteilen des Gesundheitszustandes von erkrankten und verletzten Personen, insbesondere Erkennen einer vitalen Bedrohung, Entscheiden über die Notwendigkeit, eine Notärztin oder einen Notarzt, weiteres Personal, weitere Rettungsmittel oder sonstige ärztliche Hilfe nachzufordern, sowie Umsetzen der erforderlichen Maßnahmen,
   c) Durchführen medizinischer Maßnahmen der Erstversorgung bei Patientinnen und Patienten im Notfalleinsatz und dabei Anwenden von in der Ausbildung erlernten und beherrschten, auch invasiven Maßnahmen, um einer Verschlechterung der Situation der Patientinnen und Patienten bis zum Eintreffen der Notärztin oder des Notarztes oder dem Beginn einer weiteren ärztlichen Versorgung vorzubeugen, wenn ein lebensgefährlicher Zustand vorliegt oder wesentliche Folgeschäden zu erwarten sind,
   d) angemessenes Umgehen mit Menschen in Notfall- und Krisensituationen,
   e) Herstellen und Sichern der Transportfähigkeit der Patientinnen und Patienten im Notfalleinsatz,
   f) Auswählen des geeigneten Transportzielortes sowie Überwachen des medizinischen Zustandes der Patientinnen und Patienten und seiner Entwicklung während des Transports,
   g) sachgerechtes Übergeben der Patientinnen und Patienten in die ärztliche Weiterbehandlung einschließlich Beschreiben und Dokumentieren ihres medizinischen Zustandes und seiner Entwicklung,
   h) Kommunizieren mit am Einsatz beteiligten oder zu beteiligenden Personen, Institutionen oder Behörden,

   i) Durchführen von qualitätssichernden und organisatorischen Maßnahmen im Rettungsdienst sowie Dokumentieren der angewendeten notfallmedizinischen und einsatztaktischen Maßnahmen und
   j) Sicherstellen der Einsatz- und Betriebsfähigkeit der Rettungsmittel einschließlich Beachten sowie Einhalten der Hygienevorschriften und rechtlichen Arbeits- und Unfallschutzvorschriften,
2. die folgenden Aufgaben im Rahmen der Mitwirkung auszuführen:
   a) Assistieren bei der ärztlichen Notfall- und Akutversorgung von Patientinnen und Patienten im Notfalleinsatz,
   b) eigenständiges Durchführen ärztlich veranlasster Maßnahmen bei Patientinnen und Patienten im Notfalleinsatz und
   c) eigenständiges Durchführen von heilkundlichen Maßnahmen, die vom Ärztlichen Leiter Rettungsdienst oder entsprechend verantwortlichen Ärztinnen oder Ärzten bei bestimmten notfallmedizinischen Zustandsbildern und -situationen standardmäßig vorgegeben, überprüft und verantwortet werden,
3. mit anderen Berufsgruppen und Menschen am Einsatzort, beim Transport und bei der Übergabe unter angemessener Berücksichtigung der Gesamtlage vom individual-medizinischen Einzelfall bis zum Großschadens- und Katastrophenfall patientenorientiert zusammenzuarbeiten.

§ 5 Dauer und Struktur der Ausbildung

(1) Die Ausbildung für Notfallsanitäterinnen und Notfallsanitäter dauert unabhängig vom Zeitpunkt der staatlichen Prüfung in Vollzeitform drei Jahre, in Teilzeitform höchstens fünf Jahre. Sie besteht aus theoretischem und praktischem Unterricht und einer praktischen Ausbildung. Die Ausbildung schließt mit einer staatlichen Prüfung ab.

(2) Der theoretische und praktische Unterricht wird in staatlich anerkannten Schulen durchgeführt. In den Ländern, in denen die Ausbildung nach diesem Gesetz dem Schulrecht unterliegt, wird die Genehmigung zur Durchführung der Ausbildung den Schulen nach dem Schulrecht der Länder und nach Maßgabe von § 6 erteilt. Die praktische Ausbildung wird an einer genehmigten Lehrrettungswache und an geeigneten Krankenhäusern durchgeführt.

(3) Die Gesamtverantwortung für die Organisation und Koordination des theoretischen und praktischen Unterrichts und der praktischen Ausbildung entsprechend dem Ausbildungsziel trägt die Schule. Die Schule unterstützt die praktische Ausbildung durch Praxisbegleitung. Die Praxisanleitung ist durch die Einrichtungen nach Absatz 2 Satz 3 sicherzustellen.

§ 8 Voraussetzungen für den Zugang zur Ausbildung

Voraussetzung für den Zugang zu einer Ausbildung nach diesem Gesetz ist,

1. die gesundheitliche Eignung zur Ausübung des Berufs und
2. im Fall einer Ausbildung
   a) an einer staatlichen Schule (§ 5 Absatz 2 Satz 1)

aa) der mittlere Schulabschluss oder eine andere gleichwertige, abgeschlossene Schulbildung oder

bb) eine nach einem Hauptschulabschluss oder einer gleichwertigen Schulbildung erfolgreich abgeschlossene Berufsausbildung von mindestens zweijähriger Dauer,

b) im Rahmen eines Modellvorhabens an einer Hochschule (§ 7) der Nachweis der Hochschulzugangsberechtigung.

§ 12 Ausbildungsvertrag

(1) Zwischen dem Ausbildungsträger und der Schülerin oder dem Schüler ist ein schriftlicher Ausbildungsvertrag nach Maßgabe der Vorschriften dieses Abschnitts zu schließen.

(2) Der Ausbildungsvertrag muss mindestens Folgendes enthalten:

1. die Bezeichnung des Berufs, zu dem nach den Vorschriften dieses Gesetzes ausgebildet wird,
2. den Beginn und die Dauer der Ausbildung,
3. Angaben über die der Ausbildung zugrunde liegende Ausbildungs- und Prüfungsverordnung sowie über die inhaltliche und zeitliche Gliederung der praktischen Ausbildung,
4. die Dauer der regelmäßigen täglichen oder wöchentlichen Arbeitszeit,
5. die Dauer der Probezeit,
6. Angaben über Zahlung und Höhe der Ausbildungsvergütung,
7. die Dauer des Urlaubs,
8. die Voraussetzungen, unter denen der Ausbildungsvertrag gekündigt werden kann, und
9. die dem Ausbildungsvertrag zugrunde liegenden tariflichen Bestimmungen und Dienstvereinbarungen.

(3) Der Ausbildungsvertrag ist von einer Person, die zur Vertretung des Ausbildungsträgers berechtigt ist, und der Schülerin oder dem Schüler, bei Minderjährigen auch von deren gesetzlichen Vertretern, zu unterzeichnen. Eine Ausfertigung des unterzeichneten Ausbildungsvertrages ist der Schülerin oder dem Schüler und deren gesetzlichen Vertretern auszuhändigen.

(4) Änderungen des Ausbildungsvertrages bedürfen der Schriftform.

§ 13 Pflichten des Ausbildungsträgers

(1) Der Ausbildungsträger ist verpflichtet,

1. die Ausbildung in einer durch ihren Zweck gebotenen Form planmäßig sowie zeitlich und sachlich gegliedert so durchzuführen, dass das Ausbildungsziel (§ 4) in der vorgesehenen Zeit erreicht werden kann, und
2. der Schülerin oder dem Schüler kostenlos die Ausbildungsmittel einschließlich der Fachbücher, Instrumente und Apparate zur Verfügung zu stellen, die zur Ausbildung und zum Ablegen der staatlichen Prüfung erforderlich sind.

(2) Den Schülerinnen und Schülern dürfen nur Aufgaben übertragen werden, die dem Ausbildungszweck und dem Ausbildungsstand entsprechen; die übertragenen Aufgaben sollen den physischen und psychischen Kräften der Schülerinnen und Schüler angemessen sein. Während der praktischen Ausbildung an einer genehmigten Lehrrettungswache können die Schülerinnen und Schüler auch zu regulären, dienstplanmäßigen Einsatzdiensten herangezogen werden, wenn die Teilnahme am Einsatzdienst dem Zweck der Ausbildung dient und sich der Ausbildungsträger nach einer Überprüfung ihrer Kompetenz vergewissert hat, dass die Schülerin oder der Schüler dazu in der Lage ist.

§ 14 Pflichten der Schülerin oder des Schülers

Die Schülerin oder der Schüler hat sich zu bemühen, die in § 4 genannten Kompetenzen zu erwerben, die erforderlich sind, um das Ausbildungsziel zu erreichen. Sie oder er ist insbesondere verpflichtet,

1. an den vorgeschriebenen Ausbildungsveranstaltungen teilzunehmen,
2. die ihr oder ihm im Rahmen der Ausbildung übertragenen Aufgaben sorgfältig auszuführen und
3. die für Beschäftigte in Einrichtungen nach § 5 Absatz 2 Satz 3 geltenden Bestimmungen über die Schweigepflicht einzuhalten und über Betriebsgeheimnisse Stillschweigen zu wahren.

§ 15 Ausbildungsvergütung

(1) Der Ausbildungsträger hat der Schülerin oder dem Schüler eine angemessene Ausbildungsvergütung zu gewähren.

(2) Sachbezüge können in der Höhe der Werte, die durch Rechtsverordnung nach § 17 Absatz 1 Satz 1 Nummer 4 des Vierten Buches Sozialgesetzbuch bestimmt sind, angerechnet werden; sie dürfen jedoch 75 Prozent der Bruttovergütung nicht überschreiten. Kann die Schülerin oder der Schüler aus berechtigtem Grund Sachbezüge nicht abnehmen, so sind diese nach den Sachbezugswerten abzugelten.

(3) Eine über die vereinbarte regelmäßige tägliche oder wöchentliche Ausbildungszeit hinausgehende Beschäftigung ist nur ausnahmsweise zulässig und besonders zu vergüten.

§ 16 Probezeit

Das Ausbildungsverhältnis beginnt mit der Probezeit. Die Probezeit beträgt vier Monate.

§ 17 Ende des Ausbildungsverhältnisses

(1) Das Ausbildungsverhältnis endet mit Ablauf der Ausbildungszeit.

(2) Besteht die Schülerin oder der Schüler die staatliche Prüfung nicht oder kann sie oder er ohne eigenes Verschulden die staatliche Prüfung nicht vor Ablauf der Ausbildung ablegen, so verlängert sich das Ausbildungsverhältnis auf ihren oder seinen schriftlichen Antrag beim Ausbildungsträger bis zur nächstmöglichen Wiederholungsprüfung, höchstens jedoch um ein Jahr.

§ 18 Kündigung des Ausbildungsverhältnisses

(1) Während der Probezeit kann das Ausbildungsverhältnis von jedem Vertragspartner jederzeit ohne Einhaltung einer Kündigungsfrist gekündigt werden.

(2) Nach der Probezeit kann das Ausbildungsverhältnis nur gekündigt werden

1. von jedem Vertragspartner ohne Einhalten einer Kündigungsfrist,
   a) wenn die Voraussetzungen des § 2 Absatz 1 Nummer 2 und 3 nicht oder nicht mehr vorliegen oder
   b) wenn ein sonstiger wichtiger Grund vorliegt, sowie
2. von der Schülerin oder dem Schüler mit einer Kündigungsfrist von vier Wochen.

(3) Die Kündigung muss schriftlich erfolgen. In den Fällen des Absatzes 2 Nummer 1 sind die Kündigungsgründe anzugeben.

(4) Eine Kündigung aus einem wichtigen Grund ist unwirksam, wenn die ihr zugrunde liegenden Tatsachen der kündigungsberechtigten Person länger als 14 Tage bekannt sind. Ist ein vorgesehenes Güteverfahren vor einer außergerichtlichen Stelle eingeleitet, so wird bis zu dessen Beendigung der Lauf dieser Frist gehemmt.

§ 19 Beschäftigung im Anschluss an das Ausbildungsverhältnis

Wird die Schülerin oder der Schüler im Anschluss an das Ausbildungsverhältnis beschäftigt, ohne dass hierüber ausdrücklich etwas vereinbart worden ist, so gilt ein Arbeitsverhältnis auf unbestimmte Zeit als begründet.

§ 20 Nichtigkeit von Vereinbarungen

(1) Eine Vereinbarung, die zu Ungunsten der Schülerin oder des Schülers von den übrigen Vorschriften dieses Abschnitts abweicht, ist nichtig.

(2) Eine Vereinbarung, die die Schülerin oder den Schüler für die Zeit nach Beendigung des Ausbildungsverhältnisses in der Ausübung ihrer oder seiner beruflichen Tätigkeit beschränkt, ist nichtig. Dies gilt nicht, wenn die Schülerin oder der Schüler innerhalb der letzten sechs Monate des Ausbildungsverhältnisses für die Zeit nach dessen Beendigung ein Arbeitsverhältnis eingeht.

(3) Nichtig ist auch eine Vereinbarung über

1. die Verpflichtung der Schülerin oder des Schülers, für die Ausbildung eine Entschädigung oder Schulgeld zu zahlen,
2. Vertragsstrafen,
3. den Ausschluss oder die Beschränkung von Schadensersatzansprüchen und
4. die Festsetzung der Höhe eines Schadensersatzes in Pauschalbeträgen.

§ 29 Nichtanwendung des Berufsbildungsgesetzes

Für die Ausbildung zur Notfallsanitäterin oder zum Notfallsanitäter findet das Berufsbildungsgesetz keine Anwendung.

§ 30 Weiterführen der alten Erlaubnis zur Führung der Berufsbezeichnung
Rettungsassistentinnen und Rettungsassistenten, die eine Erlaubnis nach dem Rettungsassistentengesetz besitzen, dürfen die Berufsbezeichnung weiterhin führen. Die Berufsbezeichnung „Rettungsassistentin" oder „Rettungsassistent" darf jedoch nur unter den Voraussetzungen des Satzes 1 geführt werden.

6.2 Ausbildungs- und Prüfungsverordnung für Notfallsanitäterinnen und Notfallsanitäter (NotSan-APrV) – Auszug, Stand 26. Mai 2021

§ 2 Theoretischer und praktischer Unterricht, praktische Ausbildung

(1) Durch den Unterricht nach § 1 Absatz 1 Nummer 1 werden die Schülerinnen und Schüler befähigt, auf der Grundlage fachlichen Wissens und Könnens sowie auf der Grundlage des allgemein anerkannten Standes rettungsdienstlicher, medizinischer und weiterer bezugswissenschaftlicher Erkenntnisse die anfallenden Aufgaben zielorientiert, sachgerecht, methodengeleitet und selbständig zu lösen sowie das Ergebnis zu beurteilen. Während des Unterrichts ist die Entwicklung der zur Ausübung des Berufs erforderlichen Personal-, Sozial- und Selbstkompetenz zu fördern. Daneben muss den Schülerinnen und Schülern ausreichend Möglichkeit gegeben werden, die zur Erreichung des Ausbildungsziels nach § 4 des Notfallsanitätergesetzes erforderlichen Fertigkeiten zu entwickeln und einzuüben.

(2) Durch die praktische Ausbildung nach § 1 Absatz 1 Nummer 2 und 3 werden die Schülerinnen und Schüler befähigt, die im Unterricht nach Absatz 1 erworbenen Kenntnisse zu vertiefen und zu lernen, diese Kenntnisse bei der späteren beruflichen Tätigkeit anzuwenden, um die zur Erreichung des Ausbildungsziels nach § 4 des Notfallsanitätergesetzes erforderliche Handlungskompetenz zu entwickeln.

§ 3 Praxisanleitung; Praxisbegleitung

(1) Die Einrichtungen der praktischen Ausbildung stellen die Praxisanleitung der Schülerinnen und Schüler nach § 5 Absatz 3 Satz 3 des Notfallsanitätergesetzes durch geeignete Fachkräfte gemäß Satz 2 sicher. Zur Praxisanleitung geeignet sind Personen, die

1. im Falle der praktischen Ausbildung nach Anlage 2
   a) eine Erlaubnis nach § 1 des Notfallsanitätergesetzes besitzen oder nach § 30 des Notfallsanitätergesetzes zur Weiterführung der Berufsbezeichnung „Rettungsassistentin“ oder „Rettungsassistent“ berechtigt sind,
   b) über eine Berufserfahrung als Notfallsanitäterin oder Notfallsanitäter von mindestens zwei Jahren verfügen sowie
   c) über eine berufspädagogische Zusatzqualifikation im Umfang von mindestens 300 Stunden verfügen und kontinuierlich berufspädagogische Fortbildungen im Umfang von 24 Stunden jährlich absolvieren,
2. im Falle der praktischen Ausbildung nach Anlage 3 gemäß § 4 Absatz 3 der Pflegeberufe-Ausbildungs- und Prüfungsverordnung als zur Praxisanleitung geeignet anerkannt sind, soweit die Inhalte der praktischen Ausbildung nicht eine ärztliche Anleitung erfordern; in diesen Fällen erfolgt die Praxisanleitung durch qualifizierte Ärztinnen und Ärzte.

(...)

(2) Aufgabe der praxisanleitenden Personen ist es, die Schülerinnen und Schüler schrittweise an die eigenständige Wahrnehmung der beruflichen Aufgaben heranzuführen und die Verbindung zwischen dem theoretischen und praktischen Unterricht an der Schule mit der praktischen Ausbildung zu gewährleisten. Hierbei haben sie den Schülerinnen und Schülern Gelegenheit zu geben, die im Unterricht erworbenen Kenntnisse zu vertiefen und zu lernen, diese Kenntnisse bei der späteren beruflichen Tätigkeit anzuwenden. Praxisanleitende Personen nach Absatz 1 Satz 2 Nummer 1 haben zudem Notfallsanitäterinnen und Notfallsanitäter oder Rettungsassistentinnen und Rettungsassistenten vorzuschlagen, die die Schülerinnen und Schüler während ihrer Teilnahme an regulären, dienstplanmäßigen Einsatzdiensten im Sinne des § 13 Absatz 2 Satz 2 des Notfallsanitätergesetzes betreuen. Nach Ablauf von fünf Jahren nach Inkrafttreten dieser Verordnung dürfen praktische Einsätze im Sinne des Satzes 2 nur noch von Notfallsanitäterinnen und Notfallsanitätern betreut werden.

(3) Zur Erfüllung der Aufgaben nach Absatz 2 Satz 1 und 2 ist ein für das jeweilige Einsatzgebiet angemessenes Verhältnis zwischen der Zahl der Schülerinnen und Schüler und der Zahl der praxisanleitenden Personen in dem jeweiligen Aufgaben- und Funktionsbereich der Anlagen 2 und 3 sicherzustellen.

(4) Die Schulen stellen die Praxisbegleitung der Schülerinnen und Schüler in den Einrichtungen der praktischen Ausbildung nach § 5 Absatz 2 Satz 3 des Notfallsanitätergesetzes durch Lehrkräfte der Schulen sicher. Hierzu ist eine regelmäßige persönliche Anwesenheit der praxisbegleitenden Personen in den Einrichtungen zu gewährleisten. Aufgabe der Praxisbegleitung ist es,

1. die Schülerinnen und Schüler in den Einrichtungen der praktischen Ausbildung zu betreuen und
2. die praxisanleitenden Personen zu beraten sowie sie bei der Erfüllung ihrer Aufgaben nach Absatz 2 Satz 1 und 2 zu unterstützen.

§ 4 Staatliche Prüfung, staatliche Ergänzungsprüfung

(1) Die staatliche Prüfung für die Ausbildung nach § 1 Absatz 1 umfasst jeweils einen schriftlichen, einen mündlichen und einen praktischen Teil.

(2) Der Prüfling legt die Prüfung bei der Schule ab, an der er die Ausbildung abschließt. Die zuständige Behörde, in deren Bereich die Prüfung oder ein Teil der Prüfung abgelegt werden soll, kann aus wichtigem Grund Ausnahmen zulassen.

(3) Die staatliche Ergänzungsprüfung nach § 32 Absatz 2 Satz 1 des Notfallsanitätergesetzes umfasst einen mündlichen und einen praktischen Teil.

(4) Die staatliche Ergänzungsprüfung nach § 32 Absatz 2 Satz 1 des Notfallsanitätergesetzes findet an der Schule statt, an der der Prüfling an der weiteren Ausbildung teilgenommen hat. Hat der Prüfling an keiner weiteren Ausbildung teilgenommen, bestimmt die zuständige Behörde die Schule, an der er die staatliche Ergänzungsprüfung ablegt. Die zuständige Behörde kann festlegen, dass die staatliche Ergänzungsprüfung nur durchgeführt wird, wenn daran mindestens 15 Prüflinge teilnehmen.

6.3 Bürgerliches Gesetzbuch (BGB) – Auszug, Stand 26. Mai 2021

§ 630a Vertragstypische Pflichten beim Behandlungsvertrag

(1) Durch den Behandlungsvertrag wird derjenige, welcher die medizinische Behandlung eines Patienten zusagt (Behandelnder), zur Leistung der versprochenen Behandlung, der andere Teil (Patient) zur Gewährung der vereinbarten Vergütung verpflichtet, soweit nicht ein Dritter zur Zahlung verpflichtet ist.

(2) Die Behandlung hat nach den zum Zeitpunkt der Behandlung bestehenden, allgemein anerkannten fachlichen Standards zu erfolgen, soweit nicht etwas anderes vereinbart ist.

§ 630c Mitwirkung der Vertragsparteien; Informationspflichten

(1) Behandelnder und Patient sollen zur Durchführung der Behandlung zusammenwirken.

(2) Der Behandelnde ist verpflichtet, dem Patienten in verständlicher Weise zu Beginn der Behandlung und, soweit erforderlich, in deren Verlauf sämtliche für die Behandlung wesentlichen Umstände zu erläutern, insbesondere die Diagnose, die voraussichtliche gesundheitliche Entwicklung, die Therapie und die zu und nach der Therapie zu ergreifenden Maßnahmen. Sind für den Behandelnden Umstände erkennbar, die die Annahme eines Behandlungsfehlers begründen, hat er den Patienten über diese auf Nachfrage oder zur Abwendung gesundheitlicher Gefahren zu informieren. Ist dem Behandelnden oder einem seiner in § 52 Absatz 1 der Strafprozessordnung bezeichneten Angehörigen ein Behandlungsfehler unterlaufen, darf die Information nach Satz 2 zu Beweiszwecken in einem gegen den Behandelnden oder gegen seinen Angehörigen geführten Straf- oder Bußgeldverfahren nur mit Zustimmung des Behandelnden verwendet werden.

(3) Weiß der Behandelnde, dass eine vollständige Übernahme der Behandlungskosten durch einen Dritten nicht gesichert ist oder ergeben sich nach den Umständen hierfür hinreichende Anhaltspunkte, muss er den Patienten vor Beginn der Behandlung über die voraussichtlichen Kosten der Behandlung in Textform informieren. Weitergehende Formanforderungen aus anderen Vorschriften bleiben unberührt.

(4) Der Information des Patienten bedarf es nicht, soweit diese ausnahmsweise aufgrund besonderer Umstände entbehrlich ist, insbesondere wenn die Behandlung unaufschiebbar ist oder der Patient auf die Information ausdrücklich verzichtet hat.

§ 630d Einwilligung

(1) Vor Durchführung einer medizinischen Maßnahme, insbesondere eines Eingriffs in den Körper oder die Gesundheit, ist der Behandelnde verpflichtet, die Einwilligung des Patienten einzuholen. Ist der Patient einwilligungsunfähig, ist die Einwilligung eines hierzu Berechtigten einzuholen, soweit nicht eine Patientenverfügung nach § 1901a Absatz 1 Satz 1 die Maßnahme gestattet oder untersagt. Weitergehende Anforderungen an die Einwilligung aus anderen Vorschriften bleiben unberührt. Kann eine Einwil-

ligung für eine unaufschiebbare Maßnahme nicht rechtzeitig eingeholt werden, darf sie ohne Einwilligung durchgeführt werden, wenn sie dem mutmaßlichen Willen des Patienten entspricht.

(2) Die Wirksamkeit der Einwilligung setzt voraus, dass der Patient oder im Fall des Absatzes 1 Satz 2 der zur Einwilligung Berechtigte vor der Einwilligung nach Maßgabe von § 630e Absatz 1 bis 4 aufgeklärt worden ist.

(3) Die Einwilligung kann jederzeit und ohne Angabe von Gründen formlos widerrufen werden.

§ 630f Dokumentation der Behandlung

(1) Der Behandelnde ist verpflichtet, zum Zweck der Dokumentation in unmittelbarem zeitlichen Zusammenhang mit der Behandlung eine Patientenakte in Papierform oder elektronisch zu führen. Berichtigungen und Änderungen von Eintragungen in der Patientenakte sind nur zulässig, wenn neben dem ursprünglichen Inhalt erkennbar bleibt, wann sie vorgenommen worden sind. Dies ist auch für elektronisch geführte Patientenakten sicherzustellen.

(2) Der Behandelnde ist verpflichtet, in der Patientenakte sämtliche aus fachlicher Sicht für die derzeitige und künftige Behandlung wesentlichen Maßnahmen und deren Ergebnisse aufzuzeichnen, insbesondere die Anamnese, Diagnosen, Untersuchungen, Untersuchungsergebnisse, Befunde, Therapien und ihre Wirkungen, Eingriffe und ihre Wirkungen, Einwilligungen und Aufklärungen. Arztbriefe sind in die Patientenakte aufzunehmen.

(3) Der Behandelnde hat die Patientenakte für die Dauer von zehn Jahren nach Abschluss der Behandlung aufzubewahren, soweit nicht nach anderen Vorschriften andere Aufbewahrungsfristen bestehen.

§ 823 Schadensersatzpflicht

(1) Wer vorsätzlich oder fahrlässig das Leben, den Körper, die Gesundheit, die Freiheit, das Eigentum oder ein sonstiges Recht eines anderen widerrechtlich verletzt, ist dem anderen zum Ersatz des daraus entstehenden Schadens verpflichtet.

(2) Die gleiche Verpflichtung trifft denjenigen, welcher gegen ein den Schutz eines anderen bezweckendes Gesetz verstößt. Ist nach dem Inhalt des Gesetzes ein Verstoß gegen dieses auch ohne Verschulden möglich, so tritt die Ersatzpflicht nur im Falle des Verschuldens ein.

§ 839 Haftung bei Amtspflichtverletzung

(1) Verletzt ein Beamter vorsätzlich oder fahrlässig die ihm einem Dritten gegenüber obliegende Amtspflicht, so hat er dem Dritten den daraus entstehenden Schaden zu ersetzen. Fällt dem Beamten nur Fahrlässigkeit zur Last, so kann er nur dann in Anspruch genommen werden, wenn der Verletzte nicht auf andere Weise Ersatz zu erlangen vermag.

(2) Verletzt ein Beamter bei dem Urteil in einer Rechtssache seine Amtspflicht, so ist er für den daraus entstehenden Schaden nur dann verantwortlich, wenn die Pflichtverlet-

zung in einer Straftat besteht. Auf eine pflichtwidrige Verweigerung oder Verzögerung der Ausübung des Amts findet diese Vorschrift keine Anwendung.

(3) Die Ersatzpflicht tritt nicht ein, wenn der Verletzte vorsätzlich oder fahrlässig unterlassen hat, den Schaden durch Gebrauch eines Rechtsmittels abzuwenden.

6.4 Strafgesetzbuch (StGB) – Auszug, Stand 26. Mai 2021

§ 32 Notwehr

(1) Wer eine Tat begeht, die durch Notwehr geboten ist, handelt nicht rechtswidrig.

(2) Notwehr ist die Verteidigung, die erforderlich ist, um einen gegenwärtigen rechtswidrigen Angriff von sich oder einem anderen abzuwenden.

§ 34 Rechtfertigender Notstand

Wer in einer gegenwärtigen, nicht anders abwendbaren Gefahr für Leben, Leib, Freiheit, Ehre, Eigentum oder ein anderes Rechtsgut eine Tat begeht, um die Gefahr von sich oder einem anderen abzuwenden, handelt nicht rechtswidrig, wenn bei Abwägung der widerstreitenden Interessen, namentlich der betroffenen Rechtsgüter und des Grades der ihnen drohenden Gefahren, das geschützte Interesse das beeinträchtigte wesentlich überwiegt. Dies gilt jedoch nur, soweit die Tat ein angemessenes Mittel ist, die Gefahr abzuwenden.

§ 35 Entschuldigender Notstand

(1) Wer in einer gegenwärtigen, nicht anders abwendbaren Gefahr für Leben, Leib oder Freiheit eine rechtswidrige Tat begeht, um die Gefahr von sich, einem Angehörigen oder einer anderen ihm nahestehenden Person abzuwenden, handelt ohne Schuld. Dies gilt nicht, soweit dem Täter nach den Umständen, namentlich weil er die Gefahr selbst verursacht hat oder weil er in einem besonderen Rechtsverhältnis stand, zugemutet werden konnte, die Gefahr hinzunehmen; jedoch kann die Strafe nach § 49 Abs. 1 gemildert werden, wenn der Täter nicht mit Rücksicht auf ein besonderes Rechtsverhältnis die Gefahr hinzunehmen hatte.

(2) Nimmt der Täter bei Begehung der Tat irrig Umstände an, welche ihn nach Absatz 1 entschuldigen würden, so wird er nur dann bestraft, wenn er den Irrtum vermeiden konnte. Die Strafe ist nach § 49 Abs. 1 zu mildern.

§ 115 Widerstand gegen oder tätlicher Angriff auf Personen, die Vollstreckungsbeamten gleichstehen

(1) Zum Schutz von Personen, die die Rechte und Pflichten eines Polizeibeamten haben oder Ermittlungspersonen der Staatsanwaltschaft sind, ohne Amtsträger zu sein, gelten die §§ 113 und 114 entsprechend.

(2) Zum Schutz von Personen, die zur Unterstützung bei der Diensthandlung hinzugezogen sind, gelten die §§ 113 und 114 entsprechend.

(3) Nach § 113 wird auch bestraft, wer bei Unglücksfällen, gemeiner Gefahr oder Not Hilfeleistende der Feuerwehr, des Katastrophenschutzes, eines Rettungsdienstes, eines ärztlichen Notdienstes oder einer Notaufnahme durch Gewalt oder durch Drohung mit Gewalt behindert. Nach § 114 wird bestraft, wer die Hilfeleistenden in diesen Situationen tätlich angreift.

§ 145 Mißbrauch von Notrufen und Beeinträchtigung von Unfallverhütungs- und Nothilfemitteln

(1) Wer absichtlich oder wissentlich

1. Notrufe oder Notzeichen mißbraucht oder
2. vortäuscht, daß wegen eines Unglücksfalles oder wegen gemeiner Gefahr oder Not die Hilfe anderer erforderlich sei,

wird mit Freiheitsstrafe bis zu einem Jahr oder mit Geldstrafe bestraft.

(2) Wer absichtlich oder wissentlich

1. die zur Verhütung von Unglücksfällen oder gemeiner Gefahr dienenden Warn- oder Verbotszeichen beseitigt, unkenntlich macht oder in ihrem Sinn entstellt oder
2. die zur Verhütung von Unglücksfällen oder gemeiner Gefahr dienenden Schutzvorrichtungen oder die zur Hilfeleistung bei Unglücksfällen oder gemeiner Gefahr bestimmten Rettungsgeräte oder anderen Sachen beseitigt, verändert oder unbrauchbar macht,

wird mit Freiheitsstrafe bis zu zwei Jahren oder mit Geldstrafe bestraft, wenn die Tat nicht in § 303 oder § 304 mit Strafe bedroht ist.

§ 221 Aussetzung

(1) Wer einen Menschen

1. in eine hilflose Lage versetzt oder
2. in einer hilflosen Lage im Stich läßt, obwohl er ihn in seiner Obhut hat oder ihm sonst beizustehen verpflichtet ist,

und ihn dadurch der Gefahr des Todes oder einer schweren Gesundheitsschädigung aussetzt, wird mit Freiheitsstrafe von drei Monaten bis zu fünf Jahren bestraft.

(2) Auf Freiheitsstrafe von einem Jahr bis zu zehn Jahren ist zu erkennen, wenn der Täter

1. die Tat gegen sein Kind oder eine Person begeht, die ihm zur Erziehung oder zur Betreuung in der Lebensführung anvertraut ist, oder
2. durch die Tat eine schwere Gesundheitsschädigung des Opfers verursacht.

(3) Verursacht der Täter durch die Tat den Tod des Opfers, so ist die Strafe Freiheitsstrafe nicht unter drei Jahren.

(4) In minder schweren Fällen des Absatzes 2 ist auf Freiheitsstrafe von sechs Monaten bis zu fünf Jahren, in minder schweren Fällen des Absatzes 3 auf Freiheitsstrafe von einem Jahr bis zu zehn Jahren zu erkennen.

§ 222 Fahrlässige Tötung

Wer durch Fahrlässigkeit den Tod eines Menschen verursacht, wird mit Freiheitsstrafe bis zu fünf Jahren oder mit Geldstrafe bestraft.

§ 223 Körperverletzung

(1) Wer eine andere Person körperlich mißhandelt oder an der Gesundheit schädigt, wird mit Freiheitsstrafe bis zu fünf Jahren oder mit Geldstrafe bestraft.

(2) Der Versuch ist strafbar.

§ 224 Gefährliche Körperverletzung

(1) Wer die Körperverletzung

1. durch Beibringung von Gift oder anderen gesundheitsschädlichen Stoffen,
2. mittels einer Waffe oder eines anderen gefährlichen Werkzeugs,
3. mittels eines hinterlistigen Überfalls,
4. mit einem anderen Beteiligten gemeinschaftlich oder
5. mittels einer das Leben gefährdenden Behandlung

begeht, wird mit Freiheitsstrafe von sechs Monaten bis zu zehn Jahren, in minder schweren Fällen mit Freiheitsstrafe von drei Monaten bis zu fünf Jahren bestraft.

(2) Der Versuch ist strafbar.

§ 229 Fahrlässige Körperverletzung

Wer durch Fahrlässigkeit die Körperverletzung einer anderen Person verursacht, wird mit Freiheitsstrafe bis zu drei Jahren oder mit Geldstrafe bestraft.

§ 239 Freiheitsberaubung

(1) Wer einen Menschen einsperrt oder auf andere Weise der Freiheit beraubt, wird mit Freiheitsstrafe bis zu fünf Jahren oder mit Geldstrafe bestraft.

(2) Der Versuch ist strafbar.

(3) Auf Freiheitsstrafe von einem Jahr bis zu zehn Jahren ist zu erkennen, wenn der Täter

1. das Opfer länger als eine Woche der Freiheit beraubt oder
2. durch die Tat oder eine während der Tat begangene Handlung eine schwere Gesundheitsschädigung des Opfers verursacht.

(4) Verursacht der Täter durch die Tat oder eine während der Tat begangene Handlung den Tod des Opfers, so ist die Strafe Freiheitsstrafe nicht unter drei Jahren.

(5) In minder schweren Fällen des Absatzes 3 ist auf Freiheitsstrafe von sechs Monaten bis zu fünf Jahren, in minder schweren Fällen des Absatzes 4 auf Freiheitsstrafe von einem Jahr bis zu zehn Jahren zu erkennen.

§ 323c Unterlassene Hilfeleistung; Behinderung von hilfeleistenden Personen

(1) Wer bei Unglücksfällen oder gemeiner Gefahr oder Not nicht Hilfe leistet, obwohl dies erforderlich und ihm den Umständen nach zuzumuten, insbesondere ohne erhebliche eigene Gefahr und ohne Verletzung anderer wichtiger Pflichten möglich ist, wird mit Freiheitsstrafe bis zu einem Jahr oder mit Geldstrafe bestraft.

(2) Ebenso wird bestraft, wer in diesen Situationen eine Person behindert, die einem Dritten Hilfe leistet oder leisten will.

6.5 Betäubungsmittelgesetz (BtMG) – Auszug, Stand 26. Mai 2021

§ 13 Verschreibung und Abgabe auf Verschreibung

(1) Die in Anlage III bezeichneten Betäubungsmittel dürfen nur von Ärzten, Zahnärzten und Tierärzten und nur dann verschrieben oder im Rahmen einer ärztlichen, zahnärztlichen oder tierärztlichen Behandlung einschließlich der ärztlichen Behandlung einer Betäubungsmittelabhängigkeit verabreicht oder einem anderen zum unmittelbaren Verbrauch oder nach Absatz 1a Satz 1 überlassen werden, wenn ihre Anwendung am oder im menschlichen oder tierischen Körper begründet ist. Die Anwendung ist insbesondere dann nicht begründet, wenn der beabsichtigte Zweck auf andere Weise erreicht werden kann. Die in Anlagen I und II bezeichneten Betäubungsmittel dürfen nicht verschrieben, verabreicht oder einem anderen zum unmittelbaren Verbrauch oder nach Absatz 1a Satz 1 überlassen werden.

(1a) (...)

§ 29 Straftaten

(1) Mit Freiheitsstrafe bis zu fünf Jahren oder mit Geldstrafe wird bestraft, wer

1. Betäubungsmittel unerlaubt anbaut, herstellt, mit ihnen Handel treibt, sie, ohne Handel zu treiben, einführt, ausführt, veräußert, abgibt, sonst in den Verkehr bringt, erwirbt oder sich in sonstiger Weise verschafft,
2. (...),
6. entgegen § 13 Abs. 1 Betäubungsmittel
   a) verschreibt,
   b) verabreicht oder zum unmittelbaren Verbrauch überläßt,

6a. entgegen § 13 Absatz 1a Satz 1 und 2 ein dort genanntes Betäubungsmittel überlässt,

7. (...)

6.6 Heilpraktikergesetz (HeilprG) – Auszug, Stand 26. Mai 2021

§ 1

(1) Wer die Heilkunde, ohne als Arzt bestallt zu sein, ausüben will, bedarf dazu der Erlaubnis.

(2) Ausübung der Heilkunde im Sinne dieses Gesetzes ist jede berufs- oder gewerbsmäßig vorgenommene Tätigkeit zur Feststellung, Heilung oder Linderung von Krankheiten, Leiden oder Körperschäden bei Menschen, auch wenn sie im Dienste von anderen ausgeübt wird.

(3) Wer die Heilkunde bisher berufsmäßig ausgeübt hat und weiterhin ausüben will, erhält die Erlaubnis nach Maßgabe der Durchführungsbestimmungen; er führt die Berufsbezeichnung „Heilpraktiker".

§ 5

Wer, ohne zur Ausübung des ärztlichen Berufs berechtigt zu sein und ohne eine Erlaubnis nach § 1 zu besitzen, die Heilkunde ausübt, wird mit Freiheitsstrafe bis zu einem Jahr oder mit Geldstrafe bestraft.

Zum Autor

Dr. Alessandro Bellardita studierte in Mannheim Rechtswissenschaften, wo er zunächst als wissenschaftlicher Mitarbeiter tätig war. Von 2010 bis 2012 arbeitete er in einer wirtschaftsrechtlichen Kanzlei als Anwalt. Anschließend trat er in den Justizdienst ein, wo er in Heidelberg Zivilrichter und danach Staatsanwalt war. Seit 2018 ist er in Karlsruhe Strafrichter und hauptamtlicher Dozent an der Hochschule für Rechtspflege in Schwetzingen. Für das Deutsche Rote Kreuz unterrichtet er seit 2014 angehende Notfallsanitäterinnen und Notfallsanitäter und Praxisanleitende rund um das Thema Recht. Für mehrere Zeitschriften veröffentlicht er als Autor regelmäßig juristische Beiträge.

Index

T

U

V

W

Z